陶渊明传

名家名传书系

钱志熙 著

长江出版传媒 长江文艺出版社

田园中的生命沉思

——以一种新的期待阅读陶渊明

　　笔者用这样一个题目作为本书的代序，似乎让人觉得陶渊明的形象在这里显得过于沉重。的确是这样。一千五百多年以来的无数读者，当他们打开陶渊明的诗卷时，绝大多数场合，是要从他的诗中寻找一份超越或平淡，领略一种田园之美与隐逸生涯的情趣；只有少数几位别具怀抱的志士仁人，愿意同诗人一起感受那一份沉抑而又激扬的生命情调，但是又往往以政治这个主题去理解这份情绪。政治当然也是渊明人生中的重要主题，尤其是他与他所处的政治背景之间的复杂关系，其真相还有许多我们现在没法究明的。但渊明思想与感情的全部主题，远非政治这一个主题所能局限。政治虽然那样密切地联系着陶渊明的人生，但毕竟是短暂的，稍纵即逝；并且政治上的是非，决非渊明思考的终极，他感情的最后归宿也是超越在政治之上的。陶渊明的那份情绪与思考，则更带有永恒性的内容，只有用生命这个主题去阐发它，才可能真正进入他的内心世界。也只有当我们把握住诗人生命中的这份沉抑与激扬之后，才能真正欣赏他的超越与平淡，真正领略他诗中的田园之美与隐逸生涯的情趣，并且真正了解它们的价值。

一千五百多年过去了，是我们作为一个现代人从陶诗和陶渊明的人生中寻求真解的时候了！这种寻求，在今天显得比任何时候都更加重要。我不想塑一尊飘逸在中古的隐逸诗人的肖像，尤其是传统印象中那种隐逸诗人的肖像，而是要与他作生命中永恒的晤对，在生命的诗和生命的真解日趋沉沦的今天，我们愿意让这场晤对沉重一点。

目　录

序　曲

深秋的寒风里，几间倾颓的老屋在摇曳，荒草布满庭院，直长到台阶上面来。屋内的诗人，披着粗布衣衫，隐几兀坐，寂寞地等着长夜流到它的尽头，可黎明前的那一声鸡唱总也不肯响起。酒杯早已空了，诗情也快要积满了，将要进入老年的陶渊明，又一次陷入了深深的追忆之中……幢幢的残灯影里，诗人翻动了他从前生涯的一幕幕，诗句也一句句地从他的笔底跳出，错错落落地铺满了一纸：

> 少年罕人事，游好在六经。行行向不惑，淹留遂无成。竟抱固穷节，饥寒饱所更。弊庐交悲风，荒草没前庭。披褐守长夜，晨鸡不肯鸣。孟公不在兹，终以翳吾情。(《饮酒》其十六)

年轻的时光是多么宁静啊，未曾涉世，也没有后来那些复杂而又无谓的人事交往，只在黄卷中与圣贤晤对。旁人忙着做那种烦琐纷纭的章句之学，以细碎来炫耀他们的博学，这且不够，还要忙着投奔到那些名儒的门下，为将来的进身先占一个位置。自己却是"学非称师"(颜延之《陶征士诔》)，不打算做一个貌似博学而实际空疏的经师，而是要从《六经》的文字中揣摸出那个"一贯之道"，领会圣贤立言的真意。圣人不是这样说过吗？作为一个士君子，应该立志于求道行道，以德行为立身的根本，以仁义为行为的准则，以经典六艺为娱悦之具，让心灵在那里自由地驰骋。就这样，我过完了我的童年、少年和青春岁月，中间一度

1

应州祭酒之任命，旋即辞去，在将近不惑之年方才正式走上仕途，颠簸于仕路风波之中，十余年间，一事无成。但最终还是抱着固穷之节归向田园，在饥寒交侵中过我的余生。古人中原也不乏像我这样的守节之士，后汉平陵人张仲蔚就是这样的人，他家居贫寒而喜好诗赋，门庭冷落，蓬蒿没人，同时的人中，唯有那位刘孟公知道他的贤哲。比起仲蔚来，我是更加的寂寞了，连孟公这样的知音都没有。

在渊明的作品中，像这样追忆生平的作品有不少。而在所有的往昔岁月里，诗人陶渊明最喜欢追忆的是他的少年时光。在他的诗中，"少年"二字是经常出现的。需要注意的是，古人所说的"少年"是包括我们今天所说的少年和青年两个人生阶段。陶渊明说到"少年"时，是指他走上仕途之前的那一段时光。诗人觉得这是他一生中最值得留恋的日子。是啊，青春总是美好的，富于理想，富于浪漫与激情，真像三春那闪烁耀眼的芙蓉；而今日的光景，则是花谢叶凋，断梗飘蓬。言念至此，不禁令人肠断。这样的意思是在心中长久地萦绕着的，很自然地化作下面这样的诗句：

> 荣华难久居，盛衰不可量。昔为三春蕖，今作秋莲房。严霜结野草，枯悴未遽央。日月有环周，我去不再阳。眷眷往昔时，忆此断人肠。（《杂诗》其四）

吟完以后，他才发现这种格调太似阮步兵的《咏怀》了，这一首"严霜结野草，枯悴未遽央"，比之步兵的"凝霜被野草，岁暮亦云已"（《咏怀》其三）、"清露被皋兰，凝霜沾野草。朝为媚少年，夕暮成丑老"（《咏怀》其四）那些诗句，更加的菀结迂徐。这枯悴的岁月，却也是延宕着的。哪里是老了就好了，还得老很长很长时间的；哪里是衰了就完，衰也会让人觉得衰得没完没了了。对于生命的盛衰和生死之变，陶渊明是有一种比较旷达透脱的思想的，但那只是理性的超越，在感情上，是永远也不可能真正漠视生命的盛衰生死之变的。

追忆是个体生命不可缺少的心灵体验，是个人对自己人生历程的一种审美，也是生命中的一份自我抚慰。追忆着的人是真实的，但追忆本身又是富于联想和想象的。追忆也是生命中自然且自由地涌现出来的诗歌、乐曲和画面，追忆着的人是一位天然的诗人和艺术家，人类的艺术本能至少有一部分是根源于人类追忆的本能。但是，普通人的追忆只是纯粹的个体心理体验，只有诗人和艺术家，才能将它转化为永恒的艺术品。也因此，诗人与艺术家的追忆，比普通人的追忆更多。从实际生活的经营来看，追忆是无用的，也因此是超功利的。它与后悔、反思等还不同，那是有现实利害考虑的，是为了经营以后而回顾从前。

几乎从壮年时开始，陶渊明就开始了他的生涯追忆，那种追忆主要是因为出仕离家而引起的。到了晚年，这种追忆更成了他生活的一部分，追忆给他寂寞的隐居生活带来了温馨，也坚定了他的人生信念。"问渠哪得清如许，为有源头活水来"，有多少人抛弃了少年时候纯洁的人生理想，"在山泉水清，出山泉水浊"（杜甫《佳人》）。而陶渊明则始终不违背他的少年理想和信念，不断地从那里挹取纯洁的源头活水。这也是陶渊明所以具有这样丰富的追忆情愫的原因。

追忆既然是人的本能，文学中表现追忆也就是很自然的事。追忆也有它的文学传统，陶渊明的追忆文学也是自觉地继承了这个传统的。生涯追忆的诗，在《诗经》里就已经出现，《秦风·权舆》就写一个没落了的贵族在困迫的境地中追忆早年"夏屋渠渠""每食四簋"的富奢生活。屈原更可以说是一位建立生涯追忆文学传统的诗人。《离骚》就是对诗人平生的一个回顾，而其对少年时光的珍惜，始终不违背早年人生理想的精神，与陶渊明是相同的。从这里也可看出，陶渊明和屈骚精神的一种联系。龚自珍《己亥杂诗》咏陶就曾经这么说过："莫信诗人竟平淡，二分梁甫一分骚。"（《龚定庵全集·定庵杂诗》）

一　疑年

沈约《宋书·隐逸传》中的陶渊明传记，说他去世的时候是六十三岁。按这个岁数往上推算，陶渊明应该是出生在东晋哀帝兴宁三年乙丑，即公元 365 年。在南宋人张縯作《吴谱辨正》之前，历来的学者都没有对此提出异议，南宋时所修的好几种陶渊明年谱都是按照《宋书》的说法的。但张縯从陶诗的本文里找到了一个证据，提出陶氏享年七十六岁的说法。他的《吴谱辨正》一开头就提出此说：

> 先生《辛丑游斜川》诗言"开岁倏五十"，若以诗为证，则先生生于壬子岁。自壬子至辛丑，为年五十，迄丁卯考终，是得年七十六。

辛丑为晋安帝隆安五年即公元 401 年，陶公说自己这一年已经五十岁，当然就可以知道他是壬子年即晋穆帝永和八年（352）出生的，到丁卯去世时为七十六岁。如果此诗文字上无异议，那么张氏的说法，足可以破《宋书》的记载。但是陶诗流传最广，异文也最多，在南宋时保存下来的另外一些陶集版本中，"辛丑"又作"辛酉"，"五十"又作"五日"，所以虽有张氏此说，但古人仍然遵从《宋书》的记载。后来梁启超、古直等人又举出几条旁证，来否定《宋书》本传六十三岁的说法。于是渊明生年及得年的问题，成了学术界的一宗疑案。历来学者有"七十六岁说"（张縯）、"五十六岁说"（梁启超）（梁启超《陶渊明年谱》，许逸民校辑《陶渊明年谱》，中华书局，1986 年）、"五十二岁说"（古

4

直）（古直《陶靖节年谱》，许逸民校辑《陶渊明年谱》）、"五十九岁说"（龚斌）（龚斌《陶渊明集校笺》附《陶渊明年谱简编》，上海古籍出版社，1996年）等多种说法，纷纭歧出，莫衷一是。但诸家对《宋书》六十三岁的记载的质疑，以及各自据以确定渊明生年、得年的证据，都非确凿无疑。维护《宋书》记载的学者，如游国恩、逯钦立等人，对各家质疑之说多有驳证。各家的具体说法，为避赘烦，就不一一讨论了。

笔者的看法是，张縯的说法毕竟是一个孤证，尤其是还存在着异文的问题。对此，张縯自己似乎也拿不准，所以说"若以诗为证"，用了一个"若"字，耐人寻味。后来的学者虽然找了一些补证，但都不是直接的证据，类多推测之辞。在这种情况下，我想还是按《宋书》的记载为妥。一种看法认为，沈约《宋书》修成距渊明去世已六十一年，并且全部写作时间只有一年，不能保证没有问题，在传抄刊刻过程中又会增加一些错误。因此沈约《宋书》六十三岁的记载不可靠。梁启超等人的怀疑是有道理的（袁行霈《陶渊明享年考辨》，《陶渊明研究》，北京大学出版社1997年，第212页）。我们认为，沈约《宋书》虽然只用一年多时间就撰成，但实际上刘宋一代十分重视本朝的历史，宋文帝元嘉十六年就已经开始修撰国史，有著名学者何承天草立纪传。陶渊明在晋末，朝廷曾征召他为著作佐郎，他不肯出仕，与周续之、刘遗民合称浔阳三隐。在当时士林希企隐逸、朝廷褒尚逸民的社会风气中，他也是能代表一个方面的重要人物。加上他曾经任宋武帝刘裕的幕僚，其在刘宋当朝所修之《宋书》中就被列入传记的可能性是很大的，而此时距他去世才十二年。何承天之后，宋孝武帝大明六年，徐爰等人又参照何承天等人的旧稿续修国史。沈约《宋书》之所以完成得这样快，就是因为有前人的基础。所以《宋书》中所记的陶渊明享年，是当代史家的实录，非异代史家的推测。

另一方面，刘宋重隐士，朝廷既然常有征召隐士之举，则档案文书中关于那些有名隐士的生平材料是不会很缺乏的。陶渊明既然被征召过，按惯例会隶名官府，当他去世时，按常理州郡是要向朝廷报告的。《宋书》中有关他的卒年、享年的记载，很可能来自这一类的材料。其实不仅陶渊明，其他著名隐士也会有类似的待遇。《宋书·隐逸传》中所列的十七位隐士，其中十六人的卒年、享年都记载得清清楚楚：

戴颙："（元嘉）十八年，卒，时年六十四。"

宗炳："元嘉二十年，炳卒，时年六十九。"

周续之："景平元年卒，时年四十七。"

王弘之："弘之（元嘉）四年卒，时年六十三。"

阮万龄："元嘉二十五卒，时年七十二。"

孔淳之："元嘉七年卒，时年五十九。"

刘凝之："元嘉二十五年卒，时年五十九。"

龚祈："元嘉十七年卒，时年四十二。"

陶潜："潜元嘉四年卒，时年六十三。"

宗彧之："元嘉八年卒，时年五十。"

沈道虔："元嘉二十六年卒，时年八十二。"

郭希林："（元嘉）十年卒，时年四十七。"

雷次宗："（元嘉）二十五，卒于钟山，时年六十三。"

朱伯年："伯年孝建元年卒于山中，时年八十七。"

王素："（泰始）七年卒，时年五十四。"

关康之："顺帝升明元年卒，时年六十三。"

只有翟法赐一人因为"栖身幽岩，人罕见者"，后来"卒于岩石之间，不知年月"。可见当时曾蒙征召的著名隐士的卒年、享年都有明确的记载。我们没有理由唯独对陶渊明的享年加之质疑。

从内证方面来看，虽然在陶渊明的作品中找不出可以直接证明他享年六十三岁的材料，但笔者曾反复用六十三和七十六这两种不同的说法概览全集，觉得后者处处扞格不通，前者则多有印证。我在这里只想举《饮酒》这组诗的第十九首来作些分析：

畴昔苦长饥,投耒去学仕。将养不得节,冻馁固缠己。是时向立年,志意多所耻。遂尽介然分,终死归田里。冉冉星气流,亭亭复一纪。世路廓悠悠,杨朱所以止。虽无挥金事,浊酒聊可恃。

《饮酒》这一组诗,具体的写作年月虽然不能确定,但根据全诗所反映的内容,是晚年归隐后所作。这首诗中的"世路廓悠悠,杨朱所以止。虽无挥金事,浊酒聊可恃"数句,就是指辞官归隐之事。汉人疏广辞官归乡之后,不把为官时所得的金银留给子孙,而是挥金于酒食游宴。渊明觉得自己辞官后虽不能像疏广那样挥金,但由于亲旧的馈赠,几杯浊酒还是喝得上的。此诗之外,如第九首中诗人回答父老劝其再度出仕的话"纡辔诚可学,违己讵非迷!且共欢此饮,吾驾不可回",第十二首"长公曾一仕,壮节忽失时。杜门不复出,终身与世辞",第六首"咄咄俗中愚,且当从黄绮",乃至第四首"托身已得所,千载不相违",都是表现决计终隐田园之后的心情。

现在我们来看这首诗中反映出来的陶渊明的年龄问题。"畴昔苦长饥,投耒去学仕"两句是指诗人二十九岁时初出仕为州祭酒,因为忍受不了当吏员的生活,没过多少日子就回家了。这一点历来的看法都是一致的。关键在于"遂尽介然分,终死归田里"这两句,是说二十九岁辞州祭酒后的心情,还是指辞彭泽令后的心情?如果是指后者,则"冉冉星气流,亭亭复一纪",是说辞官归隐后已经十二年。宋人汤汉根据"终死归田里""亭亭复一纪"这两句,定渊明这组诗为义熙十二三年时的作品:

彭泽之归,在义熙元年乙巳。此日复一纪,则赋此《饮

7

酒》诗当是义熙十二三年间。①

但"尔时向立年,志意多所耻"明明说的是二十九岁辞州祭酒时的事情。从辞州祭酒到彭泽休官,还有十二三年的闲居与出仕的经历。说了二十九岁辞州祭酒后,直接跳到十二三年之后彭泽辞官归田,未免跳跃性太大。并且与"世路廓悠悠,杨朱所以止"这几句意思重复,全诗的叙述次序也显得很紊乱。所以我认为"遂尽介然分,终死归田里"仍然是回忆二十九岁辞州祭酒时的心情,是说当时就准备终老田园,但是后来又出仕了,在仕途中淹留无成,最后终于确定终身归隐。诗人不具体交代中间的一段仕历,只用"冉冉星气流,亭亭复一纪"来概括中间这十二三年的仕历。"复"字正表达出其在仕途迁延的被动心情。至"世路廓悠悠,杨朱所以止",才是写彭泽归田之事。而"世路廓悠悠"的"世路",正是指"亭亭复一纪"中的出仕应世的经历。

现在可以总结一下我们的讨论:此诗前八句回忆二十九岁(即"向立年")"起为州祭酒。不堪吏职,少日自解归"一事。"冉冉星气流,亭亭复一纪",是紧接二十九岁之下的。"一纪"十二年,加上二十九岁正好是四十一岁。可见渊明辞官彭泽时确为四十一岁,而《归去来兮辞》中已明说这一年为"乙巳岁"即晋义熙元年,公元406年。由此上推,渊明生年确为365年,至元嘉四年去世时为六十三岁,《宋书》所记无误。

---

① 汤汉注《陶靖节诗》卷三,福建人民出版社,2008年,《宋元闽刻精华》丛书影印宋淳祐汤汉刻本。

二 门第与身份

一位六朝诗人的传记，理应从门第说起。

六朝社会是一种门第社会，虽不能说门第是六朝社会的一切，但差不多可以说六朝社会的一切，都与门第有着或显或隐的联系。

在现实空间中，门第是人们各自占有的一个位格。早于陶渊明的西晋诗人左思即云："世胄蹑高位，英俊沉下僚。地势使之然，由来非一朝。"所谓"地势"，即是门第。在生命的历程中，门第是一种带有先天性的决定。晚于陶渊明的刘宋诗人鲍照亦云："泻水置平地，各自东西南北流。人生亦有命，安能行叹复坐愁！"所谓"命"，在当时来讲，主要也就是门第。生命受气于天地，就其含生之性来说，本无差别，就像一大盆水中的无穷数水滴一样，看不出这一滴与那一滴的差别何在。但造化的巨手将它倾泻在大地上后，社会这个受容器却迅速将它们分别开来，给予它们种种的归宿。但是生命的个体，又并不真的像一滴水那样纯然被动，于是有改变的愿望，有抗争的心理。左思也好，鲍照也好，他们都曾扮演过最活跃、最不安分的"小水滴"的角色，但最后都不约而同地认了命，一定程度上放弃了改变和抗争的行动。

在陶渊明的诗文里面，我们没有看到他像左思、鲍照那样，经常抒发寒素不平之怀；但我们也不能确定他像谢灵运那样确然无疑地属于高门士族。而事实上，作为一个特立独行的隐士，一个超越时流的诗人和思想家，他的人生和艺术，也确实可以看作是对门第社会、门阀文化的一种超越。陶潜的整个造就，使得他最后没有像当时一般的士人那样，始终以门第为安身立命之处，他可以说是于门第之外别求安身立命之处。所以，门第及门第观念对陶渊明的影响，不像左、鲍、谢这些人那样直接。但是，即使是超越，也未尝不是一种联系。尤其是，宏观上门第作为陶渊明的生存背景而存在，甚至在一定程度上布置着陶渊明的人生，影响着他的思想。

在《命子》诗中，陶渊明按照当时社会中流行的门阀观念叙述着家族的历史，赞扬着他的祖德宗功：

> 悠悠我祖，爰自陶唐。邈为虞宾，历世重光。御龙勤夏，豕韦翼商。穆穆司徒，厥族以昌。
>
> 纷纷战国，漠漠衰周，凤隐于林，幽人在丘。逸虬绕云，奔鲸骇流。天集有汉，眷予愍侯。
>
> 於赫愍侯，运当攀龙。抚剑风迈，显兹武功。书誓山河，启土开封。亹亹丞相，允迪前宗。
>
> 浑浑长源，郁郁洪柯。群川载导，众条载罗。时有语默，运因隆窊。在我中晋，业融长沙。
>
> 桓桓长沙，伊勋伊德。天子畴我，专征南国。功遂辞归，临宠不忒。孰谓斯心，而近可得？
>
> 肃矣我祖，慎终如始。直方二台，惠和千里。於穆仁考，淡焉虚止。寄迹风云，冥兹愠喜……

尧帝陶唐氏——"虞宾"丹朱……夏御龙氏……商豕韦氏……周司徒陶叔……汉愍侯陶舍——汉丞相陶青……晋长沙公陶侃——祖——考，陶渊明勾连出来的这一条生命之链，像一条长河，又像一棵巨树，"群川载导，众条载罗"。但是它却是一条虚虚实实、似断似连的生命链。将氏族追溯到古帝王，是中古士族的惯常作法，目的是要寻一个神圣的始祖，以光耀现实中的门楣，证明家族血统之高贵，而事实上，这样一种族姓的渊源很可疑。但是，当陶渊明钩沉这一条生命链时，与其说是血统的认定，还不如说是精神的承续和呼应。他从这条生命链上呼唤家族的两种精神和人格的传统，一是乘时而起，忠君勤王，建立赫赫功勋。这样的人物都在陶氏的家族史上炳焕，也在整个青史上留名。"君家旧事皆青史"，在叙述到这些列祖列宗的勋名德业时，渊明内心的激动无可名状。"逸虬挠云，奔鲸骇流""抚剑风迈，显兹武功"，在那个时代，这是最痛快、最显明的人生价值的实现。陶公并非纵横捭阖之人，但他从家族的功勋史上，也深深知道，建功立业需要机遇："於赫愍侯，运当攀龙""时有语默，运因隆寙"。正因为这个"运"字，引出了家族的第二种精神传统：即时去归隐，保德全身。凡是这条生命链中虚线所藏的先祖，陶渊明都用"隐"的精神去呼应他们："纷纷战国，漠漠衰周，凤隐于林，幽人在丘"，"浑浑长源，郁郁洪柯。群川载导，众条载罗。时有语默，运因隆寙"。在陶渊明看来，留名青史上的家族人物虽足以自豪，但更多的是隐德君子，包括那位"淡焉虚止""寄迹风云"的"仁考"。乘时而起，世衰则隐，渊明这样概括着自己的家族传统，也为自己设定了两条道路。所以，历史学家们也许可以通过他们考证否定这条生命链的血脉承续，却否定不了这精神的连续。

陶渊明可考的直系祖先只有陶侃，及侃父吴扬武将军陶丹。陶丹为鄱阳人，未知出身，大约凭借军功当了吴国的一员将领。所以陶家作为军功贵族的历史，照理说应该从陶丹算起，但西晋灭吴，使陶丹为这个家族奠立的微薄基业成为泡影。所以渊明的曾祖陶侃早年只能过着孤贫的生活，一切从头开始，但作为一个亡国将领的后裔，在西晋这样一个排斥南方人士、压制旧吴剩余势力的政权中，时势对他是很不利的。但无论是陶侃的母亲湛氏还是陶侃本人，都是那样地追求着振兴家族的事业。《世说新语》中就记载着这样一个可歌可泣的故事：

> 陶公少有大志，家酷贫，与母湛氏同居。同郡范逵素知名，举孝廉，投侃宿。于时冰雪积日，侃室如悬磬，而逵马仆甚多。侃母湛氏语侃曰："汝但出外留客，吾自为计。"湛

11

头发委地，下为二髦，卖得数斛米，斫诸屋柱，悉割半为薪，
剉诸荐以为马草。日夕，遂设精食，从者皆无所乏。逵既叹
其才辩，又深愧其厚意。明旦去，侃追送不已，且百里许。
逵曰："路已远，君宜还。"侃犹不返，逵曰："卿可去矣！至
洛阳，当相为美谈。"侃乃返。逵及洛，遂称之于羊晫、顾荣
诸人，大获美誉。

陶侃黾勉从公，忠勤于吏事，并且也尽可能按照当时士族的
要求塑造自己。上文范逵"叹其才辩"，可窥知这位以尚实行著称
的东晋名臣，在青年时为取重士林，也学习过谈辩。通过这些不
懈的努力，陶侃终于走进了士林，但有时还不免被中朝名士轻蔑。
他被当地太守举孝廉，来到洛阳，去谒见张华，这位向来喜欢提
携寒素人物的士林领袖，开始却并没有太理他，"初以远人不甚接
遇"。但陶侃毕竟是陶侃，在这方面，他是有韧性的，甚至可以说
是谦卑自处的，他多次去拜谒，"每往，神无忤色"，终于使张华
与他长谈，并改变了对他的印象。但有一次他与羊晫同车去访东
吴名士领袖顾荣，被吏部郎温雅看到，竟讽刺羊晫说："奈何与小
人同载？"可见陶侃作为东吴旧地的一个寒素之士，在中朝士林中
地位很低。魏晋之际确有不少寒素之士，凭着吏能或文史实学走
上仕途，有些还能取高位。但在西晋末年，这条道路差不多被堵
死了，所以尽管有常人所没有的坚毅，陶侃在中朝活动的实绩仍
然是微末。但是一个"逸虬挠云，奔鲸骇流"的时势到了，陶侃
当西晋灭亡之时，乘上建立东晋王朝这条船，成为陶氏家族功勋
史上的顶峰人物："在我中晋，业融长沙。"

在组建和维护东晋政权的一系列活动中，陶侃成了位重兵强
的人物，太宁三年（325），他任都督荆、雍、益、梁诸州军事，
领护南蛮校尉，征西大将军，荆州刺史，后又封太尉、长沙郡公，
并加都督交、广、宁七州军事。这就是陶渊明所说的"天子畴我，
专征南国"。但是，陶侃作为南方寒素而因军功置身显要之位，与

当时处于政权中轴和文化优越位置上的门阀士族始终是隔膜的。首先，他们似乎并不想改变从前对陶侃的那种印象，没有真正尊重他的人格。《世说新语·容止》中记载这样一件事：苏峻据石头城作乱，天子被逼迁，温峤和庾亮投奔陶侃。陶侃认为苏峻之乱都是由庾家兄弟外戚专权引起的，扬言"诛其兄弟，不足以谢天下"。庾亮于是害怕去见陶侃，但温峤劝庾亮但去无妨，对庾说："溪狗我所悉，卿但见之，必无忧也。"结果是："庾风姿神貌，陶一见便改观。谈宴竟日，爱重顿至。"因为他是浔阳一带溪蛮聚居区的人，所以温峤在背后呼他"溪狗"。在当时，恐怕不只有温峤这样称他。其次，陶侃的功业尤其是手握兵权，对当时的门阀政权来讲是一个威胁，引起他们的猜忌，于是有"梦生八翼""潜有窥窬之志"这样的谣传流行，而侃也不得不表示"满盈自惧"（《晋书·陶侃传》），临终前辞归长沙封地。陶渊明也深知他曾祖当年的处境，所以在赞述陶侃时，是勋业与德行并提的，"桓桓长沙，伊勋伊德"，而作为证明曾祖德行的最重要的证据，则是"功遂辞归，临宠不忒"。他带有几分负气地说："孰谓斯心，而近可得。"这时他一定想起那些加于其曾祖身上的流言了。陶侃与当时门阀名士们的隔膜，还在于他作为一个以吏能进入仕途、并以军功置身高位的寒素出身的人物，提倡实干精神，重力行而不尚清谈玄远。"陶公性检厉，勤于事"，"侃练核庶事，勤务稼穑，虽戎陈武士，皆劝厉之"，"侃勤而整，自强不息。又好督劝于人，常云：'民生在勤，大禹圣人，犹惜寸阴，至于凡俗，当惜分阴。岂可游逸，生无益于时，死无闻于后，是自弃也。又老庄浮华，非先王之法言而不敢行。君子当正其衣冠，摄以威仪，何有乱头养望，自谓宏达邪！'"（《晋书·陶侃传》）西晋末虚无放诞以养望的风气大盛，经历乱世后略有收敛，但门阀士族仍然不放弃老庄浮华之风，被奉为中兴名臣的王导、庾亮、温峤之流，也多以玄雅风流自任。当时的权要人物，都得给士林一种自然与名教兼综的形象。玄言诗人孙绰《赠温峤》诗云："既综幽纪，亦理俗

13

罗。神濯无浪，形浑俗波。"所说的正是士林中推崇的那种名卿巨公的形象。陶侃从来就不符合这一标准，始终只是门阀士群的圈外人。同样，陶氏家族也始终没有进入门阀阶层之中。

陶侃生前没有使其家族进入门阀阶层，他去世后，家族的地位、声望有减无增。就实际权力来说，他刚刚去世，都督江、荆、豫、益、梁、雍诸军事的位置就被庾亮取代，陶侃的爵位继承人陶夏，也因杀害与其争夺爵位的弟弟陶斌而被庾亮放黜。陶侃的另一个儿子陶称，史书说他"虓勇不伦，与诸弟不协"。他曾经率领二百人到武昌见庾亮，"亮大会吏佐，责称前后罪恶，称拜谢，因罢出。亮使人于阁道外收之，弃市"。庾亮杀害了陶称后，上疏朝廷，数落他的罪责，说他"父亡不居丧位，荒耽于酒，昧利偷荣"等等，并说自己本来看在陶侃勤劳王室的分上，"依违容掩""思欲有以匡救"。无奈陶称"豺狼愈甚，发言激切，不忠不孝，莫此为甚"，因此为社稷考虑，不能不让他伏法。不管陶夏、陶称他们本人是否真正该黜该杀，庾亮这样做的目的，最主要是为了迅速取消陶氏家族的实力。所以陶侃本人虽曾位高兵重，甚至决定过政局，但他始终没有真正进入门阀政治的中轴，他的家族更是这样。就声望而言，侃诸子除陶范外，都没有太好的名声，给人的总体印象是强悍武勇的。连陶范也并没有为士林所重，《世说新语·方正》篇记载这样一个故事：

> 王修龄尝在东山，甚贫乏。陶胡奴（范小字）送一船米遗之，却不肯取。直答语："王修龄若饥，自当就谢仁祖索食，不须陶胡奴米。"

对于这件事的性质，余嘉锡作了颇为精辟的分析：

> 侃别传及今《晋书》均言范最知名，不知其人以何事得罪清议，致修龄拒之如此其甚。疑因陶氏本出寒门，士行虽

立大功，而王谢家儿不免犹以老兵视之。其子夏、斌复不肖，同室操戈，以取大戮。故修龄羞与范为伍。于此固见晋人流品之严，而寒士欲立门户为士大夫亦至不易矣①。

由此可见，陶氏家族在当时严分流品的门阀社会里，是始终够不上士族资格的。陶侃以寒素尚实之士造成这样显赫的勋业，是时势所致，却非门阀名士们所心悦诚服，因此生前有对他猜忌的流言，死后也是尽可能消除他的影响，甚至完全无视他的功业。《世说新语·文学》所记的袁宏作赋的事，就能见出当时名流对陶侃的态度：

> 袁宏始作《东征赋》，都不道陶公。胡奴诱之狭室中，临以白刃。曰："先公勋业如是！君作《东征赋》，云何相忽略？"宏窘蹙无计，便答："我大道公，何以云无？"因诵曰："精金百炼，在割能断。功则治人，职思靖乱。长沙之勋，为史所赞。"②

袁宏这种态度，最能见出当时整个士林对陶侃及其家族的轻忽，余嘉锡在这里又作了这样的分析：

> 陶侃为庾亮所忌，于其身后奏废其子夏，又杀其子称，由是陶氏不显于晋。当袁宏作赋时，陶氏式微已甚。其孙虽嗣爵，而名宦不达。陶范虽存，复不为名氏所与。观《方正》篇王修龄却陶胡奴送米，厌恶之情可见。非必胡奴之为人果得罪于清议也，直以其家出身寒门，摈之不以为气类，以示

---

① 余嘉锡《世说新语笺疏》，上海古籍1993年，第327页。
② 《世说新语笺疏》，第273—274页。

流品之严而已。宏之不道陶公，亦犹是耳①。

陶氏家族暴兴而又迅速衰落，表面上看是因为陶侃诸子陶夏、陶称、陶斌的不肖，实际却是当时门阀政治的情势决定的，是门阀压抑寒素的最典型例子，也最能说明门阀士族及门阀政治的性质。陶渊明的祖父是夏、称等人的兄弟行，有人说是陶茂，又有人说是陶岱。陶渊明在《命子》中盛赞祖德，说他"直方二台，惠和千里"，正是一位贤太守。可是到了他的父亲，就没有仕履可叙了。这也可见陶氏家族衰落之快，其原因正是门阀的压抑。陶渊明说他父亲"寄迹风云，冥兹愠喜"，这几个字值得玩味。作为元勋之孙，贤太守之子，并且还是名士孟嘉的女婿，渊明的父亲却只能寄迹风云，身名翳如，这在当时并不是公正的待遇，陶渊明的父亲只有以淡泊自持，不向社会流露喜愠之情。并且走隐逸道路，的确是当时陶氏家族部分成员的选择。《晋书·隐逸传》所记载的陶淡，渊明本人，以及渊明的从弟陶敬德，都是一些"寄迹风云""淡焉虚止"的人物。这里面的原因，仍然是作为很快衰落的军功贵族后裔，在无法进入高门士族的情况下，只好选择了隐逸与业文的发展道路。

照余嘉锡的说法，袁宏作赋时，"陶氏式微已甚"，到了渊明的时候，真正只能算是寒微门第了，与王谢一流，已是云泥之隔。但是陶氏家族却并不愿意承认是寒素门第，于是就有溯姓陶唐，并援汉司徒陶舍、丞相陶斌为远祖的举措。这一谱牒，可能在陶侃生前就已撰成，陶渊明作《命子》诗时，只是据谱牒承述而已。但家族实际的寒微出身，陶公不是不知道的。

在东晋南朝时代，决定一个人的出身的，最关键是父祖两辈。《晋书·隐逸传》称："陶潜，字元亮，大司马侃之曾孙也。祖茂，武昌太守。"未载其父名讳官职。谱牒所载，有称渊明父为陶逸

---

① 《世说新语笺疏》，第 274 页。

（又作陶敏），曾任安城太守（一作姿城太守）①。但陶渊明本人所作的《命子诗》中没有写到他父亲的这一履历。《命子诗》写到他父亲时说：

> 於穆仁考，淡焉虚止。寄迹风云，冥兹愠喜②。

门第社会中，最重父祖两辈的官职。对于渊明父的官位，不但《晋书》《宋书》诸史不载，而且渊明自己也不交代。如果渊明父亲真是先官后隐，那在当时算是高尚之事，渊明不会一句都不提。可见渊明父亲，很可能是未曾出仕。渊明祖为太守，父为隐士，拥有这样的父、祖履历，按晋宋时代的门第标准，就算陶氏家族已经获得南方士族一员的门第身份，他最多也只能算是寒素士人。

从渊明的自述中，可以看出其对自己寒素之士的身份是十分明确的：

> 自余为人，逢运之贫。箪瓢屡罄，绨绤冬陈。含欢谷汲，行歌负薪。翳翳柴门，事我宵晨。春秋代谢，有务中园。载耘载籽，乃育乃繁。欣以素牍，和以七弦。冬曝其日，夏濯其泉。勤靡余劳，心有常闲。乐天委分，以至百年。（《自祭文》）
>
> 吾年过五十，少而穷苦，每以家弊，东西游走。（《与子俨等疏》）
>
> 余家贫，耕植不足以自给。幼稚盈室，瓶无储粟，生生

---

① 参看龚斌《陶渊明集校笺》附录三《陶氏宗谱中的问题》一文，上海古籍出版社，1996年。

② 本文所引陶渊明诗文，均用逯钦立校注《陶渊明集》，为避烦琐，不一一加注。

所资，未见其术。亲故多劝余为长吏，脱然有怀，求之靡途。会有四方之事，诸侯以惠爱为德，家叔以余贫苦，遂见用于小邑。(《归去来兮辞并序》)

不管其家族原本的政治地位如何，到渊明自己的身上，完全是以寒庶士人自居了，其之所以自愿过在一般的士族看来是小人之事的躬耕生活，也与他的这一身份认定分不开。他自述家贫而求仕，并且当"四方有事"的乱局仓促出仕，这种情况与他曾祖陶侃当年仕于州县的情形是一样的。汉晋时代，州县官吏多由本郡有家世背景的寒庶士人担任。陶侃与陶渊明，都属于这种身份，他们的家族虽然在中朝没有荫袭的特权，缺乏门阀士族那种起家清贵、平流进取的资格，但不等于他们就是普通的老百姓，而是往往有地方政治资源和家族背景。渊明所凭借的正是这种地方门阀的资格，但在上层的士林，就只能算是寒庶了。我们再看他的《杂诗十二首》其八：

代耕本非望，所业在田桑。躬亲未曾替，寒馁常糟糠。岂其过满腹，但愿饱粳粮。御冬足大布，粗絺以应阳。正尔不能得，哀哉亦可伤！人皆尽获宜，拙生失其方。理也可奈何，且为陶一觞。

《孟子·万章》："下士与庶人在官者同禄，禄足以代其耕也。耕者所获，一夫百亩，百亩之粪，上农夫食九人。"渊明用"代耕"称其为官的实质，正说明其是以"下士"甚至"庶人"自居的，以耕种为本分，正是庶人的生涯。《癸卯岁始春怀古田舍》云"长吟掩柴门，聊为陇亩民"，直以"陇亩民"自居，也是自认迹近庶民之流。颜延之《陶征士诔》赞颂渊明平生行迹，有这样一段话：

岂若夫子，因心违事。畏荣好古，薄身厚志。世霸虚礼，州壤推风。孝唯义养，道必怀邦。人之秉彝，不隘不恭。爵同下士，禄等上农。

颜氏"爵同下士，禄等上农"，与陶诗"代耕"之语一样，都出自上引《孟子·万章》。颜氏这里虽然是以赞美的口吻说渊明保持了逸隐之志，"蔑彼名级"（《陶征士诔》），但也客观地记录了渊明在当时处于"下士"与"上农"之间的社会身份。所谓"下士"，在晋宋社会，就算是"士人之末"了。《宋书·恩倖传》称宋孝武帝时担任中书通事舍人的巢尚之时说："鲁郡巢尚之，人士之末。"可见渊明在当时虽然以隐逸得高尚之名，但实际所处的社会阶层却是士庶之间的地位。

当然，渊明是一位习儒修道的士人，并非真正意义上的庶民。渊明对自身的基本体认，是一种贫士的身份，即《感士不遇赋》《咏贫士》等作品中所展现的这一类贫寒不得志之士。"我实幽居士"（《答庞参军》），"东方有一士，被服常不完。三旬九遇食，十年著一冠"（《拟古》其五），"鸿雁乘风飞，去去当何极。念彼穷居士，如何不叹息"（《联句》），可见他的基本身份还是属于衣冠士人。但在渊明看来，"士"的职志在于习诗书礼义，行道以济世拯人。当他以这种标准来看待士的内涵时，他又觉得自己实际上不够"士"的资格。其《癸卯岁始春怀古田舍》云："先师有遗训，忧道不忧贫。瞻望邈难逮，转欲志长勤。"既然不能行道，甚至连"忧道"都做不到，就只能做一个自食其力的人，其所忧也就不在道，而在贫。这样的行为，当然算不上是真正的士人了。这也是他说"聊为陇亩民"的真意所在。在传统的观念中，"士"是不需要从事田耕等体力方面的劳动的，《劝农》云："孔耽道德，樊须是鄙。董乐琴书，田园弗履。若能超然，投迹高轨。敢不敛衽，敬赞德美。"这一番话，是为因从事习儒行道而不能躬耕的那些士人说的，认为只有他们可以不自食其力。从这里也可以看出来，渊明自己甘心从事农耕劳动，是在意识上自觉地从世俗理念中的那种不自食其力的"士"的身份中退下来，甘愿承认自己的庶民地位。在日常的诗文中，渊明也是每每自述"贫贱"，如"良才不隐世，江湖多贱贫"（《与殷晋安别》），"驷马无贳患，贫贱有交娱"（《赠羊长史》），"重华去我久，贫士世相寻"（《咏贫士》其三），"安贫守贱者，自古有黔娄。好爵吾不萦，厚馈吾不酬"（《咏贫士》其四）。如果说"贫"是指经济方面，"贱"即涉及身份的性质，渊明所说的贱正是指无当世的高名显爵，差不多沦于庶民之流的社会处境。在门阀社会的评价标准里，庶族士人与庶民被视为"小人"，含有人格歧视的意味。《世说新语·方正》："刘真长、王仲祖共行，日旰未食。有相识小人贻其餐，肴案甚盛。真长辞焉，仲祖曰：'聊以充虚，何苦辞？'真长曰：'小人都不可与作缘。'"这里所说的"小人"，是指不具士大夫身份的人，不是指其实际的道德修养与财富地位。渊明自认为"陇亩民"，已经超越这种以身份论贵贱的门阀社会的标准了。左思《咏史》其六借咏荆轲、高渐离表达其蔑视豪右、以人格自重的情怀："高眄邈四海，豪右何足陈。贵者虽自贵，视之若埃尘。贱者虽自贱，重之若千钧。"渊明虽然没有这样激愤之语，但其"蔑彼名级"的观念里，正包含这种轻视豪右、以寒庶自重的思想。为此，他寻找古代高尚道德的贫士、隐士的传统，确立一种"固穷守节"的贫士的行为准则，并且为被一般的士流轻视的农耕劳动找到了高尚的甚至是合乎道的依据：

> 悠悠上古，厥初生民，傲然自足，抱朴含真。智巧既萌，资待靡因。谁其赡之，实赖哲人。
> 哲人伊何，时惟后稷。赡之伊何？实曰播植。舜既躬耕，禹亦稼穑，远若周典，八政始食。（《劝农》）

这无疑是庶民阶级以劳作为高尚的宣言，其实是针对当时士族社会蔑视庶民、贬之为小人的阶级歧视。从这里我们可以看到，渊明在思想意识上与门阀士族是有着根本的差异的。其对躬耕行为和对田园生活的审美行为的达到，正是植立于这种觉醒了的庶民阶级的道德观。

渊明还具有很深的"孤介""孤寒"意识。其自述孤介之志，每形于笔端："总发抱孤介，淹出四十年。"（《戊申岁六月中遇火》）"畴昔苦长饥，投耒去学仕。将养不得节，冻馁固缠己。是时向立年，志意多所耻。遂尽介然分，终死归田里。"（《饮酒》其十九）"此士胡独然，实由罕所同。介焉安其业，所乐非穷通。"（《咏贫士·仲蔚蓬蒿宅》）颜延之《陶征士诔》也强调渊明的"孤介"情操："物尚孤生，人固介立。"这种"孤介"的意识及心态的形成，虽然与其性格志趣有关，但是从社会的一方面来看，与其处于士族社会边缘、遭到门阀士族排斥的社会经历是分不开的。渊明与当时以门阀名士为主角的士族社会关系究竟如何，我们现在难以尽知。渊明本人由于其文学与操行，在当时的社会上应该也是属于名士之流的。我们甚至可以说，渊明是陶氏家族的第一个名士。他早年曾在王凝之担任太守时的江州做州祭酒。晚年也曾与王弘、谢瞻等交往，永初二年，王弘为江州刺史，饯送谢瞻、庾登之于湓口，渊明也应邀在座①，并作《于王抚军座送客》诗。但是渊明与当时的高门名士之间，是有一种隔阂的心理的，因隔阂而取自动疏远的态度。《拟古九首》其六这首诗，可能是暗寓这种情形的：

苍苍谷中树，冬夏常如兹。年年见霜雪，谁谓不知时？厌闻世上语，结友到临淄。稷下多谈士，指彼决吾疑。装束既有日，已与家人辞。行行停出门，还坐更自思。不怨道里

---

① 逯钦立校注《陶渊明集》附录二《陶渊明事迹诗文系年》，第287页。

长，但畏人我欺。万一不合意，永为世笑之。伊怀难具道，为君作此诗。

关于这首诗所指之事，有多种说法。逯钦立先生引汤汉的注，认为是说不入白莲社的事情[1]。袁行霈先生注："稷下谈士所论皆治乱之事、治国之术，如以稷下谈士比喻白莲社所信仰之佛教，不伦不类，汤说非是。"[2] 此说甚是。诗中说"稷下多谈士，指彼决吾疑"，可见他想去加入其中的，是一个学术性的名流圈子，这个学术性的名流圈子，我认为是隐指当时门阀名士清谈集团，换言之，即当时的名士圈。渊明在思想上受到玄学的影响，是毫无疑问的，所以这种玄学名士集团对他还是有吸引力。何况上面我们说过，渊明可能是陶氏家族中第一位在当时取得名士资格的人。从本人的愿望来看，进一步加强与当时名士们的交往，无论对于他个人还是他的家族在士林中的地位的提高，都是有益的。他将要出门而又罢行的主要原因，即诗中所说的"但畏人我欺""万一不合意"，这正表现出他作为一位家族地位始终未曾上升到文化士族地位之寒庶士人的实际心理。作为一位文学和操行都知名于时的高士，渊明是有可能跻身当时的名士圈中的，但他也深知这个名士圈的势利情形，尤其是高门士族王、谢之流骨子里的优越感。这是他始终与他们保持着距离，最终没有进入名士社交圈的主要原因。这一切，都与他因为家世的原因而被置于士族社会边缘的处境有关。当然，对于这种被置于边缘的处境，陶渊明是不会完全被动地接受的，而是要积极地作出回应，其结果是造成世既弃我、我亦弃世的心态，主动地与当时那个由高门士族主宰的纷华炫眼的士族社会保持疏远："寝迹衡门下，邈与世相绝。顾盼莫谁知，荆扉昼常闭"（《癸卯岁十二月中作与从弟敬远》）；"草庐寄

---

① 《陶渊明集》，第 112 页。
② 袁行霈《陶渊明集笺注》，中华书局，2003 年，第 332 页。

穷巷，甘以辞华轩"（《戊申岁六月中遇火》）；"清晨闻叩门，倒裳往自开。问子为谁欤？田父有好怀。壶浆远见候，疑我与时乖。繿缕茅檐下，未足为高栖。一世皆尚同，愿君汩其泥。深感父老言，禀气寡所谐。纡辔诚可学，违己讵非迷。且共欢此饮，吾驾不可回。"（《饮酒》其九）"宁固穷以济意，不委曲而累己。既轩冕之非荣，岂缊袍之为耻。诚谬会以取拙，且欣然而归止。拥孤襟以毕岁，谢良价于朝市。"（《感士不遇赋》）由此可见，渊明的归隐田园，甘以"陇亩民"自处，还是有很具体的社会原因的。

渊明的文学，具有浓厚的寒素抒情的色彩。最典型的是《感士不遇赋》《咏贫士》等作品，就是寒素抒情的传统题材。其所创造的意象，多具有象征寒素的意义，其中最明显的就是《咏贫士》其一中的"孤云"意象：

> 万族皆有托，孤云独无依。暧暧空中灭，何时见余晖。朝霞开宿雾，众鸟相与飞。迟迟出林翮，未夕复来归。量力守故辙，岂不寒与饥。知音苟不存，已矣何所悲。

两晋"寒素后门之士"郭泰机的《答傅咸诗》，塑造寒女形象以寄托寒素之悲，稍后的左思《咏史》诗，以"郁郁涧底松，离离山上苗。以彼径寸茎，荫此百尺条"这样的形象对比，来突出寒素之士对门阀制度的不平之感。这两位诗人创作的象征寒素的意象，久为学者所熟知。陶渊明这首咏"孤云"诗，人们一直只是简单地理解为个人寄托，而没有抉发出其中的社会内容。这里表现出来的深度的孤独情绪，正反映了门阀社会中寒素之士的身世之感。除了"孤云"之外，《饮酒》其四中的"失群鸟""孤生松"，《饮酒》其八中的"青松"，乃至于《归鸟》诗中的"归鸟"，也都可理解为寒素守节之士的象征。尤其是"失群鸟"与"孤生松"，表现出具有渊明特点的孤贞的寒素情怀：

栖栖失群鸟，日暮犹独飞。徘徊无定止，夜夜声转悲。厉响思清晨，远去何所依。因值孤生松，敛翮遥来归。劲风无荣木，此荫独不衰。托身已得所，千载不相违。

从"失群鸟"这样的意象来看，陶渊明选择辞官归隐、离群索居，不完全像我们以往理解的那样完全是他的主动选择，这里面其实有社会的排斥。另一方面，从带有被动遭遇的"失群"，到寻找到了"孤生松"这一归宿，并且表达了"千载不相违"的志愿，则是从被动到主动，是寒素在遭遇社会排斥之后人格上的自我植立，这正是陶渊明这一位寒素士人的自觉追求。

三　外家

陶渊明的母亲是东晋一代名士孟嘉的女儿。孟氏是武昌望族，世代以德行著称。孟嘉的曾祖父孟宗，是一个大孝子。传说孟宗的母亲生前喜欢吃笋，孟宗在冬节祭母时，因笋尚未生而入林哀叹，林中便有新笋破土而出。二十四孝中的孟宗哭竹，讲的就是这个故事。孟宗出仕孙吴，官至三公之一的司空。孟嘉的祖父孟揖在西晋元康中做过庐陵太守。孟揖作为亡吴大臣的后人而能做到这样的官，可能主要是凭借家族的德望，其本人肯定也是有一定的名望的。孟嘉从小就失去父亲，"奉母、二弟居"，他的一个弟弟孟陋，列名《晋书·隐逸传》中，虽然一生未曾做官，但在士林中享有极高的声望。袁宏曾经为孟陋作铭，称他"少而希古，布衣蔬食，栖迟蓬荜之下，绝人间之事，亲族慕其孝。大将军命会稽王辟之，称疾不至。相府历年虚位，而澹然无闷，卒不降志，时人奇之"[1]。《世说新语》还记载了这样一个故事，孟嘉在京中做官，京邑人士想见见孟陋，就派人到武昌送书给他，说孟嘉病重，孟陋仓仓皇皇地到了京中。一时贤士看到他后，没有不赞叹推重他的，甚至认为孟嘉有这样的弟弟接续他的德业，纵死无妨。孟陋纯粹是以隐德孝悌著称，并没有那时门阀名士的轻狂气。尽管外面以他不出来做官为奇特，桓温也曾慨叹说：连会稽王司马昱都请不动他，自己更不要说了。但孟陋给桓温的信中却说："亿兆之人，无官者十居其九，岂皆高士哉？我病疾，不堪恭相王之命，非敢为高也。"（《晋书·隐逸传》）可见他不仅以隐德著称，

---

[1]　严可均《全晋文》卷五十八。

而且能谦以自牧，不仅逃位，而且逃名。孟陋的话让我们想起陶渊明跟檀道鸾说的话。檀道鸾去看渊明，见他贫病交加，就以贤者处世无道则隐、有道则仕的道理来游说他。他坦率地说："潜也何敢望贤，志不及也。"实际是委婉地表示，自己的隐逸，并非为求得某种高名，而是顺从本志。可见，陶渊明不仅受他外祖父孟嘉的影响，很可能外叔祖孟陋也是他隐逸求志的一个榜样。

孟氏和陶氏是两代姻亲，孟嘉娶了陶侃第十个女儿，陶渊明的外婆也就是他的祖姑母。陶孟两姓都是东吴旧臣的后人，但是论门第族望，孟氏比陶氏要高得多。只是在两晋离乱之际，陶侃凭借军功崛起，成为重臣，而孟嘉之父早亡，可谓门衰祚薄。孟嘉娶陶侃女为妻①，在政治上算是高攀，在门第上却不能不说是有点低就的。在门阀时代，婚姻讲究门第到了锱铢相较的地步。东晋初诸葛氏门第甚高，诸葛恢的大女儿嫁给帝舅庾亮的儿子，后来因亮子死于苏峻之乱，改嫁江虨。次女嫁羊忱儿。诸葛恢的儿子又娶邓攸女为妻。对于与这几姓联姻，诸葛恢认为与羊家是世婚关系，与庾家有点高攀，与江家则有些低就，但都还说得过去。但当谢裒想娶其小女为儿媳时，诸葛恢就不同意，认为谢氏门第低得太多。一直到恢死后，并且谢氏家族因安、万、尚等人的声望门第大增，谢裒儿子谢石才得娶恢女为妻。另一个例子是大将军桓温想娶其长史王坦之女为儿媳妇，尽管桓氏权倾一世，且是王坦之的上司，但王坦之的父亲王述还是严词拒绝了这门婚姻，认为对方是兵家，与己家门第不相称②。孟氏是德望之族，孟嘉少年时已颇有名望了。陶渊明在《孟府君传》里是这样描述其外祖父的：

君少失父，奉母、二弟居。娶大司马长沙桓公陶侃第十

---

① 《世说新语笺疏》"方正第五"，第306页。
② 《世说新语笺疏》"方正第五"，第332页。

女，闺门孝友，人无能间，乡间称之。冲默有远量，弱冠，俦类咸敬之。同郡郭逊，以清操知名，时在君右。常叹君温雅平旷，自以为不及。逊从弟立，亦有才志，与君同时齐誉，每推服焉。由是名冠州里，声流京邑。

由是可见，孟陶联姻，于门第而言，是孟高于陶。陶作为军功之家而嫁女给望族名士，当然也有利于改变其门第形象；孟氏门衰祚薄而能联姻权门，也算是很相得。但孟嘉始终保持其名士风范，继续按照当时士族名士的人格模式来塑造自己，因而赢得了庾亮、褚裒、桓温等门阀名公的赏识。诸人对陶侃多有轻蔑之意，而对其女婿却一致赞赏，这是因为孟嘉南州高士的身份。陶渊明的《孟府君传》是有关孟嘉生平最翔实的材料，其中并无功业之事，只是着重记录了当时人物对孟嘉名士风范的赏誉和孟嘉自己的一些能显示其名士风范的轶事。在这方面，我们应该承认，孟嘉是十分幸运的，他有这样一位大文豪的外孙为其作传，使其形象活脱脱地留在后世。传中所记的两件轶事，尤能表现出东晋名士的精彩。一桩是孟嘉任庐陵从事时的一番行止：

太尉颍川庾亮，以帝舅民望，受分陕之重，镇武昌，并领江州。辟君庐陵从事。下郡还，亮引见，问风俗得失。对曰："嘉不知，还传当问从吏。"亮以麈尾掩口而笑。诸从事既去，唤弟翼语之曰："孟嘉故是盛德人也。"君既辞出外，自除吏名。便步归家，母在堂，兄弟共相欢乐，怡怡如也。

庐陵从事，是庾亮都督府中分管有关庐陵郡事务的官员，并须下郡考察。孟嘉从庐陵郡考察回来后，庾亮问他郡中风俗得失，理应汇报述职。但他却说回到传舍再问从吏，这便是名士"居官无官官之事"的派头，所以虽然失职，却反得庾亮的赞赏。而他自除吏名，更表现出其清高之概。这件事典型地反映了门阀政治的性质和特色。另一桩则是"龙山落帽",是历来诗文中经常出现的有名的典故：

> 再为江州别驾、巴丘令、征西大将军谯国桓温参军。君色和而正,温甚重之。九月九日,温游龙山,参佐毕集;四弟二甥咸在座。时佐吏并着戎服,有风吹君帽堕落,温目左右及宾客勿言,以观其举止。君初不自觉,良久如厕,温命取以还之。廷尉太原孙盛,为咨议参军,时在座,温命纸笔令嘲之。文成示温,温以着坐处。君归,见嘲笑而请笔作答,了不容思,文辞超卓,四座叹之。

这件事所表现的正是名士忘怀自我、放浪于形骸之外的风致。而文笔应对之敏捷,更可知孟嘉是一位具有较高文学素养的名士。虽然孟嘉没有任何文学作品留传下来,但我们还是觉得孟嘉对陶渊明走上文学道路,会有一定的影响。尤其是龙山答文这一带有传奇色彩的文人轶话,渊明肯定从他的母亲那里听到过不少次。在他幼小的、还缺乏文学知识的心灵中,外祖父无疑是一位大文豪。尽管渊明出生时他外祖父多半已经去世,但从母亲的形容叙述中,他对外祖父的风姿肯定是熟悉的。那个放浪形骸而又文采超卓的名士形象,大约经常飘然映现于渊明的脑际。写作《孟府君传》时,渊明已经是一位杰出的大文豪了,可他写到"龙山答文"这一幕时,仍然是这样心向往之。在这里,孟嘉的形象呼之欲出。尤其是通过孟嘉这一家族人物,陶渊明与东晋名士文坛可以发生一种真切的关系。孟嘉所交际的著名文人,即据陶渊明所述,就有孙盛、许询、罗含等人。所以考虑渊明与东晋名士文学的关系,孟嘉当是一个关键。因为陶氏家族自身素无文学传统,渊明与文学传统之间最近的血缘关系,也只有孟氏家族了。

外家对渊明的影响,更重要的在于人伦标范和精神气质方面。陶氏以功业进取为家族传统,孟氏则至少就孟嘉、孟陋而言,并无功业可称，只以孝友之行、谦冲敛退之德取誉士林。对于渊明来说，内外家族的传统都有所继承，并且是统一、互补的，因为他的人生理想是德业与勋名并至。在《命子》诗中，渊明正是按照这个标准来塑造陶侃的形象的。而孟嘉则是德业成而勋名未就。传中云：

> 光禄大夫南阳刘耽，昔与君同在温府，渊明从父太常夔尝问耽："君若在，当已作公不？"答云："此本是三司人。"为时所重如此。

这是说孟嘉本来可以官至三公的。所以在传赞中，渊明对他外祖父的过早去世慨叹不已，其辞云：

> 赞曰：孔子称："进德修业，以及时也。"君清蹈衡门，则令闻孔昭；振缨公朝，则德音允集。道悠运促，不终远业。惜哉！仁者必寿，岂斯言之谬乎！

此传历来认为作于渊明因母丧居忧期间，传中也明言："渊明先亲，君之第四女，凯风寒泉之思，实钟厥心，谨按采行事，撰为此传。"可见写传的动机来自对母亲的思念。此时渊明将近四十岁，是其人生历程中功业心最为强烈的时候。所以传赞中的这番感慨，也寄托着他自己的功业理想。但是，从孟嘉那里，陶渊明接受的主要是一种体任自然的名士人格。魏晋间名士有清浊两流，清者任自然而不违名教，以玄冲雅量、含弘广大取胜；浊者越名教而任自然，以虚无放诞立异。《世说新语·德行》中就记载有这两种不同的名士：

> 王平子、胡毋彦国诸人，皆以任放为达，或有裸体者。

乐广笑曰："名教中自有乐地，何为乃尔也！"①

　　王平子、胡毋彦国诸人是浊的一派，乐广则是属清的一派。西晋末浊流颇为流行，东晋时代则清的一派是主流。孟嘉当然是清望名士的代表。首先，他有"孝友"之德。《论语·学而》篇说："君子务本，本立则道生，孝弟者，仁之本也。"孟氏历世孝友传家，是完全符合名教的。其次，"冲默有远量"。《世说》称黄宪"叔度汪汪，如千顷之波，澄之不清，搅之不浊"，孟嘉能给世人这样的印象，当然是一流的名士。其三，他处人伦之际，立仕途之中，一曰"温雅平旷"，二曰"色和而正"，毫无张狂之气，完全是以德服人。其四，明于出处之义。当庾亮问他庐陵风俗得失，他没法回答时，率真作答，并能引咎辞职，可谓"行己有耻"。"奉使京师，朝廷除尚书删定郎，不拜"，更能表现其难进易退之德。其五，注重朋友之间的信义。传中记载他在江州为官时，不远千里赴会稽为从前的上司谢永奔丧。路经永兴，与隐居在此的名士许询舟船相逢。许使人相询，孟嘉不即相见，相约奔丧后再造访。归途践约来访许询，"遂止信宿，雅相知得，有若旧交"。这种人际的处理，也是很符合当时的社会道德标准的。其六，放怀自得，超然物外，亦有山林之趣。"会神情独得，便超然命驾，径之龙山，顾景酣宴，造夕乃归"；"好酣饮，逾多不乱。至于任怀得意，融然远寄，傍若无人"。其七，任真率性，崇尚自然。其饮酒所求者是酒中真趣，从酒中体会人格自然、不矫饰造作之理。所以当桓温问他"酒有何好，而卿嗜之"时，他便回答说："明公但不得酒中趣耳。"渊明的嗜酒与饮酒理论，与孟嘉都是一脉相承的："故老赠余酒，乃言饮得仙。试酌百情远，重觞忽忘天。天岂去此哉，任真无所先。"（《连雨独饮》）正是对孟嘉"酒中趣"理论的具体演绎。从根本来讲，都是通过饮酒来体会自然之理。

---

　　① 《世说新语笺疏》"德行第一"，第24页。

孟嘉对于艺术亦尚自然之趣。他认为听音乐"丝不如竹，竹不如肉"，即弦乐不如管乐，管乐不如歌唱。问他这是为什么，他回答说："渐近自然。"

从陶渊明所作的孟嘉传中，我们可以发现，孟嘉和渊明这一对祖孙之间，有许多相类的地方。我们无论如何都否认不了，在渊明的人格形成历史上，孟嘉是一个重要的典范。而他的《孟府君传》，无疑是融进了他自己的性情和人格理想。虽然没有功业可纪，但显然已经塑造出一个符合当时士林企尚的人格典范，并且流传后世，影响来哲。

渊明的人格及其理想，论其血缘关系，正是兼取内外家族之精神融于一身，为其人生奠定了坚实的基础。所以在写了渊明的门第后，必须写他的外家。

四　追忆中的少年时光

　　进入中年以后的陶渊明，常常沉浸在对青年和少年时光的追忆之中。他的不少诗篇，都是以追忆开端的。在追忆中，诗人为我们描写了自己青少年生活的色彩和情调：

　　从物质生活的层面来讲，渊明小时候可能还算富足，但到青年时代就近于清贫了。在陶氏家族中，渊明这一支并没有继承爵位，他的祖父虽做过太守，到他父亲却是无官职无特权，再加上父亲又过早地去世，所以留给妻儿的田园财产应该是很有限的。魏晋间常常有父亲官至守令，但因早逝而使儿女陷入孤贫之中的记载。如张华父曾为太守，但他幼年时曾为人牧羊；渊明的曾祖父陶侃，其父曾为吴扬武将军，他自己早年照样受穷。所以像渊明这样的家庭，沦于贫薄是完全可能的。颜延之为渊明所写的诔文中，说他早年"居无仆妾，井臼自任"。渊明作《自祭文》回顾自己的一生时，也很感慨地说，自己生来就与贫穷为伍："自余为人，逢运之贫，箪瓢屡罄，绤絺冬陈。含欢谷汲，行歌负薪，翳翳柴门，事我宵晨。"既然没有仆人，家务之事只能是自理，一部分农业劳动，也需要自己承担："春秋代谢，有务中园。载耘载耔，乃育乃繁。"渊明晚年罢官后，能够从事农业劳动，这种能力是早年培养出来的。所以陶家虽然还可以说是一个官宦世家，渊明自己的身份，却可以说是亦耕亦读的寒儒，虽不是真正意义上的农民，却经历过农民的生活。

　　虽然因为贫困而务农，但渊明却是带着一种诚愿的心情去做的。之所以能够这样，除了他天性淳朴、勤劳的原因之外，还因为他想起了历史上那些自食其力的高士和贫穷儒生。当他含着欢悦走到谷底汲水灌园时，一定会想起庄子所说的那个因为害怕使用机械会产生机心而放弃桔槔不用、情愿抱瓮汲水的汉阴老人；又当他负薪道上时，也肯定会想起那位一边挑着柴担，一边诵读经书、唱着歌辞的朱买臣。所以亦耕亦读的生活，对于渊明来说，虽然是贫困、劳苦的，但也是和谐的。后来当他奔波于仕途之上，更觉得早年的这种生活是很美好的，也是真正自由自在的："静念园林好，人间良可辞。当年讵有几，纵心复何疑。"（《庚子岁五月中从都还阻风于规林二首》其二）所以在我们讨论渊明后来归隐田园的动机时，应该看到早年这种亦耕亦读的生活体验所起的作用。我们以后还会讨论到，渊明关于农业劳动形成了一套社会理想和人格思想，他在某种角度上是先秦农家流派的传人和发扬者。

既然是亦耕亦读，在渊明的少年生活中，读书仍然是最重要的一个主题。东晋时代，知识界读书风气很淡薄，玄学家流不仅鄙视实干，同时也没有力学之精神，他们只从事于《老》《庄》《周易》和少部分佛典，甚至有些人连老庄都没有好好地读就大谈玄理。因为当时不少号称清谈家的，都不过是拾人牙慧而已。殷浩就说他的外甥韩康伯还没有得到他的"牙后慧"①。所谓名士，更是不需要什么才学的。名士领袖王恭就说过："名士不必须奇才，但使常得无事，痛饮酒，熟读《离骚》，便可称名士。"② 殷仲文号称一代文豪，可是"天才宏赡而读书不甚广"③。自汉代以来，文学家同时也是博学家，文学创作与博学多通的风气分不开。东晋玄风扇炽而读书风气顿歇，无怪乎文风不振。南方士族比较崇尚实学，但像范宁、范汪之辈的经学家，所守的仍是汉代经生的门径，也谈不上博学多通。在这样一个读书风气淡薄的时代，渊明却是天性爱好读书，自称"好读书，不求甚解；每有会意，

---

① 《世说新语笺疏》"文学第四"，第 217 页。
② 《世说新语笺疏》"任诞第二十三"，第 763 页。
③ 《世说新语笺疏》"文学第四"，第 275 页。

便欣然忘食"（《五柳先生传》）。

渊明的读书，一不为清言玄谈，二不为穷经做注，所以渊明能够超越时流，真正做到以读书为乐：

> 少学琴书，偶爱闲静，开卷有得，便欣然忘食，见树木交荫，时鸟变声，亦复欢然有喜。常言：五六月中，北窗下卧，遇凉风暂至，自谓是羲皇上人。（《与子俨等疏》）

这样的读书境界是令人羡慕的，也是常人难以达到的。这种读书，超越于功利之上，真正以读书为人生最大的乐趣，而从书中所领悟的，也都是活生生的境界，打破了时空的界限，与古人作心灵的会晤。魏晋之际，能这样读书的人是不多的。渊明读书的另一妙诀，还在于在自然境界中读书，将书本和自然放在一起赏玩，开卷有得，对景欢然，在读书的同时也在阅读自然。这种读书方式，更是那些经生们梦想不到的。渊明从少至老，一生保持这种读书方式。其《读山海经》组诗第一首，又一次为我们形象地展现了其令人神往的读书生活：

> 孟夏草木长，绕屋树扶疏。众鸟欣有托，吾亦爱吾庐。既耕亦已种，时还读我书。穷巷隔深辙，颇回故人车。欢然酌春酒，摘我园中蔬。微雨从东来，好风与之俱。泛览周王传，流观山海图。俯仰终宇宙，不乐复何如？

初夏时节，百花落后，碧草绿叶长得更加繁茂了，屋庐四周的高树，枝叶扶疏，阳光从叶隙漏进来，像一片片的碎镜闪烁在树底下的草地上。残冬以来一直没有找到好树筑巢的鸟儿们，这会儿在院落四周的林间筑起了巢儿，其欣快的情绪，从和谐清亮的啁啾声中传出来。得到了家，得到了归宿，是多么值得珍爱的事情，鸟儿是这样，我也是这样。春夏之间的忙耕时节已过，从院落前的水竹林外望出去，一片新秧，锦绣不如；我这下子可以安心地读我的书了。农忙之余的开卷，是多么的有趣味啊，无怪乎董遇三余读书，读得那样惬意。这种亦耕亦读的快乐，那些书斋里的学者岂能梦见？友人们或许还没有忘掉我吧！只是我住的陋巷，道儿太窄，又坑坑洼洼的，他们的车子到了村口，也要回去了。这样也好，我更能自赏这一份真正与世隔绝的乐趣了。我一边欢然地喝着春天酿成的米酒，从园中随便摘一些嫩蔬作菜肴来下酒。一阵微雨，挟带着清凉的风，从东面悠悠地度过来，沐浴得我的生活一片的和谐。随意读读《穆天子传》，披览《山海经图》，俯仰之间，神驰上古，目观万类，宇宙间的一切奇异的事儿和珍怪的物件，我于片刻中领得。这样的光景，还容我不快乐吗？还容我不自足吗？

这首诗写的虽是晚年的一幕，但与少年时亦耕亦读的境界相近。人虽老了，思想也成熟深沉了，但读书的环境并无改变，读书的方式、乐趣都一如少年时光。抛弃了仕途，就是要回归到这种少年时候的生活：除了与自然融成一片和谐外，一切都已自足于内，无待于外。少年的渊明，就已尝到这种生命的佳酿；到了晚年，更是尽情地深味它了。

渊明于书，无所不览，终生爱读不倦，他无疑是当时最博学的人之一。又由于他读书重在会意，能以心源印证古人之言，并将书史与自然和生活相融会，所以他也是古今最能读书的人之一。他一生所读之书、所悟之理、所得之趣，都用之于创作，却不是典故堆砌、名理横陈，而是如盐融入水，这正是其读书得法所致。所以要理解渊明非凡的创作成就，不能不了解他的读书之功。严沧浪说："夫诗有别材，非关书也；诗有别趣，非关理也。然非多读书，多穷理，则不能极其至。所谓不涉理路，不落言筌者，上也。"① 这样的境地，渊明是完全达到了的。这个问题，以后我们讲他的文学渊源时还要谈到。

除读书外，渊明少年生活的另一内容就是学琴。说到渊明与琴的关系，熟悉渊明事迹的读者一定会想到那个无弦琴的故事。这个故事记录在《宋书》的陶渊明传里：

> 潜不解音声，而畜素琴一张，无弦，每有酒适，辄抚弄以寄其意。

后来昭明太子萧统的《陶渊明传》和唐初李延寿《南史》本传，也都记录这一事迹，都是以《宋书》为蓝本的。于是，渊明不会弹琴就成了千古定谳。但渊明自己在《与子俨等疏》中却明白地说自己"少学琴书"，在《始作镇军参军经曲阿》诗中，也有句云：

> 弱龄寄事外，委怀在琴书。

又《和郭主簿二首》：

> 息交游闲业，卧起弄书琴。

在《自祭文》中说到自己日常所为，也很确凿地说：

> 欣以素牍，和以七弦。

《归去来兮辞》也说自己归田之后：

---

① 严羽撰、郭绍虞注《沧浪诗话校释·诗辨》，人民文学出版社，1961年，第 26 页。

悦亲戚之情话，乐琴书以消忧。

这样看来，渊明非但不是不会弹琴，而且琴正是其少年经常习肄的一种乐器。只是渊明对于艺术重在寄托，他的弹琴也旨在畅怀抒情，而非求艺事之工巧。到了晚年，这种意向更趋明显。再加上他深于老庄之道，自然能深领老子所说的"大音希声"之义。于是其于弹琴一道，更趋于追求简率任兴，不作繁音促节之响。乃至于琴弊弦断，也不另觅新琴、更续新弦。然酒适之际，每每取已弊无弦之琴抚弄之，以寄"大音希声"之义。他本是一个与世隔绝之人，外间的人并不了解他的真相，关于他的事情，偶有好事者，也只当作传奇来叙说，于是就有了无弦琴的故事流传开来。又因认定他只抚弄无弦之琴，便谳定他不解音律，连萧统这样尊敬他的人，也跟着以讹传讹了。不过反过来想，如果真是于琴理、琴技毫无知解的人，又如何真的能抚无弦而寄意呢。不想渊明此举，正是技进于道、绚烂归于平淡、返璞归真之境界呀！

渊明是一个真率而又性格趋于内向的人，"闲静少言，不慕荣利"，在他少年时候，便已是这样了。从外表上看，他不像一般少年人那样好雀跃戏弄，颜延之就说他"弱不好弄"；但内心世界则是活跃的，并且充满了浪漫的想象。在这个暴兴而又骤衰、眼前从生活来看已经接近平民阶层的家族里，渊明自然成了家族寄予重望、有希望振兴家族的人物。这个少年人，在许多方面都显现出与其外祖父一样的名士风度，而其内心却又孕育着像他曾祖父一样的建功立业的激情。表面上看，他是闲静文雅，连眉宇间都带着晏如、欣豫的神情，但其血液中却仍有时奔流豪侠、刚毅的激情，常常说出一些令人惊讶的豪壮的话来："猛志逸四海，骞翮思远翥。"

少年渊明，就是这样既单纯又丰富的人。在他晚年的回忆中，少年生活是宁静、和谐的。在他的意识中，一直怀着回归少年时的生活环境与生活方式的强烈愿望。对少年的追忆成了他诗情所由发生的一个重要心理源泉。

五 爱的故事

渊明在贫乏勤劳而不失琴书之乐的生活中，渐渐进入了青春期。这位外表闲静、总是离开同龄的少年群踽踽独行、从不加入他们的种种作剧嬉耍的诗人，对于生命之青春的感性体验，同样是丰富的。在《杂诗》其三中，他曾这样追抚青春的消逝：

> 荣华难久居，盛衰不可量。昔为三春蕖，今作秋莲房。严霜结野草，枯悴未遽央。日月有环周，我去不再阳。眷眷往昔时，忆此断人肠。

青春的光华难以久留，缘何由盛到衰，生命的这种变化之理真是不可思量呀！遥想昔日，青春的我像三春的荷花一样，的皪光泽，馨香远送，而今的我呀，不正像那凉风中的莲实一样，失去了光艳亮丽。并且生命的由盛转衰，才刚刚开始呢！日和月都能周而复始地运行，我的生命却一去不再形现。眷恋那青春岁月，回忆旧日的情事，不禁使人肝肠欲断。

一向以和谐、旷达为基调的陶渊明，在上面这首诗中却显得十分动情，几乎像阮籍的同类诗作那样，悲从中来，不可断绝。这里，作为诗人的陶渊明占了上风，完全压倒了作为哲人的陶渊明。诗人这样深情地眷恋他的青春，说明这位一向被人认为是老年型的诗人，同样经历过至少就内心来讲是十分丰富多彩的青春生活。青春岁月留给他许多美好的回忆。

青春总是与爱情连在一起的，不，青春的精华就在于爱情。青春使人不假思索地对生命发生热烈的爱，爱驱使人热烈地寻求第二个自我。只有当欣赏第二个自我即爱的对象或偶像时，才能真正完整地欣赏自己的青春。而得到所爱的人的肯定，即爱的回应，是青年人肯定自我价值的迫切需要。只有认识到这一点，我们才会有这样两种幻觉似的自我价值的判断：一种人因得到真爱，而觉得自己拥有了整个世界，为整个世界的人们所认可；另一种则刚刚相反，因为被爱人所抛弃、所否定，就觉得自己已经被整个世界所抛弃、所否定。

爱情差不多是人生的必由之路，是青春的姐妹。我们的诗人陶渊明，在他宁静的青春岁月，同样为爱神的光芒所照炫，以至于对她顶礼膜拜：

> 愿在衣而为领，承华首之余芳；悲罗襟之宵离，怨秋夜之未央。愿在裳而为带，束窈窕之纤身；嗟温凉之异气，或脱故而服新。愿在发而为泽，刷玄鬓于颓肩；悲佳人之屡沐，从白水以枯煎。愿在眉而为黛，随瞻视以闲扬；悲脂粉之尚鲜，或取毁于华妆。愿在莞而为席，安弱体于三秋；悲文茵之代御，方经年而见求。愿在丝而为履，附素足以周旋；悲行止之有节，空委弃于床前。愿在昼而为影，常依形而西东；悲高树之多荫，慨有时而不同。愿在夜而为烛，照玉容于两楹；悲扶桑之舒光，奄灭景而藏明。愿在竹而为扇，含凄飙于柔握；悲白露之晨零，顾襟袖以缅邈。愿在木而为桐，作膝上之鸣琴；悲乐极以哀来，终推我而辍音。（《闲情赋》）

这"十愿"之辞，既淋漓尽致又玲珑剔透地描写出一种白热化的求爱情绪，又极尽文人辞客铺张扬厉、修辞属对之能事。从这里我们可以看到渊明早年沉浸秾郁、含英咀华地吸取汉魏以来语言艺术的深厚功力，也可以知道他后来形成的风格，完全是绚烂之后归于平淡。爱的热望使主人公产生渴望接近爱人、甚至与爱人融为一体的强烈愿望，这完全是纯洁的、不杂一丝亵渎之念

40

的心情，这时的爱情超越向异性索取、求欢等功利的愿望，可以说接近和表白就是目的。渊明《闲情赋》之所以成为一个爱情题材的经典之作，就在于他表现出真正的爱情。

但是，最能反映出作者在赋中所写情事的自传性质的，还是"十愿"之后，愿望落空后痛苦的希冀和痴望：

> 考所愿而必违，徒契阔以苦心。拥劳情而罔诉，步容与于南林。栖木兰之遗露，翳青松之余阴。傥行行之有觌，交欣惧于中襟。竟寂寞而无见，独悁想以空寻。敛轻裾以复路，瞻夕阳而流叹。步徙倚以忘趣，色惨悽而矜颜。

在一番狂热的幻想失落之后，诗人在室内不遑宁处，怀着一丝的痴望，忧忧不乐地步出户庭，徘徊于房子南边的疏林之中。这一带很可能是那位女子平常游玩过的地方，所以渊明希望能在这里与她邂逅，盼望她能出现，可是又怕她出现后自己无所适从、无法表达，也怕被对方瞧出这一番心思。这种矛盾的心理很真实，假如作者没有体验过的话，是写不出来的。从这里我们可以揣摩出，渊明所爱的那个人是真实存在的。当然也可能是他集中平生的爱情体验而写成，不一定是具体的某一次。

爱是一种塑造，既塑造了自己，又塑造了自己所爱的人。热恋中的人都像天才的艺术家那样，雕塑出自己心目中理想的爱的偶像；而塑造好了的偶像，又成为自己新的观照对象，从而激发起更热烈的追求之情。渊明同样为自己塑造了一个爱的偶像，她有德有色，志洁行芳：

> 夫何瑰逸之令姿，独旷世以秀群。表倾城之艳色，期有德于传闻。佩鸣玉以比洁，齐幽兰以争芬；淡柔情于俗内，负雅志于高云。

这里显然是融进了渊明自己的人格理想。渊明自己"少无适俗韵",所以他心目中的爱的偶像,虽处身世俗之中,柔以应物,但不失淡泊之志,其内心所怀抱的志趣,则像高天的云霞那样皎洁。同时她还是一位善于感怀、善于寄托的女子。渊明说她:

> 悲晨曦之易夕,感人生之长勤。同一尽于百年,何欢寡而愁殷。褰朱帏而正坐,泛清瑟以自欣;送纤指之余好,攘皓袖之缤纷。瞬美目以流眄,含言笑而不分。曲调将半,景落西轩。悲商叩林,白云依山。仰睇天路,俯促鸣弦。神仪妩媚,举止详妍。激清音以感余,愿接膝以交言。

看来渊明所爱慕的对象,还是一位擅长音律的女子。她静坐抚琴的姿态引起了渊明的爱慕与遐想。由爱情而反思青春之易逝、人生之短暂,这是自汉末诗人以来形成的一个表现爱情的方式。它将爱与生命的反思联系在一起。渊明这篇《闲情赋》同样也抒发了人生短暂的情绪。由于诗人自己有这样一种感慨,所以就赋予他所爱的人同样的情绪,这真正是怀抱相契。渊明用诗表现生命情绪,他所爱的人则用鸣瑟以寄托,这都是解脱自慰之法。渊明既已钦慕其人的令姿美德,今又产生人生苦短之共鸣,成为其音乐艺术之知音。至此,一个爱的形象,已经以无可比拟的生动和丰满塑造成功了。由此而发生的热烈的追求,就是合情合理的了。

从《闲情赋》的最后部分看,渊明的这场恋爱,是以无望地放弃为结局的。这部分极写主人公寝食不安、朝思暮想的痛苦。主人公在南林没有与爱人邂逅,踽踽独归,看到路上的一切景色,都是一片惨恻的样子:树叶纷纷地从枝条坠落,气候凄然地转寒,太阳带着它的影子沉下去了,月亮窈窕地出现在云端。鸟儿发出凄厉的鸣声孤单地归飞着,野兽却因索偶而未还。诗人也想起人生苦短,自己已经到始室之年,眼见着又是旧的一年的过去。夜色降临，相思情绪随夜色而变得越来越浓厚，心中又在孕育着新的希望，能在梦中与所爱的人相见，但是神思飘摇不安，连梦境都无法进入。诗人比喻这样一种状况，就像进入舟中却失去了桨，像攀登悬崖而没有藉手的地方一样。这也许就是梦中出现的景象，因为极度的、无望的相思使人的心理十分疲劳、紧张，梦中就容易出现危象。从梦中惊醒后的主人公，在黎明之前的黑暗中等待晨光的照临。他摄带敛襟，徘徊在繁霜粲粲的白玉阶上，此时，鸡犹未鸣。忽然他听到笛声从远方传来，开始时声音细致而闲和，最后变得高亢凄怆。笛声正是从所爱的人居住的地方飘过来的，也许正是那个人在弄笛，使诗人不禁又产生新的幻想，想托行云带去自己的一段心迹。

在经过了最后这一番折磨之后，诗人开始使用理性，将自己从爱的痛苦中解脱。诗人无法得到他的爱情，据他自己在赋中写的，主要是不愿意逾越礼教，行草间苟合之事，所谓"尤蔓草之为会，诵邵南之余歌"，即此也。爱人离他很近，连她泛瑟弄笛之声也能听到；爱人又离他很远，像中间隔着无法逾越的山和无法渡过的河一样。既然如此，就只有放弃，以理迁情，"迎清风以祛累，寄弱志于归波"，让清风和流水带走我这一番缠绵的情绪吧，我要消荡一切俗虑近情，在天地八表之间寻找我另一种男子汉的旷远、高雅之情！

一个爱情故事，就这样戛然而止。重理性的诗人，似乎真正做到了以理遣情，从此之后，没有再写爱情的作品，只是在回忆青春之光华时，或许不期然而想起："眷眷往昔时，忆此断人肠。"

毋庸讳言，爱情是每一个成熟的个体都必然会发生的事件，情欲更是伴随着人们一生的生命本能。汉末以来，随着体任自然思想的发生，男女之情也被思想家更多地正视，而文学中的言情主题也迅速地发展。尤其是汉魏诗歌与抒情小赋，原本就有民间俗文学的一个渊源，在那里因为一种比较大胆的、坦率的娱乐风气，情爱的主题比较自然地出现。而文人受民间文学影响，在表现男女之情方面，也显得空前的大胆，出现像张衡《同声歌》、蔡邕《诮青衣赋》这样的作品。以后直至两晋，言情诗赋一直不断，渊明的《闲情赋》正是这个文学思潮的产物。而其在表现爱情上所达到的高度，几可媲美前面曹植的《洛神赋》，这是渊明继承汉魏传统的又一证明。而渊明如此大胆地抒写情爱心理，也反映出他人格的真率。

六　五柳先生

　　渊明的家庭，到了大约由他自己当家的青年时期，不知是由于积蓄的渐尽，还是某种内或外的原因，家计显得窘迫起来了。《怨诗楚调示庞主簿》中就说："弱冠逢世阻，始室丧其偏。炎火屡焚如，螟蜮恣中田。"看来那一年又是遇到大旱与蝗虫之灾，田里收成很少，陶家的租税自然也收不起来的。他在《有会而作》诗里也说："弱年逢家乏。"看来在诗人二十岁以后至出仕的一段时间，其生活真的面临贫困的境地。也许这种贫困还只是一种相对的贫困，即与自己从前的优裕岁月比较，或是与同一阶层的其他人比较而言。也有点像《诗经·秦风·权舆》讲的那种情形：

　　　　哎，我哪，
　　　　从前安居宽敞厦屋，
　　　　如今连吃个痛快也不能够！
　　　　真是呀！
　　　　日子远不如前！
　　　　哎，我哪，
　　　　从前每餐摆着四大簋（贵族气派哪），
　　　　如今连吃个饱也不能够，
　　　　真是呀，
　　　　日子远不如前！

　　这是一个从前的贵族或从前与贵族生活至少沾过边的人在家道中落后的感叹，显得十分的丧气。渊明所经历的也是这样子的变化，但是他却没有如此的丧气！相反的，那种在少年时代培养起来的高尚志趣，此时显得更加的峥嵘起来了。他照样地读书、饮酒，抚琴自乐，并且开始写作诗赋文章，他的那种朴素而又潇洒、谈言微中、余味娓娓的文章风格也开始形成。

他常常阅读古代高士的传记，发现他们有一个共同的特点，就是超越于物质生活之上，贫穷不但不使他们气馁，反而从中砥砺出一种气象来。他沉浸在这种高士的情怀中，一天突然悟到自己现在过的生活，拥有的怀抱，就是古代高士们的那一种。陶宅前面种着五棵柳树，树龄至少有五六十年，也许是在渊明祖父的手上植下的。柳树不仅是陶家的一道风景，某种意义上，也可以说是陶家的"家徽"。当年陶侃在武昌军中，"尝课诸营种柳"，当时一位叫夏施的都尉假公济私，让军士偷将官柳种植在自家门前，陶侃经过他家时见到，立即认出那是武昌西门的官柳。这件事反映出陶侃的明敏、励精与治军之严（《晋书·陶侃传》），在当时流传很广，以至史家在写陶侃传时，还将其作为一件逸事记下来。陶家门前的这五棵柳树，是否为纪念此事而种，我们不得而知，但陶家人看到这五棵柳树时，自然常常想起先祖的那个故事。一日，渊明又饮了一点酒，又想起古代的那些高士，突发奇想，何不就用这五棵柳树给自己起个雅号呢？对，就叫"五柳先生"！雅号有了，何不再写一篇自传呢？前些日子，为外祖父作过一篇《晋故征西大将军长史孟府君传》，传记的笔路正熟着呢！最近的文章，每言怀抱，但都是正面、传统的形式，何不以庄寓谐，写一篇《五柳先生传》呢？正好与那篇外祖的传记相映照，后人看我渊明，也可知道有如此之外祖，又有如此之外孙。他这样打算着，于是滔滔洒洒的一些文字就从脑子里涌出来，落笔写满两张小笺，风致洒落，整整复斜斜：

> 先生不知何许人也，亦不知其姓字。宅边有五柳树，因以为号焉。闲静少言，不慕荣利。好读书，不求甚解，每有

会意，便欣然忘食。性嗜酒，家贫不能常得，亲旧知其如此，或置酒而招之。造饮辄尽，期在必醉；既醉而退，曾不吝情去留。环堵萧然，不蔽风日。短褐穿结，箪瓢屡空，晏如也。常著文章自娱，颇示己志。忘怀得失，以此自终。赞曰：黔娄之妻有言："不戚戚于贫贱，不汲汲于富贵。"极其言兹若人之俦乎？酣觞赋诗，以乐其志。无怀氏之民欤？葛天氏之民欤？

渊明的文章，看似用直叙的笔法，却多言外之意。他自述的语气很平和，但里面却是有一种傲骨的，有一种处处与当时的社会风气抗衡的意味。东晋社会重门第，重来历，渊明却一上来就说："先生不知何许人也，亦不知其姓字。"这表现了对当时讲究门第、出身、名望的社会风气的不屑。因为在渊明看来，衡量一个人的高低，在于其本人的品格，与他的门第及在社会上的虚名又有何关系呢？我们看渊明标榜的人物，像荆轲、颜回、黔娄、荣启期、张仲蔚等人，都是一些寒微之士，他们全凭自己的高尚品行自立于当时，并且清节映照后世。再看"闲静少言，不慕荣利"这两句，也是不但说了自己，同时也在讽喻当时那些为求得荣利而清谈不休的门阀名士。"闲静"暗讽当时玄学名士奔走声利之区，浮华交游，甚至慧远这样的高僧，也要结莲社，在名士场中造成一种声气交通的样子。"少言"是暗讽名士们那种喋喋不休的清谈。他们谈玄论道，外示高尚，但其实当时的玄学清谈，与后世的科举时文一样，不过是博取声名荣利的一种手段而已。西晋鲁褒的《钱神论》就讽刺过清谈家们见钱眼开的贪婪样子："京邑衣冠，疲劳讲肆。厌闻清谈，对之睡寐。见我家兄（孔方），莫不惊视。"（《晋书·鲁褒传》）除了清谈之外，当时的南方高门士族中的一些人，则主要走两汉以来烦琐经学的道路，凭借治经来博取荣利。这两种学风虽然有虚与实的不同，但世俗的人们以它们为射利的工具，则是相同的。所以渊明在说"闲静少言，不慕荣利"之后，紧接着又说"好读书，不求甚解，每有会意，便欣然忘食"。所谓"甚解"，实指烦琐的解经方式。渊明虽崇重儒家，但对以儒学博世誉的做法，向来是有看法的。而且他对当时那些提倡经术的大人物的做法，也抱着怀疑的态度。这也有关于渊明的治学态度，清人方宗诚《陶诗真诠》对此有所评论："陶诗云：'区区诸老翁，为事诚殷勤。'盖深嘉汉儒抱残守缺及章句训诂之有功于六经也。然又曰：'好读书，不求甚解。'盖又兼汉儒章句训诂之穿凿附会，失孔子之旨也。是真持平之论，真得读经之法。"其实渊明的"区区诸老翁，为事诚殷勤"，恐怕主要还是指汉初诸儒整理承传五经之事，不是指烦琐的章句之学，因为这两句的底下就是"如何绝世下，六籍无一亲"（《饮酒》其二十），意指诸儒辛苦承传之六籍，时人不知爱好。所谓"六籍无一亲"，当然不是说真的没有人读经书了，而是指很少有人真正为求儒道而读经。并且，渊明的"好读书，不求甚解"，主要还是隐讽其当代的经学家的。当时江州一带确实是经学方面的重镇，渊明的学问也不能说没有受这种地方风气的影响。但等到他思想成熟后，他对那时的经学风气，已经不能完全苟同了。萧统《陶渊明传》记载："刺史檀韶苦请续之出州，与学士祖企、谢景夷三人，共在城北讲礼，加以雠校，所住公廨，近于马队。是故渊明示其诗云：周生述孔业，祖谢响然臻。马队非讲肆，校书亦已勤。"这虽然是后来的事，但渊明一向对官方经学，都是抱保留态度的。至于说到写文章，当时的名士，也无不以之博声名，甚至把它当作世俗交际的一个工具，所以渊明才说"常著文章以自娱，颇示己志"。

这样看来，这一篇《五柳先生传》，是处处都借自述来暗讽世俗的士风与文风。其对抗门阀社会风气的意味，实甚明显。有人认为这篇文章是晚年的自述，其实体会其明朗的风格、幽默的语言，无不透露了年轻高士的风韵。年轻人往往爱作这种游戏笔墨，但内里透出来的却是一种对世事的认真劲儿！

五柳先生这个雅号，在当时有无传开来，我们不得而知。但这篇文章在当时是颇为流行的。《宋书·隐逸传》："潜少有高趣，尝著《五柳先生传》以自况，曰：（引文略）其自序如此，时人谓之实录。"后萧统《陶渊明传》《晋书·隐逸传》也用此说。《南史·隐逸传》也说他："少有高趣，宅边有五柳树，故尝著《五柳先生传》云。"从这些叙述可见，《五柳先生传》的确是渊明早年的妙文。渊明写这篇自传，仍然是著文章以自娱，颇示己志，并没有自我标榜的意思。但是这篇自传，客观上却为渊明赢得了隐逸高尚的声名，他的善于属文，也因此而初为世人所知。

渊明说自己"著文章以自娱，颇示己志"，所著文章就是《感士不遇赋》《闲情赋》之类。古人的辞赋，常为早年博学习文之作，即所谓青春作赋，皓首穷经。渊明的赋是以抒情为主，与汉赋铺陈繁复的作风不同，但相对于他后来的那些风格自然的五言诗与散文来说，还是偏向于华丽与人工化的，从中可见其早年文风，也受到过俳俪风气的影响。

属于渊明早期的作品，应该还有《九日闲居》这首诗。前人根据萧统《陶渊明传》："尝九月九日出宅边菊丛中坐，久之，满手把菊，忽值弘送酒至，醉而归。"以为与此诗所叙情节相近，多定为晚年隐居所作。其实渊明措辞，实有体例，其言闲居者，多指早年未出仕前或暂时休官居家的生活情态，并不以闲居称晚年躬耕之事。《九日闲居》这首诗所表现的心态，与《五柳先生传》接近：

> 余闲居，爱重九之名。秋菊盈园，而持醪靡由。空服九华，寄怀于言。
>
> 世短意恒多，斯人乐久生。日月依辰至，举俗爱其名。露凄暄风息，气澈天象明。往燕无遗影，来雁有余声。酒能祛百虑，菊为制颓龄。如何蓬庐士，空视时运倾！尘爵耻虚罍，寒华徒自荣。敛襟独闲谣，缅焉起深情。栖迟固多娱，淹留岂无成？

栖迟多娱，正是早年闲居情景，晚年苦辛，多感激之辞，不作如此语。淹留岂无成，也是早年心态，是仍望于有成，所以此诗是早年闲居之作。"如何蓬庐士，空视时运倾"也是早年慨叹年华老大、志业无成的语气，与《荣木》诗的情调接近。"尘爵耻虚罍，寒华徒自荣"两句，也颇有言外之意，不只是感叹无酒赏菊。渊明感叹无酒，果然多为晚年之事；但早年这种情形也不少，《五柳先生传》中就感叹"性嗜酒，家贫不能常得"。比起《五柳先生传》之潇洒脱俗，处处为解脱之语，此诗则深叹时光流逝，言外多功业难就之慨。两篇对比而看，一出一入，正可见渊明早年闲居岁月中时而恬愉、时而忧虑的心态。

七 少时壮且厉

渊明是一位精神世界极为丰富的人,在他的生命情调中,既有"闲静少言,不慕荣利"的淡逸闲适的一种,又有热烈奋厉的一种。其《读史述九章·屈贾》云:

> 进德修业,将以及时。如彼稷契,孰不愿之?嗟乎二贤,逢世多疑。侯詹写志,感鹏献辞!

《命子》诗之缅想先世功业,《荣木》诗之"脂我名车,策我名骥。千里虽遥,孰敢不至",作品中像这样抒发功业理想的地方,是很不少的。他不但有功业之思,而且生命情调中不乏任侠的精神,其《咏荆轲》及《读史述九首·程杵》即此种精神的集中表现。

当时的玄学名士,都是走虚旷的一路,一些人尽管热衷于功名,但在表现上却故意显出万事不挂心的样子。如谢安明明是一位功名之士,早年却有意作出依阿无心、不欲为世用的样子:"初辟司徒,著作郎,并以疾辞。寓居会稽,与王羲之及高阳许询、桑门支遁游处,出则渔弋山水,入则言咏属文,无处世意。"(《晋书·谢安传》)还有一位刘惔,"性简贵""尤好老庄,有自然之趣",他去世得比较早,虽然做过丹阳尹这样的大官,但孙绰给他作的诔文,却说他"居官无官官之事,处事无事事之心",时人认为很符合刘惔的个性,"以为名言"(《晋书·刘惔传》)。其实这句话之所以被时人欣赏,不仅是写出刘惔的个性与行为,更重要的是这种"居官无官官之事,处事无事事之心"正是当时玄学名士的一种行为理想，他们都追求这种超脱与虚旷的作风。渊明对这种风气也是很熟悉的，他的外祖父孟嘉身上也不无此种风气的浸染。只有像渊明曾祖父陶侃这样的实干家，才极力反对这种作风，却因此而不为时风所许，终身难得名流的品赞。

陶侃的这种实干精神，对渊明有很深的影响。虽然两人走的道路有很大的不同，但崇尚实践与实行的精神是一致的。即使是隐逸，渊明走的也是躬耕自给、固穷守节的一路，与当时门阀名士在富足的庄园里隐退以图高名、以待时机，完全不是一回事。因此，虽然渊明身上也有闲旷的气质，但是走的并非玄虚的道路，而是践履实行的道路。从这一点来讲，我们甚至可以说，他早年的追求功名、"猛志逸四海，骞翮思远翥"与后来的毅然归隐田园，体现的是同一种精神。

渊明之所以具有这种践履实行的精神，除了他本人的纯真品质之外，与其出生的阶层也有直接的关系。我们前面说过，陶家虽为勋贵世家，但并非门阀士族，在文化的身份上，更是属于由寒庶出身的军功家族。渊明一直也是以寒素自视的，他身上浓厚的孤独感，正是其遭遇当时的门阀社会所产生的孤寒感。与占据上层的门阀士族不以功名为尚、以虚阿无心为高、不尚慷慨感激之风不同，寒素一族是以追求功名为职志，近乎我们今天说的个人奋斗。渊明早年的崇尚功名，并且具有慷慨激昂的气质，正体现了这种寒素精神，这其实是汉魏以来寒士的共同气质。

渊明描述其少壮时代崇尚功业精神的作品，我们最熟悉的就是《杂诗》其五中"忆我少壮时，无乐自欣豫。猛志逸四海，骞翮思远翥"，其次即是《拟古》其八：

> 少时壮且厉，抚剑独行游。谁言行游近？张掖至幽州。饥食首阳薇，渴饮易水流！不见相知人，惟见古时丘。路边两高坟，伯牙与庄周。此士难再得，吾行欲何求？

52

此诗写少年壮厉任侠之志,其意境似出曹植《鰕䱇篇》:"仇高念皇家,远怀柔九州。抚剑而雷音,猛气纵横浮。泛泊徒嗷嗷,谁知壮士忧。"又汉魏诗赋多有设为远游、高视阔步之节,如曹植《杂诗》其六:"拊剑西南望,思欲赴太山。"渊明此诗,正是以这类作品为模拟对象的,写自己早年出游任侠的一段壮志。所谓"张掖至幽州",是言其远。然而张掖、幽州、易水、首阳,都远在东晋域外,渊明却作壮游之想,则其气概远出当时偏安江左的名士之上,亦可以知矣!大抵渊明之思想格局,远追汉魏,所以追慕的人物、政教,都在汉魏之上。此种精神气质,造成渊明文学超越东晋一代的格局。诗中"饥食首阳薇,渴饮易水流",是说自己立身行世,事事不苟,崇尚高节苦志,不向世俗作一点点的让步!然如伯牙与庄周这样的高士难再得,则吾行更向何求,不能不息交绝游了!

《杂诗》中的"猛志逸四海"与《拟古》中的"少时壮且厉"所形容的精神状态,是完全一致的。自建安曹植、西晋左思之后,像这样的抒发功业豪情的作品,在东晋的文学中差不多已经成为绝响。渊明在归隐之后,却仍然如此怀念早年这种猛志壮厉的心境,其寒素之士感激求功名之心,是何等的热烈!他也常因志愿难酬而感叹时光流逝:

日月掷人去,有志不获骋!(《杂诗》其二)

这说明渊明在精神上,的确是走践履实行的道路,追求充实有辉光的人生,与当时门阀士族的玄学名士大异其趣。

渊明诗作中,有两首特殊的作品,一为《咏三良》,一为《咏荆轲》,与他的其他作品内容相差颇大。历来的论者,多认为这两首诗与《述酒》一起,都是愤慨于刘裕弑晋恭帝事而为的深有寄托之辞。如刘履《选诗补注》卷五中说:"此靖节愤宋武弑夺之变,思欲为晋求得如荆轲者往报焉,故为是咏。"温汝能《陶诗汇评》卷四中说:"荆轲刺秦不中,千古恨事。先生目击禅代,时具满腔热血,观此篇可知其志矣!"其他持此说的古今学者还很多。表面上看起来,好像很有道理。但实际上,《述酒》诗辞旨隐晦,确为讽喻刘裕弑恭帝之作。《咏荆轲》咏古抒情如此明白,如果渊明的作意是以此来讽刺刘宋并表示自己忠于晋室的感情,在当时,肯定是十分触犯时忌的。虽然渊明性格刚毅,富于正义感,但以一隐居求志之人,犯不着冒这个险。何况渊明的写作,向来很少直接触及时事。本来两晋六朝诗歌,与建安诗风不同,对于时事很少直接吟咏,并不像盛中唐诗人那样,常以时事入诗。至于《咏三良》,陶澍认为是写刘裕派张祎给晋安帝进鸩酒,张不忍害主而自饮先死,与三良之殉秦穆公事迹相类(陶澍《陶靖节先生集》卷四)。这种说法更为牵强。现代学者有认为《咏三良》《咏荆轲》是渊明出仕前家居时期所作,是比较可取的。李辰冬《陶渊明评论》一书力持此说,联系渊明述早年功名之句,认为这两首诗也是"述少壮时心情",并说"陶渊明诗都有隐的意识,独这两首不然,也足证这两首诗作于意识未矛盾之前。"① 其分析颇为合理,可以采纳。

其实渊明的《咏三良》《咏荆轲》与《闲情赋》《感士不遇赋》,都是他学习汉魏诗赋的早期创作。这些作品,再加上后来作的《杂诗十二首》《拟古九首》等,构成学习汉魏文学传统的一个系列,清晰地呈现出渊明文学的渊源。《咏三良》出于《秦风·黄鸟》。《左传》文公六年记载:"秦伯任好卒,以子车氏三子奄息、仲行、针虎为殉,皆秦之良也。国人哀之,为赋《黄鸟》。"《史记·秦本纪》也有类似的记载,说当时从死者一百七十七人,子舆氏兄弟三人也在其中。秦人哀之而作《黄鸟》之诗。又《史记正义》引应劭云:"秦穆公与群臣饮酒酣,公曰:'生共此乐,死共此哀。'于是奄息、仲行、针虎许诺。及公薨,皆从死。《黄鸟》

① 李辰冬《陶渊明评论》,台湾东大图书公司,1975年,第5页。

诗所为作也。"《黄鸟》诗以"交交黄鸟，止于桑"起兴，对秦穆公让三良兄弟殉葬流露出不满的情绪，描写三良兄弟"临其穴，惴惴其栗"的畏惧心理，同时赞叹他们是"人百其身"也难以赎回的国之良人，可以说是比较真实地反映了民间对秦穆公让国之良臣殉死的残忍愚昧行为的谴责。后来建安诗人王粲、阮瑀的《咏史诗》，基本上是按照《黄鸟》诗的原意来演绎的。王、阮都是一方面批评秦穆公的愚昧，让贤良殉死，如阮诗说"误哉秦穆公，身没从三良"，王诗说"自古无殉死，达人所共知。秦穆杀三良，惜哉空尔为"；另一方面，则歌颂三良的忠义，为报恩而不违君主的遗令。阮诗说："忠臣不违命，随躯就死亡。"王诗说："结发事明君，受恩良不訾。临没要之死，焉得不相随。"赞扬三良的重义轻死。他们的说法，在今人看来，是有矛盾的。曹植的《三良诗》后于王、阮之作，以"功名不可为，忠义我所安"为主旨，说殉死诚为难事，但因为生时与君是同享荣华，受不世之恩，君死也应该从死。他的这个作品，很可能是在其父曹操去世后，欲以殉死明志的寓意之作①。

渊明的《咏三良》正是步武前贤之作，但寄托了他自己作为一介寒士渴求君主知赏、以为牛刀一试的怀抱：

> 弹冠乘通津，但惧时我遗。服勤尽岁月，常恐功愈微。中情谬获露，遂为君所私。出则陪文舆，入必侍丹帷。箴规向已从，计议初无亏。一朝长逝后，愿言同此归。厚恩固难忘，君命安可违！临穴罔惟疑，投义志攸希。荆棘笼高坟，黄鸟声正悲。良人不可赎，泫然沾我衣。

开头四句，写尽一位入世的功名之士的心态。弹冠待仕，深

① 钱志熙《曹植诗解二题》之一《三良诗的寄托本事》，《原学》第五辑，1996 年。

恐时不我待，等不到合适的施展机会。一旦从仕，勤勉地服役，只恐功业不显。这是逆探三良的心曲，为他们后来遭逢君主赏识作铺垫。"中情"这六句，写三良既蒙君主恩荣，又得其器重，箴规得从，计议被纳。作为一个功名之士，到此境地，夫复何求？所以等到君主去世后，自然要不违前诺，慷慨从死，以体现义重于生的人生观。最后几句，则是追秦人之遗响，哀叹三良之死，百身难赎！《三良诗》所表现的崇功业、慕恩荣思想，与渊明后来的轻视世荣、追求个体心灵自由的思想是有一定距离的。这一方面是因为这毕竟是一个咏史之作，要部分地站在古人立场上，另一方面的确也反映了渊明早年感激求功名的心态。

《咏荆轲》一诗，可能受到左思的启发。左思《咏史》其六云：

> 荆轲饮燕市，酒酣气益震。哀歌和渐离，谓若旁无人。虽无壮士节，与世亦殊伦。高眄邈四海，豪右何足陈。贵者虽自贵，视之若埃尘；贱者虽自贱，重之若千钧。

左诗借荆轲、高渐离的故事，来抒发寒素之士藐视豪右、虽处贫贱地位而能自尊自重的志趣；渊明的《咏荆轲》其实也重在歌颂寒士的侠义精神。前引《拟古》诗中渊明曾经自述少年壮厉、抚剑远游的尚侠志气，与这首《咏荆轲》是完全合拍的。《咏荆轲》诗云：

> 燕丹善养士，志在报强嬴。招集百夫良，岁暮得荆卿。君子死知己，提剑出燕京；素骥鸣广陌，慷慨送我行。雄发指危冠，猛气冲长缨。饮饯易水上，四座列群英。渐离击悲筑，宋意唱高声。萧萧哀风逝，淡淡寒波生。商音更流涕，羽奏壮士惊。心知去不归，且有后世名。登车何时顾，飞盖入秦庭。凌厉越万里，逶迤过千城。图穷事自至，豪主正怔营。惜哉剑术疏，奇功遂不成！其人虽已没，千载有余情！

《拟古》诗中有"饥食首阳薇，渴饮易水流"之句，可见荆轲与伯夷、叔齐一样，都是渊明早年崇拜的节义侠气人物。另外，渊明崇尚的是三代以上的淳朴之世，对三代之后的王朝都无好感。其中对秦朝尤其没有好感，呼之为"狂秦"，这里又呼之为"强嬴"。这也是他崇拜荆轲的原因之一。本诗是渊明作品中少有的铺叙之作，其诗法则近于汉魏。尤其是中间一段，画面感极强。"素骥鸣广陌"，于句法近于曹植的"列座竟长筵"。"萧萧哀风逝，淡淡寒波生"写景入神，化用"风萧萧兮易水寒"的成句而能出新境，这是渊明最擅长的。还有，比较史书中荆轲故事的叙述，渊明这首诗文采有所增加，尤其用了一些想象之词，如写荆轲行路，加入"飞盖入秦庭。凌厉越万里，逶迤过千城"这样的句子，变原典的简单记载为生动的过程性描写。《咏三良》《咏荆轲》比之渊明后来的诗风，修辞整练，更尚文采，属于渊明少作的风格。可见他的诗歌艺术，早年与晚年还是有所不同的。

渊明《读史述九章》中《程杵》一首，写程婴、杵臼救孤之事，虽然不知为何时所作，但也体现了渊明对侠义精神的崇尚：

> 遗生良难，士为知己。望义如归，允伊二子。程生挥剑，
> 惧兹余耻。令德永闻，百代见纪。

这篇作品与《咏三良》《咏荆轲》体现了同样的精神气质。

后世诗人对渊明的侠义精神多有指出。虽然一些学者误以为《咏荆轲》是刺宋之作，但以渊明的这一番侠义心肠，对于刘宋的篡晋，可以说也是不会有好感的。龚自珍《己亥杂诗·舟中读陶诗三首》云："陶潜诗喜说荆轲，想见《停云》发浩歌。吟到恩仇心事涌，江湖侠骨恐无多。"我想，在当时举世以虚旷为高，缺乏正义感的时代，像渊明这样的侠气，恐怕不是不多，而是绝无仅有的吧！

八　感士不遇

当功业之思盛殷，渊明有时也会发生强烈的有志不获酬的寒士不平之感。早在西汉时代，董仲舒作《士不遇赋》，司马迁写《悲士不遇赋》，都是感叹士人虽然进德修业，但是生不逢时。这其实是西汉大一统王朝政治环境下，由于权力格局的稳定，特权阶层的形成，寒素志士难得进身的现实反映。渊明在闲暇时也爱读这类文章，以消垒块。这一阵，就开始效古人之笔墨，撰作《感士不遇赋》。

关于《感士不遇赋》的写作时间，诸家多有分歧。主流的看法认为是渊明归田园后所作。龚斌《陶渊明集校笺》对各家之说有所综述：

> 关于此文的作年有异说。一说作于渊明归田前期。古谱义熙三年（407）条以为赋中"宁固穷以济意，不委曲而累己"等语，与《归去来兮辞》相发明，"殆彭泽去官后也"。逯系年谓作于义熙二年（406）。一说作于元兴二年（403）丁母忧居家时，与《癸卯岁十二月中与从弟敬远》诗同时作。一说作于晋宋易代后。如王瑶注系之宋永初三年（422）。按，此文思想多与《饮酒二十首》相近。"拥孤襟以毕岁，谢良价于朝市"二句，显指义熙末称疾不应征命事，故此文大致作于义熙十一二年间。①

---

① 龚斌《陶渊明集校笺》，上海古籍出版社1996年，第369页。

将此赋系于归田之后，甚至认为是晚年之作，其理由是这种不遇之感慨，只有在辞官归田后才能发生。表面上看，很有道理，但事实上对渊明思想感情的发展经历不够了解。要知道感叹不遇，正是功业之心盛殷的另一种表现方式。渊明自归田后，就完全放弃了功业理想，晚年纵使谈到此事，也都是回忆早年的理想的。功业之想都没有，还有什么遇与不遇的感慨呢？说得明白一点，渊明绵历仕途之后，坚决地走归隐道路，早就超越了这种感慨不遇的情绪。世人浅见，多以为感慨不遇只能发生在经历了一切之后，其实士子求功名，出道既难，感慨不遇的情绪，实多发生于人生的中路，甚至也有可能发生在士子求功名之初。渊明的《感士不遇赋》正是其早年闲居时的赋作，很可能写作于辞州祭酒之后。要知道渊明三辞州府之命，并非当时就已决定不仕，而是觉得这不是合适的机会，也可能认为不是最合适的进身之阶。两晋士人对于起家之官是很看重的。渊明寒素出身，其起家只能是州府吏职，在当时实属浊官之流。所以渊明力辞不应，是想等有更合适的机会再出山。此时渊明觉得自身早年的进德修业，已经到了应该及时一试的时候。但现实污败，门阀士族霸据上层，寒素之士难得进身的机会，便发生了强烈的士不遇之感。

渊明的文章，叙事抒情，最为明晰，所谓"文体省净，殆无长语"（钟嵘《诗品》）。只要我们整体把握住他思想感情的主脉，好好体会，是不难呈现真相的。《感士不遇赋》的序文已将此赋写作时的心态展露得很清晰：

> 昔董仲舒作《士不遇赋》，司马子长又为之。余尝以三余之日，讲习之暇，读其文，慨然惆怅。夫履信思顺，生人之善行；抱朴守静，君子之笃素。自真风告逝，大伪斯兴，闾阎懈廉退之节，市朝驱易进之心。怀正志道之士，或潜玉于当年；洁己清操之人，或没世以徒勤。故夷皓有安归之叹，三闾发已矣之哀。悲夫，寓形百年，而瞬息已尽；立行之难，

而一城莫赏。此古人所以染翰慷慨，屡伸而不能已者也。夫
　　导达意气，其惟文乎？抚卷踌躇，遂感而赋之。

　　渊明说自己尝以"三余之日，讲习之暇"读前人《士不遇
赋》。所谓"三余"，即董遇所说的读书常用三余：冬者，岁之余，
夜者，日之余，风雨者，时之余（《三国志·魏志》）。说的正是
寒士读书的情况。"讲习之暇"是讲习经典、研治学术的意思。这
里说的都与渊明早年"游好六经"的情况相近，而与颜延之《陶
征士诔》所说的"心好异书，性乐酒德"的晚年读书情况不同。
另外，渊明这里表达了他的一个重要的文学思想，即他从董仲舒、
司马迁等人的"染翰慷慨，屡伸而不能已"，明确了文学创作的根
本功能在于宣泄情志。"夫导达意气，其惟文乎？"说明他的文学
思想，是与汉魏文学强调抒情言志、崇尚慷慨之气的传统一脉相
承，与东晋门阀士族主张以理祛情、以玄远虚旷为旨趣的文学思
想不同。
　　在本赋中，渊明从人物受性于天地说起：

　　　咨大块之受气，何斯人之独灵！禀神智以藏照，秉三五
　　而垂名。或击壤以自欢，或大济于苍生。靡潜跃之非分，常
　　傲然以称情。

　　人之所以为万物之灵，是因为具有精神与思想，居于三才之
中，秉持五常之行。而进德修业的士君子，更是人中之英，他们
或隐或仕，或独善或兼济，都能无得失之虑，傲然称情。这是渊
明对于出处之道的基本认识，受到当时玄学家出处同归的思想的
影响。他所认可的出仕，就是能够实现兼济理想的那一种。这既
是儒家思想的灌溉，也是家族功业传统的继承。但是，事与愿违，
兼济之道常被堵塞：

60

世流浪而遂徂，物群分以相形。密网裁而鱼骇，宏罗制而鸟惊。彼达人之善觉，乃逃禄而归耕。山嶷嶷而怀影，川汪汪而藏声。望轩唐而永叹，甘贫贱以辞荣。淳源汩以长分，美恶作以异途。原百行之攸贵，莫为善之可娱。奉上天之成命，师圣人之遗书。发忠孝于君亲，生信义于乡闾。推诚心而获显，不矫然而祈誉。嗟乎，雷同毁异，物恶其上，妙算者谓迷，直道者云妄。坦至公而无猜，卒蒙耻以受谤。虽怀琼而握兰，徒芳洁而谁亮。哀哉！士之不遇，已不在炎帝帝魁之世。

自从淳风告逝，大伪斯兴，现实布满了网罗，达道之士，只能选择逃禄归耕，走"养真衡茅下，庶以善自名"的独善之道。但即使是这样，也常会遭到误解甚至诋毁，芳洁之心不被人希谅，渊明将此归之于世风浇漓的缘故。在后面《羲皇之想与桃源故事》一篇中，我们会讲到，渊明的一个基本思想，是认为只有在上古淳朴的社会中，才能获得傲然自足、称情达性的幸福人生。同样，渊明将士之怀才不遇，归结于社会的腐败。这个思想，在后来的归隐诗里，已经不太说了。因为渊明后来的仕，他自己认定就是为了谋食，而非谋道。渊明这里说到逃禄归耕，还是咏叹古人的，并不是指他自己。独善与隐逸是渊明一直有的思想，所以我们不能据此就断定此赋为归田之后所作。倒是兼济与用世思想，在归田之后，就很少抒发了。

在这篇赋中，渊明基本的思想还是进德修业以求为世所用的。他举的古人，还不是逃禄归耕的隐士，而是崎岖于世道的用世之士：

独祗修以自勤，岂三省之或废；庶进德以及时，时既至而不惠。无爱生之晤言，念张季之终蔽；愍冯叟于郎署，赖魏守以纳计。虽僶然于必知，亦苦心而旷岁。审夫市之无虎，眩三夫之献说。悼贾傅之秀朗，纡远辔于促界。悲董相之渊致，屡乘危而幸济。感哲人之无偶，泪淋浪以洒袂。承前王之清诲，曰天道之无亲；澄得一以作鉴，恒辅善而佑仁。夷投老以长饥，回早夭而又贫；伤请车以备椁，悲茹薇而殒身；虽好学与行义，何死生之苦辛！疑报德之若兹，惧斯言之虚陈。何旷世之无才，罕无路之不涩。伊古人之慷慨，病奇名之不立。广结发以从政，不愧赏于万邑；屈雄志于戚竖，竟尺土之莫及。留诚信于身后，动众人之悲泣。商尽规以拯弊，言始顺而患入。奚良辰之易倾，胡害胜其乃急。苍旻遐缅，人事无已。有感有昧，畴测其理。

士人的本分，在于进德修业；至于能否用世，全看机遇。渊明先是强调遭遇知己者之重要。这里他举了汉代的两个人物，一个是张释之，一个是冯唐。张季，字释之，为骑郎，十年不得调，后得袁盎之荐，于文帝前言便宜事，称善，拜谒者仆射。冯唐长期沉潜郎署，后因机遇，持节赦云中太守魏尚，得拜车骑都尉。但是像这样侥幸得到机会一展才华的人并不多，即使像贾谊、董仲舒这样的人，虽然得到了一定位置，但才具也没有得以充分的施展。说到这些先哲的不遇，渊明不禁热泪淋浪，并且深感天道佑善的说法是靠不住的。于是他又想起了伯夷与颜渊这两个道德高尚的人，一个早夭，一个穷饿，都没有得到世人所说的好运气。他再次感到，士君子的好学行义，只是尽其本分而已！并不祈求上天的报德。接着，渊明又以较多的笔墨感叹汉代的李广与王商两位功名之士的怀才未酬，一为功高盖世而难得封侯，一为陈献善策而遭害。

有感于这些古人的不遇，尤其是看到三代之后士人不遇的常态，渊明开始立下了固穷守节的决心，不以轩冕为荣，不以缊袍为耻：

62

宁固穷以济意，不委曲而累己。既轩冕之非荣，岂缊袍之为耻。诚谬会以取拙，且欣然而归止。拥孤襟以毕岁，谢良价于朝市。

可见，固穷守节、辞荣归隐的思想，在渊明早年就已产生。但是话虽这么说，他并没有因此而真的不出仕。可以说，慨叹不遇，正是他在出仕之前的一种情绪，或者也有可能是仕途的初期发生的。

九　初为州祭酒

对于渊明来说，仕与隐是他一生中最大的生活矛盾。据渊明自己的说法，他的出仕做官，是因为生活逼迫，是为了解决经济问题。《饮酒》其十九首云："畴昔苦长饥，投耒去学仕。将养不得节，冻馁固缠己。"这是说初次出仕为州祭酒的事。又《归去来兮辞》中说到做彭泽县令这件事时，他也是这样说的：

> 余家贫，耕植不足以自给。幼稚盈室，瓶无储粟，生生所资，未见其术。亲故多劝余为长吏，脱然有怀，求之靡途。会有四方之事，诸侯以惠爱为德，家叔以余贫苦，遂见用为小邑。

担任彭泽县令之前，渊明已经做了好几任参军，四方行役，有些苦劳，取得了做地方官的一点资格，再加上他叔叔的关系，就得了县令之职。参军是幕僚官，没有固定的职掌和实权，领几个清水工资，所以渊明做了几任之后，仍然是"瓶无储粟"。可见从初仕到最后当彭泽县令，都是为生活所迫，不但他自己口口声声地说是因为贫困而出仕，他的朋友颜延之《陶征士诔》的序里也是这样说：

> 少而贫病，居无仆妾，井臼不任，藜菽不给；母老子幼，就养勤匮，远惟田生致亲之议，追悟毛子捧檄之怀，初辞州府三命，后为彭泽令。

后来《宋书》本传也说：

> 亲老家贫，起为州祭酒。不堪吏职，少日自解归。

我们在渊明歌颂祖先或表达他年轻时志向的诗句里，曾不止一次地看到他希望有所作为的勃勃雄心。而要使那样的雄心付诸实现，是必须迈向仕途的。但是现在渊明却一再将自己的走向仕途说成是为了养家糊口而不得已的选择，这不禁让我们感到迷惑。这件事我想应该这样理解：渊明是抱着一番大志向的，可这主要是一种理想化的东西。他虽然将他的曾祖陶侃作为建功立业的楷模，并且深受鼓舞，但他的诗人气质决定了他不可能真正成为陶侃那样的人。因此，他对于自己的功名理想，没有什么明确的实行计划。实际上青壮年时期的渊明，是经常处于怀抱理想而不知道怎样去实现的焦虑之中。在这方面，我们不妨将渊明和他的曾祖陶侃及外祖孟嘉比较一下，会发现那两位所具有的主客观条件他好像都不太具备。陶侃以一个寒素之士，屈刚作柔，折节事人，从一个小吏踏踏实实地做起，这种能力是渊明不具备的。陶侃在两晋之际，当门阀士人普遍缺乏实干精神和实际的治军理政能力的时候，依靠早年辛苦积累起来的政治资本，及时地发挥了他的出群济时之才，走上功业的顶峰，可以说是一个善于抓住机会的人。而渊明却把追求自然的个性和真、善的原则放在第一位，在乱世将临时，他采取的是退却而非利用。他不可能成为陶侃，也不可能成为刘裕、刘毅、刘牢之这样的人。所以主客观条件决定了他的理想仅仅是理想，没有实现的可能。再将渊明和孟嘉比较，他既缺乏孟嘉那样清望的门第，又没有孟嘉那样的名士风度，因为他实际上是一个很内向的、外表上看起来有些拘谨的人。这样的人，只有在淳朴的农夫中间、在田园里、在自己的心灵世界里，才会是完全自由的。孟嘉能使一世之士为之倾倒，渊明显然没有这种能力。他晚年声望有所提高，也主要是隐德所致。至于他的

65

文学天才，在当时并没有引起很多的注意，因为渊明的时代，尤其是他的青壮年时代，文坛仍被玄风所笼罩，清谈比笔墨更受人重视。所以渊明竟然没有可能向士林显示他的真正价值，而他与上层士林之间的距离，也始终是遥远的。

在这样的情况下，渊明怀抱理想，但看不到任何的机会和条件，他在追求功业的道路上，实际是处于很茫然的境地。他不可能将州祭酒、参军、县令之类的职位，看成是通向实现理想的一步，他感觉到现实与理想差距很大，实际上是他自己对理想理解得太纯洁了。那么，既然诗人在这样的仕途上看不到理想，他当然只能将他的屡次出仕理解为谋生行为。

除了上面的原因外，渊明将自己的早年出仕仅仅说成是谋生而非实现政治理想，很可能还有下面这样的原因。渊明第一次真正走上仕途，就做了桓玄的参军，而桓玄后来谋反朝廷，自立为帝。虽然桓玄谋反时渊明正好因为回家为母亲守丧而离开江州，但他毕竟在桓玄手下做过事，这对于洁身自好的渊明来说，不能不说是终生之憾。《宋书》本传所说的"潜弱年薄宦，不洁去就之迹"，正是指这件事。既然存在这样一种难言之隐，渊明更感觉到早年轻率出仕，在政治选择上完全是一个错误，因此也就不愿意承认有追求政治前途的动机。作为他的朋友，颜延之当然更要从养亲这一方面说明他的出仕动机。事实上，渊明并非完全没有乘时而起的想法。元兴三年，渊明四十岁，因某种机缘再次出仕，出任刘裕的镇军将军参军，这时正当刘裕号召同盟讨伐桓玄的时候。在当时来讲，正是挽救已经倾坠的东晋王朝的义举。渊明此时也不禁生起一种乘时济世的想法，在《始作镇军参军经曲阿》诗中说：

> 时来苟冥会，宛辔憩通衢。

时来，良时来也。于国家而言，此时正当拨乱反正之际，所以当然有可能乘时建功立业。早就摧抑了的早年健翮奋翔的雄心，此时又不觉跃跃萌动。但他很快就知道，这只是一种假象。从这里我们可以看到，渊明的出仕，不能说全无功业之念，但更主要的还是解决生计的动机。诗人于是老老实实地承认了这一点。

从实际的生活情形来看，渊明幼年丧父，家道中落，后来年龄稍微大了一些就躬耕自资。但毕竟是一介书生，劳力有限，加上成家之后，添丁加口，食指稍增，就更显得拮据。他家本是官宦人家，再怎么贫窭，也不能完全失去体面，日常所需，自然并不真的是只有糊口之事。母亲也是名门出身，过惯了殷实的生活，看到她临近老年却开始紧紧巴巴地打发起穷日子来，渊明的心里哪会好受。看来只有谋个一官半职了。青年渊明，因为文章和行为，在乡里已经有些名声，《晋书》本传说他"少怀高尚，博学善属文，颖脱不羁，任真自得，为乡邻所贵"。那个时代实行中正制，乡里的清议对一个人的仕进很重要。渊明自然不会刻意培养自己的清望以取仕，但是他能够去做官，还是跟乡里清议有关系。他虽不是高门士族，但毕竟是世宦之家，援引他做个州府幕僚的关系还是有的。正因为这些主客观条件，渊明希望能够选择一个比较好的时机出仕，但家道困难，使他不可能那样从容。于是，二十九岁的那一年，结婚未久的渊明，担任了本州的祭酒。可没过多少日子，他就忍受不了那种俗吏的生活，自己主动辞了职务回家了（《宋书》本传）。在当时的社会意识背景下，这样做客观上有助于渊明声望的提高，使他反而成为被州府关注的人物。所以不久州府又召他做主簿官，但渊明觉得那个职务比祭酒还要麻烦，就推辞掉了。在此后的几年内，渊明仍然是躬耕自资。

渊明为州祭酒少日便解归，后来又一再推辞州府辟命，可能跟当时对于出仕资格的一些观念有关。当时的仕进，有门阀背景者，因为能在九品中正中得二品、三品的品第，能够以清官起家。而寒素之士，积有一些声望与文学才能的，也能够出仕，不过大多是从州府辟命开始。州府辟命实际上沿承汉以来的乡举里选制度，与举秀才、举孝廉、举寒素隐逸一道，是魏晋时代在门阀特权制度之外为寒素之士留下来的一条进身之路。但州郡吏职只能算浊官之流，带有乡里豪族子弟为地方政府服役的性质。所以，一些自负清望的人，往往以不应辟命来表示他们的高洁。《晋书·隐逸传》记载的西晋寒素隐士夏统怒斥宗族中人劝他仕郡的事情，可能对我们理解渊明不应州府辟命有所帮助：

> 夏统字仲御，会稽永兴人也。幼孤贫，养亲以孝闻，睦于兄弟，每采梠求食，星行夜归，或至海边，拘蝛蚶以资养。雅善谈论，宗族劝之仕，谓之曰："卿清亮质直，可作郡纲纪，与府朝接，自当显至，如何甘辛苦于山林，毕性命于海滨也！"统悖然作色曰："诸君待我乃至此乎！使统属太平之时，当与元凯评议出处；遇浊代，念与屈生同污共泥；若污隆之间，自当耦耕沮溺，岂有辱身曲意于郡府之间乎！闻君之谈，不觉寒毛尽戴，白汗四匝，颜如渥丹，心热如炭，舌缩口张，两耳壁塞也。"言者大惭，统自此遂不与宗族相见。

夏统的反应，未免过于矫情，但他的不愿意"辱身曲意于郡府之间"，却是反映了两晋某些以清节自期的寒素之士不愿从州郡吏职走上仕途的普遍心理。陶渊明的不愿为州祭酒，两辞州府辟命，应该也有这方面的原因。

渊明任州祭酒，虽然少日即归，却留下了一首《劝农》诗①。

---

① 关于《劝农》的写作时间，王瑶注、逯钦立注、龚斌注都引《癸卯岁始春怀古田舍》"秉耒欢时务，解颜劝农人"之语，认为是同时所作。袁行霈《陶渊明笺注》："《晋书·职官志》：'郡国及县，农月皆随所领户多少为差，散吏为劝农。'可见劝农为县吏之职务。又束晳《劝农赋》：'惟百里之置吏，各区别而异曹；考治民之贱职，美莫当乎劝农。'《汉书·循吏传》：召信臣为南阳太守时，'躬耕劝农，出入阡陌，止舍离乡亭，稀有安居时'。则劝农之事又不限于县吏矣。渊明义熙元年曾任彭泽令，时当仲秋至冬。《劝农》所写为春景，显然不是任彭泽令时所作，只能是晋孝武帝太元五年庚辰（380）渊明二十九岁为州祭酒时作。"（第35至36页）说可从。

晋朝制度，郡国与县的政府，当农月时，派遣官吏下乡劝农。西晋文学家束皙曾写作《劝农赋》，并认为州县官吏的治民之事中，这一项算是美事。古代的贤吏如召信臣，也留下劝农的佳话。渊明此时正当年华壮盛，应付吏事的兴趣虽然不大，但对劝农之事，还是很热心的。他本来就有过一段农耕的生活，这几年写作的热情又很高，遇到劝农这样的题材，是按抑不住泚笔为文的兴趣的。此事带有官方文告的性质，他就用了比较庄重的四言，何况有《诗经》里的许多农事诗作为典范，正好可以融经据典，写出一首既典雅又生动的《劝农》诗。

渊明的这首诗，可以说是农家学说的一种典范文本。他先是探索了农业的起源，并且找出在古代被认为是农业始祖的后稷。他说，在悠长的远古，先民过着无知无识、傲然自足的生活。这个时候，农业还没有出现。后来民智开发了，民生的问题出来，民风也开始变得不够淳朴，难免有恃智凌愚、抢掠欺诈的事。这时候农业适时地出现，不仅使民生得以济足，而且形成了一种勤劳耕作、自食其力的道德观念。从这里我们可以看到，陶渊明对农业的理解，不仅是物质的，更是精神的。中国是以农业立国的，中国古代杰出的政治家，没有不重视农业的。渊明想到了《尚书·洪范》中说"八政"时，第一就说"食"。食来自农，所以农政即是八政的第一政。他自然还想起了《诗经》中的那些跟农事有关的诗作，如《豳风·七月》以及《周颂》中的《丰年》《载芟》《良耜》等，一幅古代淳朴农耕图就栩然笔下了：

悠悠上古，厥初生民。傲然自足，抱朴含真。智巧既萌，资待靡因。谁其赡之，实赖哲人。

哲人伊何？时惟后稷。赡之伊何？实曰播植。舜既躬耕，禹亦稼穑。远若周典，八政始食。

熙熙令音，猗猗原陆。卉木繁荣，和风清穆。纷纷士女，趋时竞逐。桑妇宵兴，农夫野宿。

这一种古代的淳风美俗令人感动。可是而今却世风浇漓，令人担忧。现在真的到了该劝农的时候了。渊明心情变得凝重起来，语气变得热切起来了：

> 气节易过，和泽难久。冀缺携俪，沮溺结耦。相彼贤达，犹勤垄亩。矧伊众庶，曳裾拱手！
>
> 民生在勤，勤则不匮。宴安自逸，岁暮奚冀？担石不储，饥寒交至。顾余俦列，能不怀愧？

渊明对于劝农这件事，想得远比当时那一帮到乡下走走、应个景的官员为多。他想到了风俗的问题。两晋社会因为形成贵族阶层，加上玄虚之风的流行，一种轻视实务、崇尚依阿无心、虚旷浮华的风气，不仅在士群中流行，而且普通的庶民也深受影响。农民较富裕的，也学起贵族的派头，以致耽搁甚至荒废了农务。渊明对此真是既痛又恨。农人呀！千万不要学贵族派头，千万不要因疏懒而耽误了自家的生计呀！渊明有过真正的农耕，也有过真正的饥寒，所以说起话来，就会是这样的真切。

最后，他还想到悠悠之口，或者会拿孔子讥笑樊迟问稼、董仲舒因耽于学问而不履田园的事来反驳；况且乡村的庶民中，也的确有一些习学之士，对于他们来说，暂不从事农业劳动，也有他的理由：

> 孔耽道德，樊须是鄙；董乐琴书，田园弗履。若能超然，投迹高轨。敢不敛衽，敬赞德美。

渊明总是这样，他对一切事情的看法，都不走极端。他自己的地位也接近庶民阶层的读书人，所以他将读书人跟普通的庶人还是分别对待的。

也许渊明"为州祭酒"少日即归，与这次劝农和劝农诗的写作正有关系。我们看到，他对农耕之事，已经形成了自己的一种哲学，这正是他在那种普遍浮华、轻视庶民农耕的风气中，能够特立独行地真正躬耕的思想基础。

　　如果愿意的话，我们还可以将这首《劝农》诗与《桃花源记》《归园田居五首》《癸卯岁始春怀古田舍》等许多诗歌联系到一起理解。我们会发现，渊明会写这样一首劝农诗，绝非偶然。虽然儒家也重视农业，但对农业与社会风俗及道德的关系，却没有像渊明这样想得深。从这些地方，我们也可以看到，渊明其实是一个思想很深透的人，他是善于作覃深之思的。

十　出仕桓玄幕府

辞掉州祭酒的次年，渊明三十岁的时候，原配妻子去世了。《楚调诗》："弱冠逢世阻，始室丧其偏。"[1] 对于艰窘的生活来说，真是雪上加霜。一两年后，继配夫人翟氏进了家门。这位夫人也是有隐德的，能助成丈夫之志。她很可能是柴桑隐迹士族翟汤家的[2]，他们"夫耕于前，妻锄于后"，真是和普通的农家没有什么两样了。渐入中年的渊明，对酒的兴趣更浓了。有时候，一天扶犁把锄地劳累下来，晚上夫人温一壶酒，摘一点园中的菜把豆荚当肴佐，渊明欣然挥觞，陶然而醉，生活重又归于旧日的宁静。渊明有时不禁想，就这样下去，夫妻偕老，以终天年，倒也没有什么不好。所以州府三次下令征召，要他担任州主簿，都被他辞掉了。自然的从世俗的角度来看，他的"五柳先生"的高名，自然也会因为几次不应征召而更加响亮的。

就朝廷的政治而言，这时候也是一个重要的转折。东晋的政治就其性质来讲，是门阀士族的巨头政治。相继出现的政治巨头，前有王导、庾亮等人，后有桓温、谢安等人。他们或内执权柄，处于政治之轴心；或外握兵权，制衡着朝廷中的执政。内外相制，达成各派系、各门阀集团之间的势力平衡，这正是东晋门阀政治

---

① 王质《栗里谱》以为渊明丧妻是在二十岁时。此据龚斌《陶渊明年谱简编》（以下简称龚《谱》）。

② 王质等撰、许逸民校辑《陶渊明年谱·栗里谱》："君年二十，失妻。《楚调》诗云：弱冠逢世阻，始室丧其偏。"妻翟氏偕老，所谓夫耕于前，妻锄于后，当是翟汤家。汤、庄、矫、法赐四世以隐行知名，亦柴桑人。中华书局，1986 年，第 2 页。

基本的运作方式。在这里，政治巨头是很重要的，他必须有很高的政治威望，对于整个阶层的人来讲，具有人格的感召力。如谢安在闲居东山时，没有明显表现出从政的打算时，已经为众望所归，被认为是济苍生的人物。舆论界都呼吁："安石不出，其如苍生何！"在渊明孩提时，桓温是决定局面的军事巨头。晋孝武帝司马曜宁康元年，当渊明九岁时，桓温去世，整个朝廷和士族阶层都从桓温的威胁下解脱出来。此后的政治处于各方比较平衡的局面，桓温的剩余势力和谢安、王坦之这一派名士政治家之间，处于相制约的格局。但谢安的军事实力在增强，尤其是太元十八年（383）淝水之战后，谢氏家族的政治发展到了顶峰，而桓氏家族则因桓豁、桓冲在这前后相继去世而顿衰。朝廷中新的政治矛盾，则是谢安与司马道子之间的矛盾。淝水之战后的第三年，谢安去世，谢氏家族也很快由轴心退出来。据诗人谢灵运说，他的祖父、淝水之战的功臣谢玄，也于其叔谢安去世后不久归居家墅，经始东山。朝廷中则司马道子的权势日趋显赫，用谢灵运的话来说，就是小人得势，君子道消①。渊明在年轻时之所以对仕途抱着迟疑的态度，可能与这个时期当局政治威望的降低有关系。太元二十一年，当渊明三十二岁时，孝武帝司马曜崩。太子司马德宗即位，以司徒、会稽王司马道子为太傅摄政。道子亲信、素被视为人格阘茸之辈的门阀人物王国宝和王绪，在士族中声望很低，朝廷政治一片乌烟瘴气。安帝隆安元年，在当时具有较高声望的名士领袖王恭，在兖州刺史任上与豫州刺史庾楷举兵，以讨王国宝、王绪为名，意在取缔司马道子的摄政地位。道子迫于事势，主动杀王国宝、王绪以取悦于王恭，王恭等人方才罢兵。但道子也深感自己受到威胁，采用谯王司马尚之的建议，广树心腹于内外，并

---

① 谢灵运《述祖德诗二首》序曰："太元中，王父龛定淮南，负荷世业，专主隆人。逮贤相谢，君子道消，拂衣蕃岳，考卜东山。事同乐生之时，志期范蠡之举。"见《先秦汉魏晋南北朝诗·宋诗》卷二。

要削弱豫州刺史庾楷的势力，割庾楷所领的豫州四郡给他自己的心腹王愉，立王愉为江州刺史。此举引起了庾楷、王恭、殷仲堪、桓玄、杨佺期等南方一带军事巨头的联合反对，因为道子此举只是其逐步削弱地方势力、加强自己的中央集权的第一步。上述诸人联合举兵，并推王恭为盟主，共同讨伐道子。此役中王恭因其司马刘牢之被司马元显诱以重利，对王恭反戈一击而失败被杀。庾楷也为朝廷所破。只有桓玄大败朝廷军队，成为此役真正的得利者。道子他们不敢把桓玄怎么样，委任桓玄为江州刺史，杨佺期为雍州刺史，黜殷仲堪为广州刺史。桓玄等并不受诏。诸人推桓玄为盟主，盟于浔阳，继续要挟道子，要求诛杀背叛王恭的刘牢之和出谋削弱地方势力的司马尚之。道子只好复殷仲堪荆州刺史之职，并下诏加桓玄都督荆州四郡，玄等人才罢兵而还。于是桓玄成了能够抗衡道子的人物。

就在桓玄势力迅速上升、浔阳一带成为政治上受人关注的焦点时，隐居躬耕多年的渊明却出仕了，担任桓玄的幕僚，这一年他正交三十四岁①。以常情而论，渊明之入桓玄幕，当然是出于桓玄的召聘。桓玄是桓温的庶出儿子，但最受桓温宠爱，曾让他承袭爵位。桓温死后，朝野议论温晚节有篡逆之心，桓玄兄弟一度受到压抑，玄曾上表要求朝廷加以澄清。这次桓玄借助王恭、殷仲堪等巨头的势力公开对抗司马道子，成为最有实力的新巨头。通过这一场冒险，桓玄也充分看清道子辈的无能和各高门士族政治势力之间的矛盾。于是长期压抑后的野心骤发，要继续其父桓温的未竟之业。他效法其父，多方搜罗有清望的人士。渊明少有乡里令名，王凝之任江州刺史时曾召他为州祭酒，但很快就辞去。以后召他为主簿又不应命，他的清望更著，俨然已成浔阳一带著名的青年隐士。这时他早年所写的一些作品，大概也渐次流传开了。统治者在网罗人才方面也是有竞争心理的。凝之为王羲之的

---

① 龚《谱》系于三十一岁。

儿子，系出高门，本人又是名士，渊明却不为他所用。现在桓玄能罗致到渊明，自然是一种夸耀自己政治誉望的资本。何况桓玄本人也有一定的文学爱好，放着渊明这样的人在眼皮底下，焉有豪雄负气如桓玄之流而不罗致其入幕的道理？

渊明的出仕桓幕，其当日的真实心态，我们很难妄加推测。宋人叶少蕴针对世人怀疑渊明曾任桓玄和刘裕参军一事，作出了他的批驳，并以"不伤生"来解释渊明出仕之事，语见吴仁杰谱所引：

> 叶少蕴左丞云："渊明隆安庚子从都还，明年赴假还江陵。荆州刺史自隆安三年桓玄袭杀殷仲堪即代其任，至于篡，未别授人。渊明之行在五年，岂尝仕于玄耶？《传》云'为镇军参军'，按刘裕以大亨三年逐桓玄，行镇军将军事，岂尝仕于裕耶？桓玄、刘裕之际，而渊明皆或从仕，世多以为疑，此非知渊明之深者。未论实为玄、裕否，渊明在隆安之前，天下未有大故，且不肯仕；自庚子至乙巳，正君臣易位，人道反覆之时，渊明乃肯出仕乎？盖浔阳上流，用武之地，玄与裕所由交战出入往来者也。渊明知自足以全节而不伤生，故迫之仕则仕，不以轻犯其锋；弃之归则归，不以终屈其己，岂区区一节之士可窥其间哉！"①

认为渊明仕桓玄、刘裕是为了不正面对抗这两位枭雄，避免为其所害，这样的解释自有一定的道理。渊明自从二十九岁辞州祭酒后，就有终老田野的打算。他的《饮酒》其十九中"遂尽介然分，终死归田里"，说的就是辞祭酒时的打算。所以这数年间，"夫耕于前，妻锄于后"，连州府再召为主簿也没应命，可见还是下了一定的决心的。但此时桓玄在江陵开府建幕，自立为盟主，

---

① 吴仁杰《陶靖节先生年谱》，《陶渊明年谱》本，第14页。

礼召渊明，其性质与州府征召自然不同。一方面，设想当时的渊明，虽有一定的乡里高名，但毕竟不是那种足以抗衡枭雄的大名士、大隐，况且桓玄等人，颇有些流氓手段，他既然要召聘渊明，在当时处境下，渊明似乎很难推拒，毕竟母老子幼，不可能真正逃到深山中与鸟兽同群。另一方面，在桓玄萌露反心之前，当时的一般人士，是很难对他作出判断的。此人长期受压制，照常情是能得到人们的同情的，此次与王恭、殷仲堪这些名望之士起兵，虽不无谋反朝廷之嫌，但谁都知道此时的朝廷，实际上就是由司马道子、元显父子统治，年少而愚的晋安帝只是一块牌子而已。道子父子摄政专权，削弱地方势力，对于整个门阀士族的利益和权柄都是一个威胁。东晋是个皇权架空的时代，当桓玄他们先打着反对重用王国宝、王绪之辈，后又打着为帝舅王恭申冤、要求严惩刘牢之和司马尚之等的旗号时，没人会很认真地考虑皇帝这块牌子连带着受损害的问题。魏晋以来，乱也多，篡也多，真真假假的，许多事情即使是局内的人在当时也未必很清楚。此时的渊明，哪里就能知道桓玄会篡位呢？他毕竟一直在乡里躬耕读书，与这类军政大腕没打过什么交道，哪里这么容易就认清这种人呢？何况桓玄在此次起事中所显示出来的能力，也实在使人惊悚。此人虽然并无雅望，但毕竟是桓大司马之爱子，有些雄才。在这个士族素质迅降的情势下，哪里还找得出谢安那样的人物；也只有依靠桓玄这样的人，或许能挽回局面。况且谁都明白，此时的皇权，就像打赌，押在哪一张牌上都未必十拿九稳。说得透一点，渊明勉强出仕，也是带有碰运气的心理。既然不能完全放弃少年的豪侠济世之志，恐怕也只有在这样的机会里闯闯看。世初乱而出仕，世乱极而归隐，是符合渊明的个性和志节的。

最后需要指出的是，渊明与桓玄还有一层世交的关系。当年孟嘉在桓温幕中很受桓温的推重，渊明在《孟府君传》中叙到这一层关系，还是颇感自豪的。桓温死后，虽有朝议认为其晚节有篡逆之志，但事情毕竟未发生，其真相渊明也未必清楚。渊明自己的曾祖父陶侃不也因兵强权重而受猜疑吗？因此，这些对桓温晚节的猜疑，对渊明的影响恐怕不会很大。比较起门第阶层来，渊明与桓氏的门第差异，要比跟王谢族的差异小得多。还有，渊明之所以屡辞王凝之征召，可能跟他看不惯凝之身上那种高门士族的派头有关系，这里很可能存在着门第之间的矛盾①。从上述各方面来考虑，渊明之出仕桓玄，倒也是顺理成章的。虽然他为自己不能坚持躬耕、改变终老田里的初衷而有些惆怅，但也不能说是完全被迫的。还有，桓玄征召渊明，在礼节上可能要比王凝之征他为州主簿隆重得多。王凝之召渊明为州主簿，最多是将他作为州郡治下的一个贤才看待；而桓玄很可能玩了一点霸主礼贤下士的召隐把戏。颜延之《陶征士诔》说的"世霸虚礼，州壤推风"，"世霸"即指桓氏。渊明曾仕桓玄之事，时人多少以为是个缺憾。所以《宋书》在叙渊明仕历时，只说曾任刘裕镇军参军、刘敬宣建威参军，而不提渊明仕桓玄的经历，只在后面用"弱年薄宦，不洁去就之迹"一句来交代。延之作为渊明的好友，用"世霸虚礼"来解释渊明的出仕桓玄，也是为朋友开脱的一种方式。

然而，从踏上仕途这一刻起，渊明的心里就是充满了矛盾的。当此乱势初形之时出仕，渊明多少觉得国事还有可为，对桓玄还抱有一定的幻想。正因为这样，他才决定放弃个人的宁静生活，用"进德修业以及时"的古训勉励自己，但心里却做好终究要回到田园中来的打算，只是不知道归期是在何年。

渊明进桓玄幕府后具体情形如何，感想如何，在现存的文字中未有任何透露。一方面，桓玄好文，其腹心殷仲文也是以文义自负。但渊明的素性，不惯以文字事人，也不惯于写重大题材，

---

① 参看逯钦立《关于陶渊明》一文中有关论述，逯氏认为陶渊明"不为五斗米折腰"的五斗米，是指不向王凝之这个信奉五斗米道的门阀士族折腰，可备一说。《陶渊明集》第209至211页。

他的作品，都是肺腑间流出的。朋友间的赠答，也都是真正有感情、有兴慨时才落笔的。所以他历任桓玄、刘裕、刘敬宣诸幕，却无只字酬应长官、歌功颂德。而另一方面，渊明为人宅心仁厚，为诗兴寄高远，不惯于在文字笔墨间怨刺世事，褒贬是非。这倒不是诗人不能分剖是非，更不是对世事没有自己的看法。他在文学上的一个重要渊源就是阮籍、嵇康，对嵇康那种曲讽人世、批判现实的精神也是感应甚真的。但禀性极厚道的诗人，面对着这万事皆非的社会，反觉得将一人一事挑在笔端，作为靶子，究竟会有多大意义？眼前的种种，只让他产生悲天悯人的感觉。许多时候，刚刚起一点揭露评议的念头，又马上会觉得有些无谓。反反复复，只将他那种对现实的不适感和怀古情绪、田园情调酿积得越来越浓。因此，几番仕历，也没有留下任何对官场的写实文字，这倒不是有意谨言慎行、口不臧否，也不是刻意追求羚羊挂角、无迹可求。

据常情推想，以渊明这样的个性，以桓玄这样的野心，是不会有一点点谋合的可能的，桓玄不过是将他作为清望之士蓄于幕下而已。一般的礼节上，双方都能过得去的。他说自己的外祖父在桓玄父亲桓温幕下的表现是"色和而正"，里面也有他自己的一些体验：不依不阿，也不见得会像屈子对楚怀王那样，强谏净以使其抚壮弃秽。

但是，渊明这一次出仕桓玄，显然对其一生的仕途是有影响的。桓玄谋逆倾败后，渊明虽然没有被牵连，但舆论上可能还是受到影响的。他接下来出仕刘裕，也应该是被刘裕用类似的方式网罗进去的。从情理上看，不管渊明此时主观上愿不愿意接受刘裕幕职，有了出仕桓幕这一层经历，他是不能轻易拒绝的。可见，陶渊明几次出仕，都是在某种被动的情势下被牵进去的。

十一 行役之思——梦想中的田园

晋安帝隆安四年（400）即庚子岁，渊明三十六岁。五月，在桓幕中衔命出使京都的诗人，回到江陵交了差后，又领了回家探亲的假，便归心似箭地回来。

踏上归途的心情是喜悦的，回顾将近两载的官府生活，渊明觉得自己快要被拘系成活死人了。官场上那虚伪的、丑恶的、尔虞我诈的一幕幕，真是看够了。宅心仁厚、从不善指斥评判人情世态的他，常常只感到无言的悲哀，只有用对田园和亲情的怀恋来慰藉自己。"归去来兮"的念头，是不断地出现的，甚至可以说从当初踏上仕途的那一刻起，几年的从仕，都是在矛盾和抉择的心态中度过的。这番回家省亲，虽不是真的下定了从此归隐不再出仕的决心，但至少是对官场的一个暂时的解脱。

打从建康出发的那一刻起，诗人就一天一天地计算着到家的日子。现在一想到很快就要回到母亲的身旁、重享与弟妹团聚的欢乐，他的那颗一向宁静的心，也禁不住蹦跳得厉害起来了。他一改平素从容的态度，忍不住一个劲地催着舟子快速行驶，早发晚泊，常常是太阳落山好久了，还要趁着熹微的霞光赶上一程。当时的旅途并不安宁，兵匪时有出没；河道也崎曲多阻，时常触礁搁浅。但这一切，渊明都顾不上了。他的确是太想念家乡和亲人了。途中还算顺利，可不想眼见就要到乡了，连南岭庐峰都已隐然在望，却不料天色突变、风浪骤生，不得不泊舟规林，困守穷港之中。诗人的心境，也像这天气一样，阴晦到了极点。将缆系在一棵老树上，此时的心情，可不是"杨柳岸，晓风残月"那般的感伤而复浪漫，只有人在途中的一种无聊赖。大浪不断地撞击着泥岸，不时有一片片的岸土掉落，诗人下意识地一下下深吸着湿泥的气息，凝视着泥岸被浪波冲打后变得光亮润洁的样子，就像农家刚刚抹成的泥墙一样。一时的心态，竟变得略微闲适了一点，鉴赏起这高莽无界的长湖和湖岸一片森疏成林的夏木。那个两年来处处压抑着的官场，竟然轻轻地被解脱了，抛得好远好远，远得像一个日渐模糊的旧日的梦境。

久违了的诗兴在勃生着，古诗里感叹行旅的那些篇章、句子，也开始在脑子里萦绕起来了。渊明回到舱室，伏在小小的几案上写下了《庚子岁五月中从都还阻风于规林二首》：

> 行行循归路，计日望旧居。一欣侍温颜，再喜见友于。鼓棹路崎曲，指景限西隅。江山岂不险，归子念前途。凯风负我心，戢枻守穷湖。高莽眇无界，夏木独森疏。谁言客舟远，近瞻百里余。延目识南岭，空叹将焉如？

> 自古叹行役，我今始知之。山川一何旷，巽坎难与期。崩浪聒天响，长风无息时。久游恋所生，如何淹在兹。静念园林好，人间良可辞。当年讵有几，纵心复何疑？

第一首诗写途中急切欲归的心情和阻风规林之事。开头几句完全是一种朴素的叙述，给人以质朴无华的感觉，但诗人的心情又是表现得很生动的。"鼓棹"四句具体地写行旅中的情景，在气氛上是前四句的一种加强。最后八句才写到阻风规林的情形。因为前面把急切欲归的心情写得很充分，所以阻风后诗人内心的焦虑也就自然能够很好地表达出来。到这里我们才发现前面那些都是铺垫，也发现渊明那种以十分自然朴素的叙述方式，一层深一层地把一种心情呈现在读者面前的大巧似朴的艺术手段。

第二首写因阻风而生行役之叹，因感叹行役而起厌倦仕途、向往隐逸的心情。在主题上，相对于第一首来说是一个深化。面对旷远的山川和规林湖面崩浪滔天作响、狂风无时或息的眼前情景，诗人又一次对仕途生涯产生茫然的感觉，对自己为何走上这条道路的原因似乎变得很不明白了。渊明曾经幻想"猛志逸四海，骞翮思远翥"，可那是昔日的梦，早被现实粉碎得无形迹了。仕途对于渊明来讲意味着什么，他继续留在这条道上又是为了什么？难道还有什么可以期待的吗？渊明不止一次询问自己这些问题，可答案总是不明白，于是他就常常发生刻下这种"久游恋所生，如何淹在兹"的茫然之感。明明是只有自己才能回答的问题，可是他总是像在问别人。

从都中归后，在家中闲居逾载，终因仍是在官之身，假期一满，又得返回江陵桓府中：

> 闲居三十载，遂与尘事冥。诗书敦宿好，林园无世情。如何舍此去，遥遥至南荆！叩枻新秋月，临流别友生。凉风起将夕，夜景湛虚明。昭昭天宇阔，晶晶川上平。怀役不遑寐，中宵尚孤征。商歌非吾事，依依在耦耕。投冠旋旧墟，不为好爵萦。养真衡茅下，庶以善自名。（《辛丑岁七月赴假还江陵夜行涂口》）

辛丑是晋隆安五年（401），这年渊明三十七岁。赴假即销假赴官，回桓玄幕府报到。这是从家中回到江陵夜行经过涂口这个地方时写的。"涂口"，陶集的另一些版本作"涂中"。《昭明文选》作"涂口"，唐人李善的注引《江图》："自沙阳县下流一百一十里至赤圻，赤圻二十里至涂口也。"此地在湖北鄂州，《舆地纪胜》卷六十六鄂州涂口一条下注："在江夏南，水路五十里，一名金口，陶潜有《涂口诗》。""三十载"并不是实指。我们看《宋书·隐逸传》，常有"三十年"这样的字眼，如《宗炳传》"栖丘隐谷，三十余年"，《孔淳之传》"缅想人外，三十年矣"。可见"三十年"是指隐逸时间很长的意思。渊明这里说的闲居三十载，是指其出仕桓玄幕府之前闲居读书、躬耕的岁月。他在出仕桓幕前虽曾短暂地做过州祭酒，但旋即辞去，不算正式出仕。所以，渊明的正式出仕，是从入桓玄幕开始的。桓玄对渊明，应该是有一定的赏识的，至少从当时的情形来看，渊明可能借桓玄而致身显宦，即所谓"好爵"。但他似乎也意识到某种危机，所以诗的最后四句，说自己行将投冠归家，不为似将到手的"好爵"所诱，养真于衡门茅舍之下，庶几自保其善。渊明这样说，或许是感觉到桓玄有篡逆之心，所以想收身归田，以保全令名，避免将来落个附逆之名。当然，如果桓玄篡位成功，他也有可能是桓姓新朝的从龙者，渊明可不愿意做这样的角色。

此时孙恩起义正剧，东南半壁溃散，桓玄也正虚张声势，求讨孙恩；但其与朝廷元显等人的关系日渐恶化，元显、刘牢之等人也正准备密谋讨伐桓玄。这一切渊明虽不能深知内幕，但也多少能从事象上感觉出来，尤其是到京中出了一趟差，更看到了一点迹象。所以这次假满重返官府，更是宦情慵懒，离亲别友之际，真有点一步三回头的样子。诗人对此情境，不禁又生茫然之感，重问自己道："如何舍此去，遥遥至南荆?"上回已经明明白白地说过，人生年华无几，纵心独往，不复有疑。可眼下又在做这与自己心愿相违背的事，渊明觉得自己这个人，简直是一个大矛盾，这样难以将决心付诸行动。孰不知这样一个急流勇退、与一世之士殊异的独立抉择，本就不容易做出，此刻辞官不做，无论于主观、于客观，条件都未成熟。但渊明认为决不能逐波随流地下去，更不能为高官厚禄的虚假前途所诱惑，临流叩枻之际，"归去来兮"的声音又一次在心中强烈地响起。

渊明回到江陵后，看在眼中的形势是更加险恶了。桓玄趁朝廷被孙恩之事牵制而未遑西顾之时，蓄力养众，观衅而动。渊明的"归欤"之思更加强烈。但当此节骨眼上，勉强辞职，是会惹怒桓玄这样的雄猜之人的。正当渊明万分为难之时，他接到了母丧的消息，名正言顺地辞别了桓府。就在诗人抱哀守志、躬耕南亩之时，朝廷起兵讨桓，又复为桓玄所败。桓兵攻入京都，玄自号相国楚王，并于元兴二年（403）十二月篡位。

晋安帝元兴三年（404）二月中，刘裕、刘毅、何无忌等举义兵讨伐桓玄，数战俱利，并于同年五月大破玄众，桓玄最后逃至蜀中，为益州都护所斩。就在这场讨桓复晋的战争中，刘裕势力扶摇直上，成为新的军事巨头。渊明在此年仲春已除丧服，在刘裕都督江州时，被刘裕所辟举，任其镇军将军参军。渊明于是再次离家赴京口就任，在途经曲阿时写作《始作镇军参军经曲阿》一诗：

> 弱龄寄事外，委怀在琴书。被褐欣自得，屡空常晏如。时来苟冥会，宛辔憩通衢。投策命晨装，暂与园田疏。眇眇孤舟逝，绵绵归思纡。我行岂不遥，登降千里余。目倦川途异，心念山泽居。望云惭高鸟，临水愧游鱼。真想初在襟，谁谓形迹拘？聊且凭化迁，终返班生庐。

曲阿在现在的江苏丹阳县。刘裕在破桓玄后，为镇军将军。渊明本为桓玄幕僚，但两年前已因母丧还家。所以这次任刘裕的参军，可以说是重新出山，因而诗中有"时来苟冥会，宛辔憩通衢。投策命晨装，暂与园田疏"这样的说法。

我们现在无法确知渊明进入刘幕的动机及因由。他入桓幕已经不太自愿，屡兴田园归欤之叹，现在眼见桓玄旋败，自己侥幸得脱，又为何重入刘幕呢？我觉得原因可能有二：一是渊明自己用世之心未能全消，在同年所作的《停云》《荣木》诸诗中，悯世乱、拯时艰之志颇有流露。《始作镇军将军参军经曲阿》诗中，"时来苟冥会，宛辔憩通衢"之语，正透露出诗人的某种幻想。但既云"冥会"，则作者自己亦深知此举之盲目性，瞎撞而已。二是为全生保家计。渊明原为桓玄幕僚，虽非心腹，但从其曾为桓玄出使都下一事可知，他仕于桓幕，也不纯粹是以名士资格优游取容而已。桓氏败绩后，渊明虽不至于直接受牵连，但如果拒绝刘裕之辟，则很可能会被疑为怀恋旧主，甚至引致不测之祸。所以此番辟举，几乎是毫无推托的理由。渊明出身次等门族，凭其文行造成一定的社会影响，使得桓、刘等人皆欲罗致入幕；而其有限之影响，亦终究不同于当时高门大族出身的大名士，没有足够的资格抗衡这些人物，避免为他们所罗致。这正是渊明的生涯悲剧之所在。上面两种原因，恐怕后者是主要的。

渊明《杂诗十二首》其九、其十、其十一，也都是赴任镇军参军时途中作的行役诗：

> 遥遥从羁役，一心处两端。掩泪泛东逝，顺流追时迁。日没星与昂，势翳西山巅。萧条隔天涯，惆怅念常餐。慷慨思南归，路遐无由缘。关梁难亏替，绝音寄斯篇！

> 闲居执荡志，时驶不可稽。驱役无停息，轩裳逝东崖。泛舟拟董司，寒气激我怀。岁月有常御，我来淹已弥。慷慨忆绸缪，此情久已离。荏苒经十载，暂为人所羁。庭宇翳余木，倏忽日月亏。

> 我行未云远，回顾惨风凉。春燕应节起，高飞拂尘梁。边雁悲无所，代谢归北乡。离鹍鸣清池，涉暑经秋霜。愁人难为辞，遥遥春夜长。

《杂诗》十二首并不是一个时间内创作的，这一点前人多已论及。这几首行役诗，也不像晚年回忆往事之作，因为渊明的作品每涉回忆，文字上交代得很清楚。这几首完全是对当下情景的叙述，很可能是同一次行役中作的，行役的方向是往东，这从"掩泪泛东逝""驱役无停息，轩裳逝东崖"这样的叙述中可以看出。另外从季节来讲，可能是气候寒冷的冬春之交，这从"泛舟拟董司，寒气激我怀"及"我行未云远，回顾惨风凉。春燕应节起，高飞拂尘梁"这些句子中可以感觉到。还有，从诗中叙述可知这是一次长途的、肩负某种使命的行役，甚至可以说是带有畏途的性质。渊明的东下长途行役，有这么几次：一次是隆安四年（400）为桓玄幕僚时使都，还程作《庚子岁五月中从都还阻风于规林二首》。一次是元兴三年（404）甲辰从家乡浔阳东下京口，为刘裕镇军参军，有《始作镇军参军经曲阿》。还有一次是义熙元年（405）为江州刺史刘敬宣建威参军时，以晋安帝反正，刘敬宣因惧怕刘裕猜疑自表解职，渊明衔命使都，作《乙巳岁三月为建威参军使都经钱溪》。从诗中"遥遥从羁役，一心处两端"可知，渊明这次是从家里出发的。"泛舟拟董司"，一般认为董司指刘裕，如逯钦立注："拟董司，拟当是诣之讹。诣，去见尊长。董司，都督军事者。《晋书·谢玄传》：'复令臣荷戈前驱，董司戎首。'据《晋书·安帝纪》，元兴三年，刘裕伐桓玄，为使持节、都督扬、徐、兖、豫、青、冀、幽、并八州诸军事，董司当指刘裕。"这里的"拟"，也不一定是"诣"的讹写。"拟"带有悬拟的意思，渊明此次应刘裕召命任参军，内心是有些犹豫的，带有尝试的意思。对于刘裕，他还不太了解，所以用了"拟"字。

渊明在官场浮沉近十载，前年因母丧离开桓幕，侥幸躲过一劫。现在因某种客观情形与主观的想法，再次离开田园，并且前程未测，内心是凄苦的。所以诗中尽情渲染长途行役的思家倦旅的感情。从"荏苒经十载，暂为人所羁。庭宇翳余木，倏忽日月亏"可知，渊明留滞官场的心情，已成强弩之末，归隐之念已经很急切。带着这样心情踏上新的一次行役，其忧郁可想而知。

在刘裕幕下担任一段时间参军之后，渊明又转到了建威将军刘敬宣的幕下任职。这一转任是出于渊明自己的意愿，还是二刘之间的一种人事调动，我们不得而知。唯有一点是知道的，就是渊明到刘敬宣幕府中后，其思归求隐的心态仍如从前。至东晋义熙元年乙巳（405）三月，渊明仍为建威将军刘敬宣的参军。同月，晋安帝反正，刘敬宣自表解职。渊明曾为敬宣衔命出使建康，途经钱溪（今安徽宣城梅根港）一带，曾作《乙巳岁三月为建威参军使都经钱溪》一诗：

我不践斯境，岁月好已积。晨夕看山川，事事悉如昔。微雨洗高林，清飚矫云翮。眷彼品物存，义风都未隔。伊余何为者，勉励从兹役？一形似有制，素襟不可易。田园日梦想，安得久离析。终怀在壑舟，谅哉宜霜柏。

这也是现在所能看到的渊明仕宦期间的最后一首行役诗。从开头"我不践斯境，岁月好已积。晨夕看山川，事事悉如昔"可知，渊明从前曾经来过宣城一带，很可能那次也是去京都建康时途经的。看来渊明生平的行动踪迹，还有好多我们不清楚的。

渊明自三十六岁出仕，历经桓玄、刘裕、刘敬宣等人的幕府，在奔波于仕途、劳顿于行役的这六七年间，主要的创作实绩就是上面的这些行役诗。他的这些行役诗，是揭示其仕宦时期的思想状态的重要资料。我们可以看到，诗人此期思想的最大特征是矛盾性很突出，仕与隐的抉择成了最经常的思想矛盾，而外界的左右之力，又增加了它的复杂性。官场的丑恶险仄使他既憎复惧，"性刚才拙，与物多忤，自量为己，必遗俗患"（《与子俨等疏》），这极其概括的几句，包含的生活经历是丰富的，其感慨尽余言外，这是他为人之宽厚仁恕之处。另一方面，诗人也深感世俗力量习染之可怕，所以努力保持淡泊素洁之怀抱、不损纯真自然之本性、不坠实现完美人格之初志，便是渊明这一时期的修养之事。正在这一时期，渊明将根植于少年的淳朴行为上升为一种"真""素"的自觉的人格理想："一形似有制，素襟不可易"，"真想初在襟，谁谓行迹拘"，"养真衡茅下，庶以善自名"。

《诗经》有云："靡不有初，鲜克有终。"是感慨士子常常不能保持最初那个鲜洁芳馨的怀抱。屈原在《离骚》中更是伤心地感叹"薰莸同器，兰蕙不芳"。西晋诗人陆机有句云："京洛多风尘，素衣化为缁。"更是以形象的语言，写出繁华喧杂的名利场对一个淳朴士子的浸染作用，使其在不知不觉中改变了心灵的颜色，就像身上穿的白衣衫被尘土侵染成黑衣衫一样。大诗人杜甫"在山泉水清，出山泉水浊"（《佳人》）这两句诗，也常被人们引来比喻士子的品行早清晚浊。南宋诗人林升又脱换杜甫的诗意来题写杭州灵隐的冷泉亭："一泓清可沁诗脾，冷暖年来只自知。流出西湖载歌舞，回头不似在山时。"冷泉之水，原本清可沁人，奈何流入西湖这个消金窝之后，歌舞喧嚣，早已不是山中的清冷。水亦何辜，受此热刺？诗人的本意仍在讽谕世上士子之"鲜克有终"。渊明入世之后，耳闻目见乃至亲身所历，都感到官场对人纯朴性情的蚀损，所以坚持修为，不易"素襟"，不舍"真想"。渊明后来之辞官归隐，是多方面因素综合作用的结果，但一个核心的观念，就是为了保持人格之完美，不与世俗同流合污。其在《祭从弟敬远文》即有此表白："余尝学仕，缠绵人事，流浪无成，惧负素志。"结合上述诗句可知，渊明仕途中惕厉自警的日常心志，非常人所能想见。也正是在这样一种自觉的修养中，他的德性日趋鲜明。渊明的有些思想，比如生死观念，受到道家的影响，但其行为践履之大节，完全是属于儒家的一派，是真正的"尊德性而道问学"（《中庸》）的。

就在这种对于渊明的主观意愿来讲是处于被动状态的仕途生涯中，渊明田园隐逸的生活理想渐趋明确。行役诗的一个基本主题，就是表现这种生活理想。在这些诗里，诗人常常怀念旧日的耕读生涯，眷念刻下仍然安好无恙的田园。因为时间和空间两方面的距离作用，历史的和现实的，都变得更加具有理想的、美的色彩。虽然渊明说自己"少无适俗韵，性本爱丘山"，但他对自然山水、田园生活的审美意识仍然有一个发展的过程；便是他对自己的少年时光的回忆，也是带有审美色彩的。早年的田园生活是淳朴、自然的，带有一种生于斯、长于斯的天然性。只有进入仕途之后，有了一种深刻的对比，才真正发现自然山水和田园生活的价值，他才变成一个自觉地向往隐逸的诗人。说到底，自然山水的审美价值，是在与现实社会的巨大对比中体现出来的，只有注入一定的生活价值观后，这种审美意识才真正自觉起来。从行役诗中我们还可以看到，渊明对自然美的审美方式，主要是建立在向往宁静、纯真的生活理想之上的。在行役中，诗人其实处于两种风景之间，一种是途中所见的自然风景，一种是心中所藏的自然风景。他当然也在鉴赏并描写前种风景，如"高莽眇无界，夏木独森疏""凉风起将夕，夜景湛虚明""昭昭天宇阔，晶晶川上平""晨夕看山川，事事悉如昔。微雨洗高林，清飙矫云翮"，写得离形得似，十分生动。但正如诗人所自述的那样："目倦川途异，心念山泽居"，他最经常玩味的，仍是心中的那片故园风景。这里反映出渊明的个性及他对于自然美的欣赏习惯，完全是与他的生活理想相关的。

心中的那片风景是那样美好，而少年生活之困苦和隐逸所将带来的生活问题，在行役途中被大大地淡化了。我们甚至可以说，渊明是在一种审美的体验中返回田园的。当然，这丝毫也不意味着他的抉择缺少严肃性。但是光有观念、而没有感性的审美体验，是无法构建一种生活理想的。

十二 闲居雅吟
——《停云》《时运》和《荣木》

　　因为替桓玄到京都出了一趟差，作为对千里跋涉的酬劳，渊明得以从桓府请了一年的长假。所以从隆安四年五月到五年七月，渊明曾自江陵两度还家，在家中闲居了较长的时间①。这一年的生活，总的来说是过得颇为惬意的。两年多的仕宦，使陶家的经济摆脱了拮据的状况，还略微呈现出一点小康的气象。桓府参军的身份，虽然让诗人隐隐地感到自己仍被一条无形的线牵扯着，但在地方上的人看来，陶家振兴的希望正在这里。有时免不了与一班乡绅周旋，也会从他们那里看到那含有种种意味的谄媚的眼神，

---

　　①　关于渊明本年的行迹，诸家年谱微有出入。逯钦立《陶渊明事迹诗文系年》载："隆安四年（400）庚子，陶渊明三十六岁。是年曾以官使使都，有《庚子岁五月中从都还阻风于规林》诗二首。""隆安五年（401）辛丑，陶渊明三十七岁。是年自荆请假返家。至七月赴假还江陵。有《辛丑岁七月赴假还江陵夜行涂口》诗。"龚斌《陶渊明年谱简编》"隆安四年"："渊明仍为桓玄僚佐，曾因事使都，作《庚子岁五月从都还阻风于规林》。""隆安五年"："七月，渊明由江陵往寻阳休假，假满还江陵，作《辛丑七月赴假还江陵夜行涂口》。冬，孟夫人卒，渊明归寻阳居忧。"袁行霈《陶渊明年谱简编》"晋安隆安四年庚子"："渊明在桓玄幕。盖此年初曾奉使入都，五月初从都还阻风于规林。五月下旬当可回至家中，不久还荆州述职。是年冬，渊明回寻阳，在家中过年。""隆安五年"："渊明在寻阳家中迎新年。正月五日与二三邻曲同游斜川。有《游斜川诗》并序。不久，即返荆州江陵桓玄幕。七月初，复回寻阳休假。七月末再返江陵。途中有《辛丑岁七月赴假还江陵夜行途中》。冬，母孟氏卒，渊明还寻阳居丧。据义熙三年所作《祭程氏妹文》曰：昔在江陵，重罹天罚……黯黯高云，萧萧冬月。知渊明母孟氏之丧在其任职江陵期间，且是冬季。"按逯、龚两谱不记隆安四年有还家事，此据袁谱。

听到那些笨拙、不得要领的奉承，弄得诗人很不自在。倒转而想起官场中那两三个性情比较投合的幕友。在惬心于宁静的闲居生活之余，有时也不免发生一点寂寞的感觉，甚至是静极思动，因为毕竟是正届壮年。

渊明是世初乱而出仕的，至此世乱方殷。官场的一番游历，折伤的是理想的翅膀，带回来的是一颗有着更多的伤时悯乱情绪的心。诗人虽然已经深厌仕途，但作为一个闻道已久的士子，其所具有的社会责任感又使他不能决然放弃用世之心。在那些春雨连绵的日子，他坐在东轩的窗下，独斟新熟的家酿，内心的感觉，竟然说不出是闲适还是惆怅，是欣悦还是感伤。这情绪逐渐化为一种旋律，缓缓地流动着，既古朴而又清新。诗人清楚地意识到，这是风诗的精神在此刻的心境中的复活。那是几个世纪以来那些醉心于风雅的诗人试图捕捉而常常失败了的四言诗的古朴静穆而又活泼流动的浑然一体的旋律。眼前的心思和景物，自然融入其中。笔下出现的，已是这样的诗句：

> 霭霭停云，濛濛时雨。八表同昏，平路伊阻。静寄东轩，春醪独抚。良朋悠邈，搔首延伫。
>
> 停云霭霭，时雨濛濛。八表同昏，平陆成江。有酒有酒，闲饮东窗。愿言怀人，舟车靡从。
>
> 东园之树，枝条再荣。竞用新好，以怡余情。人亦有言，日月于征。安得促席，说彼平生。
>
> 翩翩飞鸟，息我庭柯。敛翮闲止，好声相和。岂无他人，念子实多。愿言不获，抱恨如何！

诗的前两章，意境、情节和情绪是完全一致的。这种重复的效果，像两声悠长的、具有完全相同的意味的吁叹。但前后两声，在气韵上是不同的。对于一节好诗，就像一个美妙的声音一样，人们希望再次欣赏、玩味，反复地阅读、吟味一个名篇、名句，就是这种心理的反映。但在这种重复阅读中，读者在潜意识里有一种对自己的强迫，容易导致疲劳感的产生。诗歌中的回环复沓，直接由作者来满足读者这种再次玩味的需要，就解脱了读者对自己的强迫心理，进入更加纯粹的审美享受。像陶诗的这两章，当我们读第一章时，比较多地注意对意境、情节、情绪的把握，也就是对诗的内涵的体验。等读到第二章时，因为作者没有在内容上作新的展开，我们的任务就显得很轻松了，只需单纯地玩味不同于前一章的气息和韵律。在阅读一个没有作这种回环复沓式的艺术处理的名篇时，我们如果要得到整体的艺术效果，常常需要作至少两度的重复阅读，第一次把握它的内容，第二次才是对其气息韵律及结构形式上的东西作进一步的玩味，这不免加重负担，减少了审美的自由愉悦的体验。在复沓的诗句里，作者在复沓的句子或章节里，将气息、韵律这类要素提纯出来，大大地减轻了读者的负担，为我们创造了更加宽松的阅读空间。渊明四言诗的复沓艺术，神似于风诗，又富于作者的个性，既是高妙的艺术手法，同时也是诗人内心旋律的流出。从这里可以看到，作为一个诗人，渊明的整个心灵，乃至其整个生活，都是抒情化的。渊明诗歌的抒情艺术之高度自然、不假外饰，其奥秘正在这里。

《停云》前两章所表现的境界带有朦胧色彩。作者是在写一个春雨连绵的时节，很难判断他对这为他造成一种隔离效果的春雨的态度是忧还是喜。从"霭霭停云，濛濛时雨"，"停云霭霭，时雨濛濛"中，似乎流露出一种温馨的感觉，这种感觉在"静寄东轩，春醪独抚"或"有酒有酒，闲饮东窗"的情节中更加具象化了，好像作者对天候为他造成的这种隔离、远世之感，从心理上说是愿意接受的，因为这符合渊明的性格。但是从"八表同昏，平路伊阻"这一推远了的背景中，我们又感到他的忧愁乃至于焦虑，它也是具象化地落实在"良朋悠邈，搔首延伫"，"愿言怀人，舟车靡从"的情节上面。但这个情节似乎并没有包含上述情绪的全部。它只是产生那种情绪的一个原因，甚至可能是比较次要的原因。更重要的可能是更广阔背景上的、也更复杂的一些原因。这场连绵春雨在给他温馨的同时，让他联想起身外、田园外的世局的乱离多阻。具体地说，如东南半壁孙恩起义造成的兵连祸结，及各军事巨头之间剑拔弩张地进入了大冲突的临界点。现在我们可以这样说，春雨本身给诗人的感觉是温馨的，但由它所引起的联想则是忧愁、焦虑的。这实际反映了诗人此际心灵上的矛盾，对闲居本能的爱好与社会责任感之间的矛盾。诗人愿意被连绵的春雨将自己与这个世界隔绝，可是对隔绝了的世界仍然有无法停息的牵念。这其实也正是永远盘踞在他心头的仕与隐这一对矛盾的反映。渊明是真率的，他并不掩饰自己对生活的本能的需求。

《停云》的第三、四两章，仍然是一往情深地抒发着对亲友的怀念，但物色背景已变成晴朗的春日。诗人写自己漫步东园之中，雨后的林间，新花嫩叶特别的莹洁，好似竞相抢入诗人的眼帘，来怡悦他郁结的情怀，使其得到最大的舒展。渊明用"竞用新好，以怡余情"这两句，将人与自然的关系写得和谐而富于亲情。但这种览物之情很快就引出时光这个主题，使诗人又沉入了感伤迁逝的情绪中："人亦有言，日月于征。安得促席，说彼平生。"这里的"平生"，显然不是琐碎的旧事，而是平生之志及出处大节。此人与渊明的相契，也正在志趣之合。正徘徊于用世与隐遁这两歧之间的诗人，很自然地切望与其晤言，以定出处之事。第四章以鸟声相和之象起兴，并以更多激烈的情调加强主题，结束了本诗。

在写作《停云》诗之后不久的一个暮春的日子里，渊明一个人来到柴桑城的东郊外，来尽情地感受大自然和田园的温情和谐之美，也在默默地感觉着时光的流逝，最后不禁产生了与古代的哲士和悠远的历史的感应。这一切外界在内心的感遇，使他的情绪处于一种既欢悦又感伤的状态中，这也可以说是渊明闲居生活中比较经常性的心理状态。独游回家之后，略事洗濯，还坐东轩，写下了《时运》一诗：

迈迈时运，穆穆良朝。袭我春服，薄言东郊。山涤余霭，
宇暖微霄。有风自南，翼彼新苗。

　　洋洋平津，乃漱乃濯。邈邈遐景，载欣载瞩。人亦有言，
称心易足。挥兹一觞，陶然自乐。

　　延目中流，悠想清沂。童冠齐业，闲咏以归。我爱其静，
寤寐交挥。但恨殊世，邈不可追。

　　斯晨斯夕，言息其庐。花药分列，林竹翳如。清琴横床，
浊酒半壶。黄唐莫逮，慨独在余。

　　此诗以"时运"命题，虽然是依照《诗经》取首句中一词为
题的旧例，但深味全诗意境，可以发现"时运"作为此诗的题目
是很合适的。诗人因暮春之感而生郊游之兴，这正是时运之思。
所以诗的第一章就从咏叹时运开始。诗人说，在悠悠流逝的岁月
里，一个静穆清新的早晨，自己披上了春衫，从城邑走向郊野，
远山涤洗尽整个冬天常常停伫着的雾霭，天宇上飘着几缕薄云，
一阵阵轻风从南面吹来，扇翼起田畴上的新禾苗。渊明另有名句
云："平畴交远风，良苗亦怀新。"（《癸卯岁始春怀古田舍》）因
是五言句，写得更加鲜明，但境界趣味则有异曲同工之妙。推广
而言，禾苗之外，如写树木，则有"东园之树，枝条再荣。竞用
新好，以怡余情"；写鸟类，则有"鸟弄欢新节，泠风送余善"
（《癸卯岁始春怀古田舍》）；写自身所感，则有"微雨从东来，
好风与之俱"（《读山海经》），都是表现诗人从自然中体会到的
和谐欣悦之生机。渊明最后选择终隐田园，并非仅是观念选择之
结果，而是辅以生活中的许多感性体验。像这样一些对自然界田
园景象的感受，让诗人充分地认识到自然的价值，对他的生活态
度是有很大影响的。渊明是一个有着成熟而超卓的思想的诗人，
但并非纯粹的思想家，寻找其思想观念、判断其思想造诣是必要
的，但不能停留在这个层次上，而是要通过诗人偶尔不经意地打

开的一个个思想的窗口，深窥其生活的内部真相，甚至由此门户进入其诗歌世界。

当诗人将自己的身心全部融化在自然之中的那一刻，他体验到真正的自由。这是无价的收获，所以生出了自足于当前的思想："人亦有言，称心易足。挥兹一觞，陶然自乐。"但体验不可能总是停留在这种当下自足的浑穆之境，诗人自然要跃向联想，于是他想起孔门逸士曾点。当孔子让诸弟子谈说他们的志向时，其他人都说了他们各自的政治怀抱，唯有曾点表达了另一种生活态度："暮春者，春服既成，冠者五六人，童子六七人，浴乎沂，风乎舞雩，咏而归。"仍然没有摆脱在官之身的渊明，对曾子的这种生活志趣产生了共鸣，竟有寤寐思之的向往。

对于历史，尤其是想象中的那个真淳未消的远古时代，渊明的情绪反应，也像对于田园一样，一动心就会情不自禁地沉进去。渊明很快由对曾点的怀想产生出更绵远的思古幽情。"斯晨斯夕"这六句诗里描写的闲居生活情境是十分优美的，从这些地方可以发现他对生活之审美是和谐圆满的。但诗人深知，这个眼前的生活画面完全是自己创造的，它并没有更广阔的社会背景可依存。事实上外面的现实世界是纷乱不宁的。想到这里，渊明真以为自己和眼前的这幅生活画面，是从远古的黄唐时代遗留下来。到底是从现实沉入历史，还是从历史堕入了现实，渊明不禁产生了庄周梦蝶似的迷惘。

日月推迁，很快就到了季夏。整个夏天里，渊明的心境并不像春日时那样的宁静。三十七岁的壮龄，当着这草木猛长的炎季，心中不可能只有一片穆然。眼见就要进入不惑之年，当此国事蜩螗之际，自己却仍然是这样一事无成，于家于国，都不能说已经完全尽责了。从心理上说，闲居一年之后，也颇有点静极思动。北宋诗人陈师道有诗云："留滞常思动，艰虞却悔来。"（《寒夜》）意思是说居家日久，也不免会有游宦之思，待到途中备历艰虞，又会生轻出之悔。方回评这两句诗时说，这是"士大夫之常态"(《瀛奎律髓》)。渊明在行役时渴思田园闲居，多艰虞之叹，可毕竟没有最后择定归隐之计，所以静极思动是正常的心理。一年的长假快满了，渊明的内心经常出现少有的亢奋和焦虑，那个"猛志逸四海，骞翮思远翥"的少年人形象，似乎又在将近中年的诗人身上出现。在一个炎阳的上午，看着庭院中灼灼闪耀的木槿花，诗人那种紧抓住年华的感觉来得特别强烈，终于冲动地写下这一年中的第三首雅诗：

采采荣木，结根于兹。晨耀其华，夕已丧之。人生若寄，憔悴有时。静言孔念，中心怅而。

采采荣木，于兹托根。繁华朝起，慨暮不存。贞脆由人，祸福无门。匪道曷依，匪善奚敦！

嗟予小子，禀兹固陋。徂年既流，业不增旧。志彼不舍，安此日富。我之怀矣，怛焉内疚。

先师遗训，余岂之坠。四十无闻，斯不足畏！脂我名车，策我名骥。千里虽遥，孰敢不至！

《荣木》的主题，比《停云》《时运》两诗来得明确，诗人自己一言以蔽之："念将老也。"但不是纯粹的恐惧老之将至，而是忧虑年华虚度，老而无成。前人每据诗中"四十无闻，斯不足畏"判定此诗作于四十岁；然细玩前后句的意思，可以发现，诗句立意在于以四十将至来策勉自己需及时努力，不是说此时已是四十岁。另外序中说的是"总角闻道，白首无成"，所谓"白首"也是惕厉的话，是害怕将来白首无成，不能直接理解为现在已经白首。诗中虽有感伤生命短暂的一面，但主要的情调还是要追求一种振作的人生，可说是渊明伦理价值生命观的最强音。此诗的音节，也不同于前两诗之和谐舒缓，而是更加顿挫驰骤。但仍合于四言诗的正体，因为风诗和小雅中本来就有情感浓烈之篇章。

此诗主题之明确，使它成为帮助我们深入渊明思想的一个重要资料。这里所提供的"人生若寄",及"道""善"等思想,反映出渊明在生命意识和道德观念上的一种自觉。渊明受魏晋玄学自然哲学生命观的影响,对生命本体的认识是理性化的。作为汉魏诗人的传人,他在感性方面也较多地承传了他们丰富的生命意识和各色的生命情绪。所以他也和"古诗"作者、三曹、阮、嵇那样,时而亢奋,时而感伤,时而旷达,时而缠绵,甚至也不免有坠入虚无意识的时候。《荣木》的第一章,就表达了诗人在透彻地认识了生命的物质性之后所发生的感伤情绪。这是一种本能性的忧生情绪,是不可抑止的。当诗人尽情地宣露它的时候,其内心获得了一种畅快。而我们读者吟诵着它们时,真有何以为情的感觉。人生当此之际,正如临歧路,究竟往哪个方向走呢?生命意识的自觉之后是进入虚无、放弃道德观念,还是超越物质、进入道德自觉?渊明有时也作小小的放任,如《诸人共游周家墓柏下》诗,就表现了轻度的及时行乐的思想。但从大节上看,渊明是在积极地寻找生命的意义。在《荣木》的第二章里,渊明因人生之短暂而起自立之志,追求一种道德的自觉。人之或贞或脆,都由其自己的意志来决定,因善而得福、恶而取祸、神鉴善恶而对人行赏罚之类的神道设教,都是无稽之谈。人之为人,虽短暂凋零如花草,但究竟不同于花草,不能因祸福无门而放任自流,仍然得依乎道,以立善自勉。渊明写到这里,精神变得振作起来,以不容置疑的语气说:"匪道曷依!匪善奚敦!"这不仅是自觉,也是在觉他。

　　渊明所说的"道"和"善",内涵都是十分丰富的。序中说"总角闻道,白首无成",其所闻之道,正是儒家传统的一套生命价值观,其要又在于"进德修业,以及时也"。诗中"匪道曷依"之"道",也是指这种儒家的人生行为之道。"善"则是一切都合乎道的行为准则。渊明之依"道"主"善",不是由于外在的约束或利害关系的促使,而是一种自觉的行为。无论是隐还是仕,都要符合上述原则,成为一个真正能够自我主宰的人。

《停云》《时运》《荣木》三篇，代表了渊明四言诗的最高成就。四言诗绝响于战国，至汉代《诗》变为经；而四言体却蜕变为箴、铭、颂之类的功用性的韵文体，失却了诗的精神。魏晋诗人，时有复古之作，两晋时代雅诗的创作更成一时风气。但能自见精神、机趣活泼者，不过曹操、王粲、嵇康三数人而已。其中曹操四言，音制句式，多取于汉乐府四言，与《诗经》风格略有差异。东西晋四言诗多依雅颂体，以典雅为旨归，敷演名理，堆垛诔辞，真正是酷不近情。渊明则远挹风诗之神韵，近取曹操、王粲、嵇康三家以四言诗自由地抒情言志的写作方法，所以能取得超越性的成就。渊明每以羲皇上人自喻，其精神旨趣比之曹王诸家更加近古。所以其模仿《诗经》，不仅是一种复古的文学行为，更是其日常怀古精神的表现。这也是其四言诗成功的原因之一。

陶集还有《和郭主簿二首》，唱和的对象与时间都未详。但诗中所写情景，接近早年休官闲居的状态：

　　蔼蔼堂前林，中夏贮清阴。凯风因时来，回飙开我襟。息交游闲业，卧起弄书琴。园蔬有余滋，旧谷犹储今。营己良有极，过足非所钦。春秫作美酒，酒熟吾自斟。弱子戏我侧，学语未成音。此事真复乐，聊用忘华簪。遥遥望白云，怀古一何深。（其一）

诗中所写环境，应该是早年闲居的上京旧宅，与《停云》《荣木》《时运》三诗是一个地方。渊明晚年躬耕，情形十分艰苦，常遇饥寒。这首诗所描写的情形，还是略有余裕的。并且"弱子戏我侧，学语未成音"，也是早年之事。而彭泽辞官时，其子已经长成。"聊用忘华簪"，与《癸卯岁始春怀古田舍》之"聊为陇亩民"一样，都是还未真正辞官归隐时的口吻。

十三　辞官彭泽令

从二十九岁时短暂任州祭酒，到后来陆续出任桓玄、刘裕、刘敬宣几个幕府，渊明的宦情，一直是很寥落的。并且，几次的出仕幕府，虽然不能说毫无主动之意，但基本的情势，是带有很大的被动性的，真有被网罗的感觉。况且那段时间，正是国家多事、家乡一带也很离乱的时候，渊明在仕途的心态，也就可想而知了。他后来用"误落尘网中，一去三十年"这一句来概括，真是实录之语了。可惜后人因为对渊明这一番仕途的情况不太了解，往往当作平常的一声感喟。渊明的生平，具体的事迹虽然多为我们不知，但大段的情节，他自己其实叙述得很清楚。比如《归园田居五首》其一，头几句就清清楚楚地交代了他的早期经历："少无适俗韵，性本爱丘山"，是他人生的第一个阶段，指早年家居治学，进德修业，过着闲静少言、不慕荣利、耽爱自然的生活。"误落尘网中，一去三十年"，就是指上述那段出仕的经历。"三十年"，一说极言其久，一说为"十三年"之误。"羁鸟恋旧林，池鱼思故渊。开荒南野际，守拙归园田"，则是指辞官彭泽县令之后，开始了隐居的生活，从此虽有王弘、檀道济等人礼贤下访，甚至有朝廷召其任著作佐郎的诏命，但再也没有出仕。所以，渊明的人生，正是由早年闲居、出仕和中年后隐居到老这样三个阶段构成的。

对于仕途，渊明可以说已经倦极。如果将渊明出仕行为中主动与被动两方面的心理能量合起来，算一种动因；那么，到了出任彭泽令时，这种能量可以说差不多消耗殆尽了。但他为什么还要走最后这一遭呢？这里的一种解释，是宦情并未完全消尽。我们知道，虽然多半出于被动，渊明毕竟在仕途中时出时处地迁延了十二三年，归隐之念屡次产生，但也不是说歇下来就能歇下来的。还有，生计的考虑也是一个原因。担任幕僚的收入是有限的，而当县令就要丰厚得多了。一些隐士在归隐之前，多选择做一任县令，以为归隐后的生活做准备。这就是渊明自己所说的"聊欲弦歌，以为三径之资"（《宋书·隐逸传》）。渊明出任彭泽令，主要也是出于这个动机。这一点他自己说得很清楚：

> 余家贫，耕植不足以自给。幼稚盈室，瓶无储粟。生生所资，未见其术。亲故多劝余为长吏，脱然有怀，求之靡途。会有四方之事，诸侯以惠爱为德，家叔以余贫苦，遂见用于小邑。于时风波未静，心惮远役，彭泽去家百里，公田之利，足以为酒，故便求之。及少日，眷然有归欤之情。何则？质性自然，非矫励所得。饥冻虽切，违己交病。尝从人事，皆口腹自役。于是怅然慷慨，深愧平生之志。犹望一稔，当敛裳宵逝。寻程氏妹丧于武昌，情在骏奔，自免去职。仲秋至冬，在官八十余日。因事顺心，命篇曰《归去来兮》。乙巳岁十一月也。

从"脱然有怀，求之靡途"来看，渊明是一直寻找做一任县令的机会的。为了生计而做官，在古人那里，是符合道义的。颜延之《陶征士诔》也对渊明因家贫而求官一事交代得很清楚。但县令这种肥缺，不是那么容易求得的。渊明虽然后来辞了官，但在序中对这一点做了坦率交代，并且对让他获得这个机会的诸侯与家叔表达谢意。这是渊明为人淳厚的地方。他的文章，句句都是实话，毫无造作虚饰之辞。关于"会有四方之事，诸侯以惠爱为德"一句，诸家解释有所不同。逯钦立注云："四方之事，经营四方的大事，指刘裕等的起兵勤王。《晋书·虞潭传》：'大驾逼迁，潭势弱，乃固守以俟四方之举。'是其例证。"又云："诸侯，指刘裕等。"（《陶渊明集》，第 160 页）龚斌注云："四方之事，指奉命行役。李注：'衔建威命使都。'"又云："诸侯，指建威将军、江州刺史刘敬宣。"（《陶渊明集校笺》，第 395 页）前一种说法比较合理。渊明是说，刘裕等人欲为勤王之事，渊明本为镇军参军，是应该追随刘裕移镇京口的，但那样不仅不能为县令，而且风波远涉。所以后来推荐他为刘敬宣的建威参军，这算是"诸侯"对他的一种惠爱。而刘敬宣旋即辞官，渊明的仕途就没了着落。但刘裕或者是刘敬宣，为了报偿渊明服事行役之勤勉，给了他任县令的资格。这其中可能也受到其从叔陶夔①的帮助。总之，渊明最后得到了既是豫章郡中的上县、同时离家又仅有百里之遥的彭泽县，实在是一个很好的位置。应该说，对于彭泽令这个职位本身，渊明是很满意的。

对于辞官的原因，渊明自己交代得很清楚，主要应该还是跟当年辞州祭酒一样，"不堪吏职"。他对州县的吏职，似乎特别不能忍耐。因为当时的幕僚之职，还可接触到一些比较优秀的人物，觞咏酬和。而州县吏中，实在是没有什么出色的人物，所接触的只是一些从里到外都透着俗气的俗吏。当然，这些渊明都没有具体说到，他只是从自己的个性与素来崇尚的自然任真的人格理想来解释辞官的原因。渊明将生命分为形、影、神三境界，形为物质生命及其欲求，影为伦理价值的呈现，神为自然合道的生命境界，即纯粹的精神生命。为了生计而出仕，是服从物质生命的需求，属于形的层次。而"质性自然"则是精神生命，是神的境界，渊明又将这个叫作"己""心"，即真正的自我。"饥冻虽切，违己交病"，当精神生命与物质生命在需求上发生冲突时，渊明最终做出了服从精神生命的选择。在《归去来兮辞》中，他将这个问题讲得更清楚：

---

① 陶渊明《晋故征西大将军长史孟府君传》中有"渊明从父太常夔"之语。

100

归去来兮，田园将芜胡不归？既自以心为形役，奚惆怅
而独悲！悟已往之不谏，知来者之可追；实迷途其未远，觉
今是而昨非。

"既自以心为形役"，是渊明对自己十三年仕途生涯的状态和
生命矛盾的一个总判断。这里的"心"，与形、影、神中"神"是
一个层次的概念。

在其他文章中，渊明也谈到他辞官的根本原因，在于服从自
己的本性与素志。《归园田居》中"少无适俗韵，性本爱丘山"、
"久在樊笼里，复得返自然"是一种交代。《祭从弟敬德文》中也
说到：

余尝学仕，缠绵人事，流浪无成。惧负素志，敛策归来，
尔知我意。常愿携手，寘彼众议。

所谓"素志"，亦指本心，即质性自然。渊明的人生哲学，在
于求一个"真"字，其"猛志逸四海，骞翮思远翥"是一种真，
"少无适俗韵，性本爱丘山"也是一种真。无论入世与出世，都不
违一个"真"。但是这个"真"在仕途中是难以实现的。渊明十三
年的仕途生涯，对此体会之深，自不待言。他长久的矛盾痛苦，
也率由此来。在《与子俨等疏》中，渊明也对儿子交代了自己当
年辞官的原因：

吾年过五十，少而穷苦，每以家弊，东西游走。性刚才
拙，与物多忤，自量为己，必贻俗患。僶俛辞世，使汝等幼
而饥寒。

"性刚才拙，与物多忤"与"质性自然，非矫励所得"，基本

上是一个意思。写这篇疏文时，渊明自称年过五十，距离彭泽辞官已有十多年，但他的解释，却毫无变化。我们还有什么理由不相信这个诚实人自己的话，而一定要寻找新奇古怪的解释呢？

十四　归园田居

　　渊明的躬耕生活，早年也有所实践。他在误落尘网中的十三年间，并非一直在做官，有时返家闲居，也尝试过耕作。《癸卯岁始春怀古田舍二首》即是元兴二年初春家居时所作，其时渊明还在仕途中，但已有归田的打算。这两首诗应该是现在所知渊明最早的躬耕诗：

> 　　在昔闻南亩，当年竟未践。屡空既有人，春兴岂能免。凤晨装吾驾，启途情已缅。鸟弄欢新节，泠风送余善。寒草被荒蹊，地为罕人远。是以植杖翁，悠然不复返。即理愧通识，所保讵乃浅。
> 　　先师有遗训，忧道不忧贫。瞻望邈难逮，转欲志长勤。秉耒欢时务，解颜劝农人。平畴交远风，良苗亦怀新。虽未量岁功，即事多所欣。耕种有时息，行者无问津。日入相与归，壶浆劳近邻。长吟掩柴门，聊为陇亩民。

　　渊明的这次躬耕，带有“实习”的意味。第一首的前四句，是说从前知道古人有躬耕南亩之事，但壮年时因为“学仕”，未能涉足田畴。然现在生活上既然是“箪瓢屡空”，则春耕东作之事，岂能自免。第二首是说孔子的遗训：“君子谋道不谋食。耕也，馁在其中矣。学也，禄在其中矣。君子忧道不忧贫。”自己即是士君子之流，也应该遵先师遗训，不必躬耕。但“学仕”多年，“缠绵人事，流浪无成”（《祭从弟敬德文》），觉得那种境界变得越来越遥远了，反而想要转回到终身耕种以自食其力的生活道路上。

诗中缅怀《论语》中记载的植杖翁、长沮、桀溺三位隐士，是题目中"怀古"的意思所在。"怀古田舍"即在田舍中怀古，在田舍中发思古之悠情。"长吟掩柴门，聊为陇亩民"，即此诗题意所在。渊明的怀古，学的是左思《咏史》之法，不是专咏古人，而是重在抒情。渊明的这两首田园诗，情调还是比较轻快的，不像后来的那些躬耕诗，每带出沉重的叹息。

渊明自彭泽辞官后，真正过上了田园躬耕的生活。这一点，不仅有他自己的诸多田园躬耕诗作可以为证，而且时人也从旁观予以记录。颜延之《陶征士诔》云：

> 道不偶物，弃官从好。遂乃解体世纷，结志区外，定迹深栖，于是乎远。灌畦鬻蔬，为供鱼菽之祭；织絇纬萧，以充粮粒之费。

这种生活，虽然美言之可说是高尚其道，但是从旁人看来，还是有些窘困。因此，当时有人对他的选择不理解。《祭从弟敬德文》中，渊明也说只有敬德理解他，与他携手同游，对众人的议论置之不理。可见当时亲朋甚至社会上的人，对渊明的辞官是有议论的。这样说来，渊明诗文中那些对自己辞官心迹的表白，包括对固穷守节的古人的吟咏，是有回答众议的意思。可见渊明的辞官，是有一种不顾流俗的勇气的，是一种积极的思想行为。

归隐之初的渊明，因长期困扰自身的思想矛盾得以解决，身与心、形与神达到了和谐，其心境是愉悦的，《归园田居五首》表现的就是这种心境。尤其是第一首表现出极其恬悦的田园境界，差不多是桃花源式的：

> 少无适俗韵，性本爱丘山。误落尘网中，一去三十年。羁鸟恋旧林，池鱼思故渊。开荒南野际，守拙归园田。方宅十余亩，草屋八九间。榆柳荫后檐，桃李罗堂前。暧暧远人

村，依依墟里烟。狗吠深巷中，鸡鸣桑树颠。户庭无尘杂，虚室有余闲。久在樊笼里，复得返自然。

诗人通过将田园与仕途对比，充分表现了寄身于自然、寄身于淳朴的乡村中的自由情绪，并且歌唱优美的田园风光。最后读到"久在樊笼里，复得返自然"时，我们仿佛看到，作者长长地叹了一口气，表现出一种完全解脱后的轻松、愉悦的心境。第二首写田园闲居的日常情景：

野外罕人事，穷巷寡轮鞅。白日掩荆扉，虚室（一作"对酒"）绝尘想。时复墟里人，披草共来往。相见无杂言，但道桑麻长。桑麻日已长，吾土日已广。常恐霜霰至，零落同草莽。

从居住在野外来看，渊明过的真正是平民的生活了，因为当时的士族是聚居在城邑之中的。渊明在居官期间，陶家应该也是居住在城邑的。东汉张衡有《归田赋》，陶氏"归园田""归田"等词可能正取自《归田赋》。渊明这里，归园田居是指归到"园田居"。"园田居"即《癸卯岁始春怀古田舍》的"田舍"，亦即通常所说的田庄。陶家是仕宦人家，正式的住处应该是在城邑中的。《宋书》卷九十三《戴颙传》："太祖元嘉二年诏曰：新除通直散骑侍郎戴颙、太子舍人宗炳并志托丘园，自求衡荜。"东晋六朝时期，士族通常都是在城邑聚居的，但他们通常都有庄园。所谓隐居，其实就是离开城邑贵族聚居的地方，来到田庄丘园居住。仕宦一族的最大特点就是士人之间的交际活动很多，这是士族生活的常态。园田居远离城邑中士族的聚居地，也就很自然地远离了当时士族社会的交际场。《归园田居五首》其一中渊明所说的"户庭无尘杂"，就是指没有那些世俗的交际之事。所谓"尘杂"即是"野外罕人事"的"人事"，所以渊明说"穷巷寡轮鞅"。

渊明的这一组诗，表现了归隐后田园闲居、躬耕、山泽之游、饮酒这样一些生活内容，加上吟诗本身，基本上包括了他隐居生涯的全部。渊明将这组诗题为"归园田居"，其意正是要展示其隐居生涯。一方面抒发其自由快适的心情，另一方面也是对那些对他选择归隐有所质疑的"众议"的答复。有时，他似乎也在鼓励自己将这种躬耕生活坚持下去："桑麻日已长，吾土日已广。常恐霜霰至，零落同草莽。"（其二）"道狭草木长，夕露沾我衣。衣沾不足惜，但使愿无违。"（其三）归隐虽然是诗人自己的选择，但要坚持下去，还是要克服主观与客观上的一些困难。诗人的上述诗句，都是带有象征性的。渊明在园田居时期创作的诗歌，都带有平淡闲适的风格，说明他归隐前期的生活还是比较愉悦的。

在归隐后的第四年，渊明居住的园田居遭遇了火灾。这场火灾使渊明在经济上损失不少，精神上也受到相当大的打击，归隐最初几年的恬悦与惬意感丧失了不少，可以说是他隐居生活的转折点。此后的诗中，表现出的情绪更为激越，内容多为叙述贫富交战的心理状态，以及抒发固穷守节之志。《咏贫士七首》《饮酒二十首》等组诗就是在这种心态下创作的。可以说，《戊申岁六月中遇火》一诗，是渊明诗歌转向激越情调的开端：

> 草庐寄穷巷，甘以辞华轩。正夏长风急，林室顿烧燔。一宅无遗宇，舫舟荫门前。迢迢新秋夕，亭亭月将圆。果菜始复生，惊鸟尚未还。中宵伫遥念，一盼周九天。总发抱孤介，奄出四十年。形迹凭化往，灵府长独闲。贞刚自有质，玉石乃非坚。仰想东户时，余粮宿中田。鼓腹无所思，朝起暮归眠。既已不遇兹，且遂灌我园。

开头"草庐寄穷巷，甘以辞华轩"，与"野外罕人事，穷巷寡轮鞅"、"穷巷隔深辙，颇回长者车"（《读山海经》其一）情景相同，都是指归隐园田居最初几年的情况。这个地方，渊明住得还是比较舒适的，现在遭了火灾，连一点房子都没有留下来。从正夏到初秋，陶家一直困居在园田居废墟前面河港中的舫舟上，生计之艰窘可想而知。当此窘境，诗人不禁追抚其整个孤介的人生，并且以贞刚自励。渊明的做法，仍然是以理性自制，化解矛盾，达到和谐，得出"形迹凭化往，灵府长独闲"的人生哲学。在迁化中，生命本身要遭遇种种的顺逆穷通之境，这是我们无法左右的。但是，我们的灵府是可以自我主宰的，它是可以自由、悠闲的。这种生命哲学，与其说是对眼前这场火灾导致的困境的顿悟，还不如说是诗人一贯思想的再次表述。接着诗人开始怀想上古淳朴的"东户"时代，那时人们一片淳朴和谐，没有任何私有的观念，也不需要为财产问题担忧。今我既已生不逢时，就只能效于陵仲子的灌园为业了。

园田居焚烧后有没有再修建，我们不得而知。船上居住只是一个过渡的办法，并且住在船上的目的，可能是想守住一些家产，或许还有从烈火中抢出来的粮食和其他的生产、生活用品。这也许正是渊明想起东户时"余粮宿中田"的传说的原因。一个很大的可能性，是园田居焚烧后，陶家又搬回柴桑城里的旧居暂住。《还旧居》一诗就是写这件事的：

> 畴昔家上京，六载去还归。今日始复来，恻怆多所悲。阡陌不移旧，邑屋或时非。履历周故居，邻老罕复遗。步步寻往迹，有处特依依。流幻百年中，寒暑日相推。常恐大化尽，气力不及衰。拨置且莫念，一觞聊可挥。

逯注："上京，盖柴桑一里名。李注谓：《南康志》：近城五里，地名上京，亦渊明故居。"上京显然是陶家的官宅之一。所谓邑屋，即指城里房舍。[1] "邑屋或时非"，实略有"王侯第宅皆新

---

[1] 《陶渊明集》第81页。

主"之意，是说里中的人家，多有兴废。邻老，也是指积年的邻居，是一些仕宦中的人物，非田父之流。从"履历周故居"来看，陶家的这所住房，规模不小，是属于仕宦家族的居住所，而非田园隐居之所。渊明从小生活在这里，中间因为出外为官而离开。这次由于田园居被焚，不得不搬回靠近城邑的旧居。但以一已经隐居之人，住这里不仅躬耕不便，而且深恐有负归田的初志。所以渊明这次还旧居，心中毫无快乐之感。过了一二年，他还是离开了近城邑的地方，移居到南村。这个移居的时间，据逯考，在义熙七年，也是田园居焚烧后的第三个年头：

> 昔欲居南村，非为卜其宅。闻多素心人，乐与数晨夕。
> 怀此颇有年，今日从兹役。弊庐何必广，取足蔽床席。邻曲
> 时时来，抗言谈在昔。奇文共欣赏，疑义相与析。
> 春秋多佳日，登高赋新诗。过门更相呼，有酒斟酌之。
> 农务各自归，闲暇辄相思；相思则披衣，言笑无厌时。此理
> 将不胜，无为忽去兹。衣食当须纪，力耕不吾欺。（《移居》
> 二首）

南村比之园田居，可能要更近通衢；并且多有士人居住，不像园田居只有农人居住。但南村仍是田园之所，其中可能有与渊明接近的隐逸之流，或一些庶民知识分子。南村离陶家的田业应该还是比较近的。渊明在这里，仍然从事躬耕与隐居读书。李公焕注："南村，即栗里。"渊明此次移居后，直至他去世，应该一直是居住在南村的。其《饮酒》《咏贫士》等诗，都是移居南村之后写作的。在《咏贫士》其二中，渊明描写了在南村弊庐中的生活情景：

> 凄厉岁云暮，拥褐曝前轩。南圃无遗秀，枯条盈北园。
> 倾壶绝余沥，窥灶不见烟。诗书塞座外，日昃不遑研。

我们知道，渊明早年的上京旧居，是有"东园""东轩""东窗"与"北窗"的，见《停云》及《与子俨等疏》。南村则有"前轩""南窗""北园"。从"拥褐曝前轩""诗书塞座外"两句，可见其房舍之逼仄，与《移居》诗中的"弊庐何必广，取足蔽床席"说的是同样情形。

渊明的田庄，似乎不止园田居、南村两处，还有西田、下潠田两处。这两处田庄并非渊明日常居住的地方，但当农事时节，他也会在其中居住耕获的。《庚戌岁九月中于西田获早稻》即写在西田田庄获稻的情形：

> 人生归有道，衣食固其端。孰是都不营，而以求自安！开春理常业，岁功聊可观。晨出肆微勤，日入负禾还。山中饶霜露，风气亦先寒。田家岂不苦？弗获辞此难；四体诚乃疲，庶无异患干。盥濯息檐下，斗酒散襟颜。遥遥沮溺心，千载乃相关。但愿长如此，躬耕非所叹！

《归去来兮辞》曾经写道："农人告余以春及，将有事于西畴。或命巾车，或棹孤舟，既窈窕以寻壑，亦崎岖而经丘。"这里所说的西畴，就是"西田"。西田是俗称，西畴是渊明在文章里的雅称。陶家的这处田庄，离他所居住的大田庄园田居较远，地处山中，需要巾车或坐船去。到了那里，在农事期间，就要住下来。那里的房舍更加简陋，并且地处山中，比外面要寒冷一些。渊明获稻归来，为了消除疲乏，取些暖意，就坐在房檐下饮酒："盥濯息檐下，斗酒散襟颜！"小田舍是比较简陋的，房屋进深很浅，并无宽广的堂庑房室，只有堂前近檐下的地方比较敞亮，直对院宇，可以看到外面的风景。渊明在城邑中的正式宅第是比较宽敞的，《与子俨等疏》中写到的"五六月中，北窗下卧，遇凉风暂至，自谓是羲皇上人"，《停云》诗中"有酒有酒，闲饮东窗"，都在旧宅第中。园田居的庄园也比较大："方宅十余亩，草屋八九间。榆柳荫后檐，桃李罗堂前。"所以渊明选它作为躬耕闲居之所。《归园田居》其五写到那里饮酒的情形："漉我新熟酒，只鸡招近局。日入室中暗，荆薪代明烛。欢来苦夕短，已复至天旭。"将这些描写与"盥濯息檐下"相比，就能想象此处田舍居处逼仄的情形。渊明劳作一天后，傍晚回来盥濯完毕，坐在房檐下喝着田舍中酝的村酒以散襟怀。这种情形，与一个老农是十分相似的。田庄周围也住着其他的农家，他们是真正的农民。渊明自己亲身劳作后，对农人的生活也寄以深切的同情："山中饶霜露，风气亦先寒。田家岂不苦？弗获辞此难。"但同情之余，又对这种自食其力的生活表示赞赏："四体诚乃疲，庶无异患干。"所谓异患，即名利场上的种种利害之事，也就是渊明说自己"性刚才拙，自量为己，必贻俗患"（《与子俨等疏》）的"俗患"。

《丙辰岁八月中于下潠田舍获》中写到他在另一处田庄下潠田耕获的情形：

> 贫居依稼穑，戮力东林隈。不言春作苦，常恐负所怀。司田眷有秋，寄声与我谐。饥者欢初饱，束带候鸣鸡。扬楫越平湖，泛随清壑回。郁郁荒山里，猿声闲且哀。悲风爱静夜，林鸟喜晨开。日余作此来，三四星火颓。姿年逝已老，其事未云乖。遥谢荷蓧翁，聊得从君栖。

西田的地理位置，应该在园田居或南村的西边。从"戮力东林隈"这一句，可知下潠田是在田园居的东边，与西田正是两个方向。这个田庄上的一位老农，渊明叫他"司田"，是替陶家管理田业的，他来告知渊明下潠田一带的稻子熟了，渊明听了很高兴。就起个大早，从园田居来到下潠田舍。这个田庄与渊明常居的园田居，隔着一个湖。船渡到湖的那一边，再沿着一条涧壑进去，在一片荒山里，就有陶家的一片田园。此处的荒僻，似乎更过于西田一带，夜里能听到猿声。好在到了早晨，林鸟啁啾，一片欢快的鸣声，将渊明的心情也带得快乐起来了。接着他回忆起下潠田耕作的经历："曰余作此来，三四星火颓。""三四星火颓"，逯注说："火星下落已十二次，即已十二年。星火，火星。"从义熙元年归隐田园之后，到本年丙辰即义熙十二年，正好过去十二年，渊明每年都来此耕获。可见渊明从隐居开始，是一直坚持着亲身耕作的。他在《有会而作》诗中自称"颇为老农，而值年灾"，可说是实录之言。

十五　仙侠之思

　　渊明辞官彭泽归隐田园之初，是他创作上的丰收期。除了写作《归园田居五首》等作品外，还写了《读山海经十三首》：

　　孟夏草木长，绕屋树扶疏。众鸟欣有托，吾亦爱吾庐。既耕亦已种，时还读我书。穷巷隔深辙，颇回故人车。欢然酌春酒，摘我园中蔬。微雨从东来，好风与之俱。泛览周王传，流观山海图。俯仰终宇宙，不乐复何如？（其一）

　　渊明诗中凡言"穷巷""陋巷"者，皆言园田居。此处"穷巷隔深辙，颇回故人车"，即《归园田居五首》其五"野外罕人事，穷巷寡轮鞅"之意。宁静的初夏日，庭院中草木猛长，树木婆娑地围绕着房屋的四周，耕种已罢的渊明，坐在凉风时至的北窗下，恍如隔绝了尘寰。这样的时候，他的思想总是要飘到很远的地方，常有收不回来的感觉。这几日正翻读着一些消闲的书，其中郭璞作注的插图本《山海经》和中朝时汲冢出土的讲述周穆王故事的《穆天子传》，尤其引人入胜，有俯仰之间，览尽宇宙奇观的感觉。渊明的心思，不禁直飞入图书里的境界中。从上古流传下来的故事，四乡八里的传说，和近古以来好博览异者所写的各种书中，不断地接触到神仙奇异的事物。传唱的汉歌，以及魏武、子建、嗣宗、茂先乃至本朝郭璞、庾阐诸人的诗，也有不少游仙的幻想。渊明少年时便有几分读书人的理性，对旁门左道、那些可笑的神仙怪异之说，常常嗤之以鼻。可经过文人生花妙笔和画工入神技术所创作的这些神仙之境，着实对人产生难以抗拒的诱惑。七八岁时节，心智初开，心力却很弱，发现了死亡这个秘密后，便有无穷的恐惧。死会是怎样的感觉呢？太可怕了。每夜睡在漆黑的床幔里，眼睁着，总如临着一个无底的深渊。听一些人说，有种人是长生不老的，叫作仙人；并说仙人也是可以学到的。这是多大的安慰呀！后来年事渐长，心力也强了，才没有了那些恐怖感觉，对仙事也渐知究竟。虽不敢断言古时流传的仙人都是假的，近人所弄的那些长生求仙的玩意儿，到底只是些痴想和骗局。但今日对着《穆天子传》《山海经》图，神仙幻想又觉得有些真切起来了。且不管它是真是假，畅想一回又有何妨。近日诗兴正浓，眼前这等好诗料，岂能放过，反正这时光有的是空闲。

《山海经》处处都是发人奇思妙想的故事，但最吸引渊明的还是关于西方昆仑玄圃和传说中居住在那里的西王母的神话。《穆天子传》中所讲叙的穆王西游、与王母相会的情节，更使这一系列的神话显得曼妙多姿。渊明以诗的语言，充分发挥诗人的想象，将这一系神话作了再创造：

> 玉台凌霞秀，王母怡妙颜。天地共俱生，不知几何年。灵化无穷已，馆宇非一山。高酣发新谣，宁效俗中言。（其二）
> 玉山高高地耸立云霞之上，秀丽无比；
> 居住其间的王母永如妙龄处女那样美丽恬静。
> 这与天地并生的神仙，
> 始终没有人知道她已经历几多芳年。
> 她神光离合，变化万千，
> 昆仑玄圃间处处有她的离宫别馆；
> 啊，遥想她与穆王分手的那时节，
> 高讴新谣，声响入天，
> 参透了死生变化，岂效人间儿女的缠绵。

迢递槐江岭，是谓玄圃丘。西南望昆墟，光气难与俦。亭亭明玕照，落落清瑶流。恨不及周穆，托乘一来游。（其三）

迢迢万里之外的槐江岭呀！

那不正是仙人居住的玄圃丘吗！

遥望西南，隐隐似见昆仑之上，

奇光异气，人间万物难与比俦。

到处是琅玕照映；

满地有瑶瑛耀流；

恨我生之晚呵，赶不上穆王那时节，

不能够去那神仙的灵圃里遨游！

翩翩三青鸟，毛色奇可怜。朝为王母使，暮归三危山。我欲因此鸟，具向王母言：在世无所须，唯酒与长年。（其五）

翩翩飞翔的三青鸟啊！

羽毛的颜色奇珍无比；

早晨飞翔神山间，作王母的使者，

晚暮则飞回三危山栖息；

啊，神鸟呀，愿替我向王母传递一言：

我在人间别无所须，只求人不老，

酒如泉！

粲粲三株树，寄生赤水阴。亭亭凌风桂，八翰共成林。灵凤抚云舞，神鸾调玉音。虽非世上宝，爱得王母心。（其七）

光粲粲的三株树，

栽生在那令人饮之不老的赤泉之阴；

亭亭凌风的八棵桂树，

遮天蔽日，自成芳林。

灵凤挥着云彩起舞，

神鸾歌唱着珠玉之音；

这不是世俗的宝物呀！

正是王母心爱的奇珍。

渊明所塑造的这些神仙境界，神奇瑰丽而又明朗宁静。在这里，诗人尽情地抒发了他对生命的畅想，体现了他作为一个诗人，在精神世界上具有的丰富性。从这些作品所表现的轻快的情调和相对华美的风格来看，应该是诗人心情比较愉悦时所写的。渊明精神的发展，是逐步转向理性的，他对生命的体验，也是由重视生命的物质性向重伦理价值再向因任自然的生命观这样一步步推进的。在《形影神》诗中，他以达观的态度对待生死之变，批评了对生命物质性的执着。但在《读山海经》中，他却毫不掩饰地表达了对长生的幻想：

自古皆有没，何人得灵长？不死复不老，万岁如平常。赤泉给我饮，员丘足我粮。方与三辰游，寿考岂渠央。（其八）

但是，渊明并没有因这种幻想而迷误，并没有追随神仙家流。正如他以理性排遣了他认为不能实现的爱情一样，游仙对于他来讲，也只是初夏日凉风习习的北窗下的一个白日梦。

但是，当他翻出另外一些图画，看到另外一些故事时，他生命中的另一种情调被激扬出来了，那就是豪侠的情调。夸父、精卫和刑天的故事，引起了他强烈的共鸣：

夸父诞宏志，乃与日竞走。俱至虞渊下，似若无胜负。神力既殊妙，倾河焉足有？余迹寄邓林，功竟在身后。（其九）

《山海经·海外北经》云："夸父与日逐走。入日，渴欲得饮。饮于河渭，河渭不足。北饮大泽，未至，道渴而死。弃其杖，化为邓林。"这个神话所包含的意义，历来的看法见仁见智。笔者在

《唐前生命观与文学生命主题》一书中曾提出这样的看法：夸父逐日表现了先民超越时间并因而超越生命之短暂的幻想。在陶渊明这里，并没有对这个神话的意义作出解释，使他发生共鸣的只是这一神话所表现出来的生命的宏伟感。他强调的是夸父的神力，以及追求生命极致的非凡境界。他对精卫和刑天的共鸣，也是出于对同一追求的肯定：

> 精卫衔微木，将以填沧海；刑天舞干戚，猛志故常在。同物既无虑，化去不复悔。徒设在昔心，良辰讵可待。（其十）

《山海经·北山经》："发鸠之山有鸟焉。其状如乌，文首，白喙，赤足，名曰精卫，其鸣自詨。是炎帝之少女，名曰女娃。女娃游于东海，溺而不返，故为精卫。常衔西山之木石以堙于东海。"又《海外西经》："刑天与帝至此争神，帝断其首，葬之常羊之山。乃以乳为目，以脐为口，操干戚以舞。"精卫、刑天和夸父一样，都是不慑于比自己强大得多的、无法战胜的对手，而作生命的抗争。他们虽变化为异物、而持志以恒；肉体虽遭毁灭、湮沦、残绝，精神则永不可战胜。渊明虽然刚刚发生过游仙的幻想，但他对精神价值的重视，是远过于对肉体的重视的。正是由此出发，他对这些反叛英雄的行为给予肯定。这种肯定是超伦理的，是纯粹从个体原则出发的。

渊明从《山海经》中读出了仙，又读出了侠。他同时拥有了两种精神，这正是他精神丰富性的表现。

十六 拟古

　　渊明的《拟古九首》，旧说认为是有感于刘裕篡晋而作。因此历来给陶诗系年的人，多将这一组诗定在刘裕篡晋之后，写作时间有说是永初元年，也有说是永初二年或三年①。但是这些说法，并不能从这九首诗中找到直接的证据，只是基于渊明对晋宋易代必多感慨这一先入之见，而将这一组词旨比较幽曲的作品往这个方向挂。不想这一挂，就挂得定定的，古往今来的学者解说这组诗鲜有越出这个思路的。这也符合人们的一种伦理观念：像渊明这样的大诗人，既然身历晋宋易代，在其诗歌中若不有所表现，岂不太遗憾了！想有所表现而又不便明说，于是就以拟古诗的形式来说，在逻辑上似乎也是合理的。于是这一组在陶诗中原本没有固定位置的作品，就被牢牢地挂在这个事件、这个年份上面。但是，既然这九首诗没为这个说法提供直接证据，则其性质始终只是"挂着"的。所以我们倔一点，不往那里挂，只要渊明不反对，别人也是没有办法的。

　　这一组《拟古九首》，就诗论诗，应该是渊明晚年隐居田园后，借用拟古的形式，回顾一生奔走世途的种种遭际，诗中也涉及当时的一些政治情形。组诗中最后一首应该是写晋义熙十一年司马休起兵败亡之事。写作的时间，也应该是在这之后到晋亡的

---

　　① 龚斌《陶渊明集校笺》卷四："据诗中'饥食首阳薇，渴饮易水流'等感慨沧桑之语，《拟古九首》当作于晋宋易代之后。梁谱将此诗系于永初三年（422）壬戌，古谱、逯系年系于永初二年（421）庚申。王瑶注据黄文焕《陶诗析义》，谓本诗当作于永初二年（421）辛酉。按王注大致可从。"上海古籍出版社，1996年，第237页。

一段时间。

古诗十九首及魏晋人的诗中，游子之叹是一个重要的主题。渊明的这九首诗中，其中的一、二、三、四、五、六、八这七首诗，都是写游子之事的，之所以取名为拟古，可能这是最基本的理由。历来学者多指出，这些诗不像陆机等人的拟古诗那样，以模拟篇章词句为能事，而是渊明自己的创造。这是对的。但既然叫"拟古"诗，还是有所取法的。渊明对汉魏以降诗歌的体制源流了如指掌，所以他的学习古人，总能够遗形貌而得神韵，融合变化以出之。这九首就是典型的例子。诸家的评论，要算方东树说的"渊明《拟古》，是用古人格作自家诗"（《昭昧詹言》卷一）一语，最为贴切。因为用古人格，所以虽然是写游子之事，但与他的行役诗风格不同。行役诗属于写实，直接写行役之怀，览物之感，诗中出现的事情，也是作者生活中实有的。拟古多用比兴，重在情意，作者概括了盘踞在他心中的几种重要的感情矛盾，以托物言志的方式表达出来。所以比起行役诗来，这些诗歌在反映诗人仕途中的实际遭遇这一方面，具有更加重要的参考价值。

那或许是一个午寝初醒的时刻，幕府的客寮中一片宁静，渊明随便揽来一册汉人古诗的抄本，读了一首《行行重行行》，又读了一首《明月皎夜光》，不知不觉已经变得颇为情绪化。"行行重行行，与君生别离。相去万余里，各在天一涯"，"相去日已远，衣带日已缓。浮云蔽白日，游子不顾返"，"昔我同门友，高举振六翮。不念携手好，弃我如遗迹"……这样的诗句，反复萦绕在脑子里，数日不去。为了拂开它们，诗人需要有新的创造。于是，拟古的动机开始萌生。渊明想起了曹植、阮籍、陆机这些都比较明显地接受过古诗影响的诗人，于是又找出他们的诗集反复地浏览。曹、阮以创新来学习古诗，从而获得了个人抒写情志的成功，同时也推进了诗史的发展。而陆机的《拟古十二首》，对于原作的情节结构亦步亦趋，不敢有所走失，尽管语言表达上有所变化，却始终很难说是真正的创作。渊明要拟古诗，又要淋漓尽致地抒发自己的所思所感，于是选择了曹、阮的路数，与他平素别种形式的创作体验，并无太多的差别。

　　　荣荣窗下兰，密密堂前柳。初与君别时，不谓行当久。出门万里客，中道逢嘉友。未言心先醉，不在接杯酒。兰枯柳亦衰，遂令此言负。多谢诸少年，相知不忠（一作"中"）厚。意气倾人命，离隔复何有。（《拟古》其一）

　　这是一个游子在抒写久客不归的愁思，同时也诉说了他所遭遇的人情反复。开头"荣荣窗下兰，密密堂前柳"，是回想初别家园时的情景，跟《诗经·豳风·东山》中"昔我往矣，杨柳依依"的写法是一样的。但从后面"兰枯柳亦衰"来看，这二句又带有比兴的性质。另外，汉人古诗多用叠字形容，如"青青河边草，郁郁园中柳"，"青青陵上柏，磊磊涧中石"等，渊明这组拟古诗中也常用叠字形容，如第三首中的"翩翩新来燕，双双入我庐"，第四首中的"迢迢百尺楼"，第六首中的"苍苍谷中树"，第七首中的"皎皎云间月，灼灼叶中华"。学习古诗的这种修辞方法而有异代同工之妙，这也可证这一组诗是拟《古诗十九首》这些汉末无名诗的。第三句中的"君"，按游子诗的惯例，当然是指他的妻子。渊明乱世出仕，原没有作长久的打算，这也是他走上仕途后常常怀归的原因。但因为主客观各种条件的促成，居然一仕再仕。屈身而仕，屡更府主，出处进退岂能完全自由。此际的诗人，不免常常发生难以从这样反复多变的乱局中脱身的忧虞，于是就有"初与君别时，不谓行当久"之叹。接下来的情节，是说这位游子离家万里，在离开亲友的孤凄境地中结识了一些新的友人，大多初时双方意气相投，未言而心已醉，用不着杯酒已结欢情。我们想，一个人远离家乡，独处一个陌生环境中，原是极希望有新的友情作依托的。但这种仓促中结成的友谊毕竟是靠不住的，友谊之凋零，就如兰枯柳衰。游子经过这一番变故，对世路的真相也认得更清了。此后再遇要求与他结交的诸少年时，就不再轻信他们了。故有"多谢诸少年，相知不忠厚"这样的话，他知道这些人，当结交之初，意气相倾，好像可以为你赴汤蹈火，不顾生死；可一旦双方发生隔阂，则一切都如烟消云散，顾复何有？这话当然也是对从前的那些友人说的。渊明此诗所写的就是这种"人情翻覆似波澜"（王维《酌酒与裴迪》）的世态。他把自己走上仕途之后的种种遭际浓缩地表现在这个情节中，写出诗人对世事人情由热到冷的一种体会。所谓"嘉友""诸少年"都不一定具体有所指，而是浓缩了他对众多人事关系的认识。对渊明的辞官归隐，以往多寻找单一性的政治原因来解释，如古人认为是不满刘裕篡晋而归隐，今人又多认为是对黑暗现实的不满。这当然都可能是促其归隐的原因。但所谓现实，有时候并不能简单地归结为某一种或几种政治势力，某一个或几个政治事件，它是许多因素的综合表现。同样，渊明之辞官归隐，也是许多因素综合作用的结果。他对仕途中世故人情的看破，也是其中的一个因素。

《拟古》其二：

> 辞家凤严驾，当往志无终。问君今何行？非商复非戎。闻有田子泰，节义为士雄。斯人久已死，乡里习其风。生有高士名，既没传无穷。不学狂驰子，直在百年中。

这是渊明写自己对奇功伟业的一种幻想。渊明是一位诗人，也是一位哲人，又是侠士。清代诗人龚自珍的名句"亦狂亦侠亦温文"（《己亥杂诗》），如用来形容渊明的个性，也是十分贴切的。《拟古》其二"辞家凤严驾"近于侠，其八"少时壮且厉"则近于狂。这两首诗当然寄寓了较多的对时事的感慨，但不一定非得将它们解释为不满于刘裕篡晋。晋末大乱，晋室摇摇欲坠，欲篡位者大有人在，刘裕不过是后来居上而已。渊明深知这是一个万事颠倒、纲常紊乱的时代，作为一个士人，在这样的时代中，

120

欲要有所作为，自然不可能像平世之士那样循阶级、积功勤而渐进，必须建立一二奇勋，方可真正对现状有所改变。所以渊明在这一段时间内，特别崇拜荆轲、田畴、程婴、杵臼这些古代节义豪侠的奇士。他对《山海经》中精卫、夸父这些神话人物的同情，也是出于同一原因。奇功不就，侠即为狂，就有了"抚剑独行游"的幻想，崇拜起庄周、伯夷、叔齐这些人来了。这两首诗虽然有侠与狂之别，但都是渊明平生特立独行之人格的写照。

渊明的心是亦刚亦柔的，刚讲完了一个崇侠者的故事，笔锋一转，又写出一个缠绵动人的、人与燕子结友的故事：

《拟古》其三：

> 仲春遘时雨，始雷发东隅。众蛰各潜骇，草木从横舒。翩翩新来燕，双双入我庐。先巢故尚在，相将还旧居。自从分别来，门庭日荒芜。我心固匪石，君情定何如？

汉魏诗人多写鸟类形象。古乐府里有禽言诗，如《乌生》写被顽童弹射而死的乌子之魂的一番诉说，《艳歌何尝行》写一双白鹄，其中一只病了，另一只想衔负它一起继续飞下去，但终感力不从心。这两首诗都写得凄婉哀切。另有《艳歌行》一诗，写兄弟流落他乡，而以燕子起兴，有句云："翩翩堂前燕，冬藏夏来见。兄弟两三人，流宕在他县。"建安诗人王粲、曹植也有写人鸟相恋故事的诗。渊明诗中，鸟类是很重要的意象，也是继承了这一传统。渊明这首诗，与汉魏诗人的构思更接近，并且带有民歌的风味。诗借燕子回到旧巢这一情节，来写渊明自己的归园田之思。阳春三月，时雨濛濛，春雷方震，众多的昆虫从地底出来了，草木也开始舒放坼萌，好一派和谐蓬勃的大自然的生机呀！屈身仕途的诗人，不禁产生归家的渴念。此下的情节，亦比亦赋：诗中的翩翩双燕，既是渊明自己的象征，借燕子归先巢象征自己的归休之志；同时也是渊明未来隐居中的结伴。人情反覆，诗人只有从燕子那里寻找友情，因为只有它们才是可靠的、守信的、不懂得欺诈。"自从分别来，门庭日荒芜"，这里的分别既指燕子当日之别，也指诗人自己因宦游而与田园相别。"门庭日荒芜"，则从燕子的眼中写出渊明旧家日趋衰微的景象。最后"我心固匪石，君情定何如"，转为以燕子为主，询问渊明道：我不嫌弃君家门庭日趋荒芜，坚巢君家，不知君心又是何种打算？因为渊明此时仍在仕途，所以燕子有这样的询问。这也反映了渊明当日自己内心的一种矛盾。

其四"迢迢百尺楼"，是写诗人行役中经过古战场时所写的一首览古诗：

> 迢迢百尺楼，分明望四荒。暮作归云宅，朝为飞鸟堂。山河满目中，平原独茫茫。古时功名士，慷慨争此场；一旦百岁后，相与还北邙。松柏为人伐，高坟互低昂；颓基无遗主，游魂在何方？荣华诚足贵，亦复可怜伤！

《拟古》前面几首，多有功名之望，际会之想。这是因为这组诗基本上是行役诗的另一种表现方式，是借用古行役诗的形式，表达诗人在世途中奔走时的种种感慨。这一首采用了汉魏登览抒怀的模式。《晋书·阮籍传》说阮籍"时率意独驾，不由径路。车迹所穷，辄恸哭而反。尝登广武山，观楚汉战处，叹曰：时无英雄，使竖子成名。登武牢山，望京邑而叹，于是赋《豪杰诗》"。渊明这首"迢迢百尺楼"亦属此类。或者实有其楼，渊明客中登上此楼，眺望平原无际而生感喟。诗人谂知这一带曾有历史上种种英雄争战之事，并知胜者为谁，败者为谁。然无论胜败，最终难以逃却自然规定之死，同归于北邙之下。荣华虽足贵，但结局终究如何，则又有何可伤！以死后寂灭，否定生前争夺。曹植《野田黄雀行》表现的也是类似主题："惊风飘白日，光景驰西流。盛时不可再，百年忽我遒。生存华屋处，零落归山丘。先民谁不死，知命复何忧！"像渊明这样的哲人，不得已而奔走于世途，欲有所成而终归无望，产生这种感慨，是很好理解的。

现实既多乖迕，并且每生功名无常、人生幻化之感，则诗人每欲寄希望于理想之境界与理想之人物。阮籍《咏怀》八十二首，多寄意于神人、奇士，渊明受此影响，《拟古》中亦每每托意于高怀奇士，而意趣较阮公更为沉挚，冷峻：

> 东方有一士，被服常不完。三旬九遇食，十年著一冠。辛勤无此比，常有好容颜。我欲观其人，晨去越河关。青松夹路生，白云宿檐端。知我故来意，取琴为我弹。上弦惊《别鹤》，下弦操《孤鸾》。原留就君住，从今至岁寒。（《拟古》其五）

首句"东方有一士"，拟曹植《杂诗》"南国有佳人"，阮籍《咏怀》"西方有佳人"之类。然变飘逸为沉挚，写一位坚卓艰苦而不弃己志的高士，被服不完，十年一冠，而容颜恬悦。渊明于是知其中必有过人者，所以愿从其游，以共度岁寒。《别鹤》《孤鸾》皆寄意于苦节自持也。《乐府诗集》卷五十八引崔豹《古今注》："《别鹤操》，商陵牧子所作也。娶妻五年而无子，父兄将为之改娶。妻闻之，中夜起，倚户而悲啸。牧子闻之，怆然而悲，乃援琴而歌。后人因为乐章焉。"孤鸾即离鸾，亦为琴曲名。《西京杂记》："庆安世年十五，为成帝侍郎，善鼓瑟，能为《双凤》《离鸾》之曲。"渊明一生的孤诣，全在舍去荣华，唯求苦节。故其所崇仰之人物，亦多苦节之士。稍后又为《咏贫士》组诗，而拟古其五，已发其端。然此诗在表现方法上，犹沿袭古人求仙、高视阔步的意趣，这就是中间"我欲观其人"数句的写法。渊明感慨的发端，每同于阮、嵇，但归结之处，则不同。阮、嵇之幻想，每涉华丽，渊明则除尽此种华丽的幻想，唯以苦节自持。其理想之高峻森寒，实非常人所敢持也。然悟彻人生，欲求一安身立命之处，除此苦节之处，更有何处可托？

《拟古》其六之情节是写诗人欲出门求同道之人，但最终因为怀疑是否真的能找到这种同道之人而作罢：

> 苍苍谷中树，冬夏常如兹。年年见霜雪，谁谓不知时？厌闻世上语，结友到临淄；稷下多谈士，指彼决吾疑。装束既有日，已与家人辞；行行停出门，还坐更自思。不怨道里长，但畏人我欺；万一不合意，永为世笑之。

宋人汤汉认为这首诗是陶渊明与庐山慧远白莲社中人貌合神离的关系。逯钦立取其说："汤注：'前四句兴而比，以为吾有定见而不为谈者所眩，似为白莲社中人。'逯按：释慧远在庐山结白莲社，以佛教义讨论人生问题，参与者多贵族名士，犹如齐之稷下。《莲社高贤传》云：时远法师与诸贤结莲社，以书招渊明。渊明曰：若许饮，则往。许之，遂造焉。忽攒眉而去。此诗所指当即此一班和尚名士，汤说甚为有见。"袁行霈先生注："稷下谈士所论皆治乱之事、治国之术，如以稷下谈士比喻白莲社所信仰之佛教，不伦不类，汤说非是。"[1] 此说甚是。诗中说"稷下多谈士，指彼决吾疑"，可见他想去加入其中的，是一个学术性的名流圈子。这个学术性的名流圈子，我认为是隐指当时门阀名士清谈集团，换言之，即当时的名士圈。渊明在思想上受到玄学的影响是毫无疑问的，所以这种玄学名士集团对他还是有吸引力的。从本人的愿望来看，进一步地加强与当时名士的交往，无论对其个人还是对陶氏家族在士林中地位的提高，都是有益的。他将要出门而又罢行的主要原因，即诗中所说的"但畏人我欺""万一不合意"，这正表现出他作为一位家族地位始终未曾上升到文化士族的寒庶士人的实际心理。作为一位文学操行都知名于时的高士，渊

---

[1] 袁行霈《陶渊明集笺注》，中华书局，2003年，第332页。

明是有可能跻身当时的名士场中，但是他也深知这个名士场的势利情形，尤其是高门士族王、谢之流骨子里的优越感。这是他始终与他们保持着距离，没有进入名士社交圈的主要原因。这一切，都与渊明因为家世原因而被置于士族社会的边缘处境有关。当然，对于这种被置于边缘的处境，陶渊明是不会完全被动地接受，而是要积极作出响应，其结果是造成世既弃我、我亦弃世的心态，自觉主动地与当时那个由高门士族主宰的纷华炫眼的士族社会保持疏远的距离："寝迹衡门下，邈与世相绝。顾盼莫谁知，荆扉昼常闭"（《癸卯岁十二月中作与从弟敬远》）；"草庐寄穷巷，甘以辞华轩"（《戊申岁六月中遇火》）；"结庐在人境，而无车马喧"（《饮酒》其五）；"清晨闻叩门，倒裳往自开。问子为谁欤？田父有好怀。壶浆远见候，疑我与时乖。繿缕茅檐下，未足为高栖。一世皆尚同，愿君汩其泥。深感父老言，禀气寡所谐。纡辔诚可学，违己讵非迷。且共欢此饮，吾驾不可回"（《饮酒》其九）；"宁固穷以济意，不委曲而累己。既轩冕之非荣，岂缊袍之为耻。诚谬会以取拙，且欣然而归止。拥孤襟以毕岁，谢良价于朝市"（《感士不遇赋》）。由此可见，渊明的归隐田园，甘以"陇亩民"自处，还是有很具体的社会原因的。

《拟古》其七，是典型的阮籍式的诗歌，写美好一时，终归消殒的主题：

> 日暮天无云，春风扇微和。佳人美清夜，达曙酣且歌。歌竟长太息，持此感人多。皎皎云间月，灼灼叶中华。岂无一时好，不久当如何？

美人之所歌，大抵亦为感慨人生之短暂，且须及时行乐。就像唐无名氏《金缕衣》所唱的："劝君莫惜金缕衣，劝君惜取少年时。花开堪折直须折，莫待无花空折枝。"渊明在宦途中，也应该常能遇到这种逢场作戏、及时行乐的场面。但渊明既持苦节，就知道人生短暂，纵使眼前美酒清歌，朱颜皓齿，享乐一时，但如云间之月，叶中之花，岂能常在眼前。并且世事多危机，多有乐未终而哀已作。

《拟古》其九：

> 种桑长江边，三年望当采。枝条始欲茂，忽值山河改。柯叶自摧折，根株浮沧海。春蚕既无食，寒衣欲谁待？本不植高原，今日复何悔！

这首诗的形象极明白生动，语言毫无晦涩，却是用了寄托的手法写的，寓意不易揣度。这种艺术的处理方法，也是来自阮籍等人，即所谓"言在耳目之内，情寄八荒之表"（钟嵘《诗品》），就是形象本身是切近明白的，多属耳目之内的事物，但联想所指，却远在事物之外。其实这种方法，也出于屈骚，即司马迁评骚的那两句话："其称文小而其指极大，举类迩而见义远。"（《史记》卷四十八《屈原列传》）这种方法，由屈原开创，为曹植、阮籍所继承，形成一个艺术的传统，陶渊明也是这个传统的继承者。关于这首诗寄托的内容，黄文焕《陶诗析疑》与陈沆《诗比兴笺》都认为是写晋室之亡的，只是具体的说法，两家有所不同。黄文焕执着于"三年望当采"一句，认为是暗寓刘裕先是弑晋主于东堂，继立琅琊王德文，三年而又逼禅。陈沆则云："此慨晋室之所以亡也。典午创业，本乏苞桑之固，五马南渡，复无磐石之安。何曾兴叹于前，干宝抗论于后。本不植高原，今日复何悔。为此诗者，其知道乎！命意全在末二章，所谓图穷匕首见。"（陈沆《诗比兴笺》卷二）虽然干宝《晋纪总论》曾经议论过，司马氏立朝不像周汉那样合理，认为西晋倾覆的原因即根源于此。为臣子者这样议论本朝，是很鲜见的。也说明东晋的皇统与皇权，在士族眼里，不是那么有尊严的。但陶渊明是否会拿这一当时的史学观点来看待晋室之亡，并且在诗歌里议论晋朝之立朝不稳呢？

则是另一回事了。毕竟如此正面地否定整个晋朝，对于陶渊明来说是不太合适的。晋室为刘裕所逼，渊明丝毫不指责刘氏的篡逆，而将全部责任都说成是司马氏王朝自身的原因，则渊明的道义何在？今人龚斌《陶渊明集校笺》则认为，当是指司马休之起兵反刘裕失败之事。司马休之在晋安帝义熙八年都督荆、雍、梁、秦、宁、益六州军事，为平西大将军。至义熙十一年，举兵反抗刘裕，正好三年。这个说法，比前面两种更合情理。渊明是当时之人，对休之经营三年、起兵反刘裕的整个过程都很了解，知道其失败的必然性。休之个人败亡不足惜，但直接影响到晋室的元气。因为他是最后一位有实力维持晋室的宗室重臣，如果老成稳重，相时而行，至少可以在一段时间内与刘裕的势力相抗衡，从而延缓晋室的灭亡。时间长了，甚至事情还可能有转机。现在他的覆亡，使晋室最后一点根基都摇动，真如飘摇在风雨中的危巢了。皇室受到牵连，"柯叶自摧折，根株浮沧海。春蚕既无食，寒衣欲谁待？"龚斌注这两句说："暗喻东晋宗室势力殆尽，朝廷无有依靠。"（《陶渊明集校笺》卷四，第287页）这一切都怪司马休之根本不深、准备未足而轻举妄动，即所谓"本不植高原，今日复何悔"。这首诗所表现的，还是对晋室的深忧，所以其写作时间，应该是在晋室灭亡之前。这也说明，渊明这个时候，的确是关注晋朝命运的。那种认为渊明对晋室毫无关心的看法，是没有道理的。

十七　羲皇之想与桃源故事

关于陶渊明笔下的桃花源故事的本事，古今学人有不少的探索。其中联系五溪峒蛮的本事探索，是比较合理的解释。当然同时也用各种不同的思想意识去阐释，其中像乌托邦的理想，可以说是人们用来把握这个故事的最常见的一种阐释方式。上述两者经常结合在一起。但据笔者的看法，清人沈德潜的说法可谓一言定谳：

> 此即羲皇之想也，必辨其有无，殊为多事。

渊明的羲皇之想，是其生命中的重要情结。其正面的表达在《与子俨等疏》：

> 少学琴书，偶爱闲静，开卷有得，便欣然忘食。见树木交荫，时鸟变声，亦复欢然有喜。常言：五六月中，北窗下卧，遇凉风暂至，自谓羲皇上人。

羲皇即传说中的上古帝王伏羲氏。龚斌《陶渊明集校笺》注释渊明此语云：

> 按《世说新语·容止》：桓大司马（桓温）曰："仁祖（谢尚）企脚北窗下弹琵琶，故自有天际真人想。"渊明北窗下自谓羲皇上人，与谢尚北窗下自有天际真人想，堪称同调，体现出晋人任真自得的审美情趣。

这两件人物轶事，在形象上是很接近，而且不排除渊明效法谢尚的可能性。但是"天际真人"与"羲皇上人"，形象还是很不一样的。前者是当时玄学名士自诩高迈脱俗的幻想，背后有高门士族的一份高自标置的简傲在。并且谢尚这位第一流门阀名士行为中的意义，是通过桓温这位第二流门阀人物的诠释而得到的，体现了当时名士群中流行的标榜、题品风气。说到底，还是一种玄学名士的演出。渊明的"羲皇上人"，才是真正的任真，纯粹是他个人生命愿望的表现，不含有任何标榜的意味在内。如果说"天际真人"表现的是一种高贵的、让人仰视的贵族风流，则"羲皇上人"表现的是寒素贫士的一种率真的幻想，其中不无对当时现实社会的某些否定。

羲皇上人是渊明对个体生命状态的一种向往，却是以对理想社会的向往为基础的。淳朴人格的圆满实现，尤其是淳朴人物的幸福生活，只有在真正淳朴的社会中才能得到。从这个意义上，我们可以说渊明的淳朴社会的理想，是由其淳朴人格的生命愿望驱动的。也许所有的社会理想都是植根于个体的生命愿望，各个个体社会理想的公约数形成一种群体的社会理想。正如美感只存在于个体的审美行为中，真正具体的社会理想也只存在于个体的生命愿望中，说到底也是一种审美的行为。在渊明这里，这种对上古淳朴社会理想的审美行为，形成了各种生动的文学形象。通过个体的体验，这种羲皇之世，以恍兮忽兮的形象，存在于渊明的周身，似隐似现，造成其生命中的恬悦与苦恼：

斯晨斯夕，言息其庐。花药分列，林竹翳如。清琴横床，浊酒半壶。黄唐莫逮，慨独在余！（《荣木》）

《荣木》写渊明在暮春偶影独游时发生的一种"欣慨交心"的情绪，大自然给了他最大的和谐感，饮酒与对孔门沐沂舞雩的韵事的向往，给他带来了一种悦乐。目前的林庐栖息也让他感到满足。生命似乎就这样可以满足，可是真正的个体的幸福生活，只有在理想的社会中才能圆满地实现。在《戊申岁六月中遇火》诗中，诗人也想象远古社会人心淳朴的情景："仰想东户时，余粮宿中田。鼓腹无所思，朝起暮归眠。既已不遇兹，且遂灌我园。"这与"黄唐莫逮，慨独在余"是同样的感想。"黄唐莫逮，慨独在余"，既是对理想社会的幻想，也是孤独的体验，不相信会有另外的人有同样的愿望。如此，这种生命愿望也根本没有实现的可能了。这种情况，让渊明感到自己成了上古淳朴社会的遗民。他在《五柳先生传》中表达了这种心态：

　　赞曰：黔娄氏之妻有言，不戚戚于贫贱，不汲汲于富贵。极其言，兹若人之俦乎？酣觞赋诗，以乐其志，无怀氏之民欤？葛天氏之民欤？

　　无怀氏、葛天氏，是较羲皇之世、黄唐之世更为淳朴本真的上古社会。渊明内心向往的正是那种社会中人们傲然自足、一派天真的人生状态。他甚至赞美生民之初的纯真，并因此而对"悠悠上古"产生了深情绵邈的想象：

　　悠悠上古，厥初生民。傲然自足，抱朴含真。(《劝农》)

　　在渊明看来，社会越往后发展，淳朴的风俗也就越来越失落。黄唐之世之后，让渊明向往的是"三代"。"三代"比之黄唐之世，虽然不能说是真正的淳朴之世，但那时离淳朴社会尚近，人们心目中还遗留着淳朴之世的印象。而这时出现了济世的圣贤，在渊明看来，就是挽救漓风颓俗的人。他们为社会开出一张张良方来拯济世道，如在《劝农》诗中，渊明认为后稷的教人耕作，就是一种济世良方：

130

智巧既萌，资待靡因。谁其瞻之，实赖哲人。哲人伊何？时惟后稷。瞻之伊何？实曰播殖。舜既躬耕，禹亦稼穑。远若周典，八政始食。

而三代以来的圣贤为社会所作的一切努力，在渊明看来，也都是弥缝风俗，使社会返璞归真的举措：

羲农去我久，举世少复真！汲汲鲁中叟，弥缝使其淳。凤鸟虽不至，礼乐暂得新。洙泗辍微响，漂流逮狂秦。诗书复何罪，一朝成灰尘。区区诸老翁，为事诚殷勤。如何绝世下，六籍无一亲？（《饮酒》其二十）

这里表现出渊明对儒家及其经典的独特理解，它是上古淳朴之道丧失后的拯济，但这场拯济因狂秦的焚书坑儒而告失败。也因此，渊明的社会史与人物史，以秦朝为界而分两截：秦之前，尚有弥缝风俗、开出拯济良方的众圣贤们；秦之后，最多只有守着典籍的儒生而已，如诗中所说的"区区诸老翁"。中都即长安、洛阳一带，是周代旧地，也是圣贤生息的地方。因此也成了渊明向往的地方。但在渊明时代，那里是姚秦的占领地。义熙十三年，太尉刘裕伐秦，破长安。江州刺史左将军檀韶遣羊长史往关中称贺，渊明作诗赠行：

愚生三季后，慨然念黄虞。得知千载外，正赖古人书。圣贤留余迹，事事在中都。岂忘游心目，关河不可逾。九域甫已一，逝将理舟舆。闻君当先迈，负疴不获俱。路若经商山，为我少踌躇。多谢绮与甪，精爽今何如？紫芝谁复采，深谷久应芜。驷马无贳患，贫贱有交娱。清谣结心曲，人乘运见疏。拥怀累代下，言尽意不舒。（《赠羊长史》）

这样一首送别公差的诗，却从自叹生于三季之后、慨然缅想黄虞开始，可见渊明的黄唐之世这一情结之深。诗中对刘裕收复关中，只用"九域甫已一"轻轻带过。对羊生此行，也只是羡其能够"先迈"圣贤遗迹之地。渊明借此题目，尽情地抒发了自己对圣贤旧地"中都"的向往，对隐逸人物"商山四皓"的遗迹也有一种想象。因为在淳朴的黄唐之世失落后，这些圣贤与隐逸、高士，正是维系淳朴理想的人物。圣贤的特点是有所作为，是兼济；隐逸与高士则独善。渊明不是没有兼济的理想，因此在他的作品中，有圣贤的群像；但其少年时就偶爱闲静，其个性实倾向于独善，因此隐逸、高士、贫士是他作品中更重要的一个人物谱系。其《扇上画赞》就列举了这个谱系中的一些主要人物：

荷蓧丈人　长沮桀溺　于陵仲子　张长公　丙孟容　薛孟尝　周阳珪

三五道邈，淳风日尽。九流参差，互相推陨。形逐物迁，心无常准。是以达人，有时而隐。四体不勤，五谷不分；超超丈人，日夕在耘。辽辽沮溺，耦耕自欣，入鸟不骇，杂兽斯群。至矣于陵，养气浩然，蔑彼结驷，甘此灌园。张生一仕，曾以事还。顾我不能，高谢人间。岂岂丙公，望崖辄归，匪骄匪吝，前路威夷。郑叟不合，垂钓川湄，交酌林下，清言究微。孟尝游学，天网时疏，眷言哲友，振褐偕徂。美哉周子，称疾闲居，寄心清尚，悠然自娱。翳翳衡门，洋洋泌流。日琴日书，顾盼有俦。饮河既足，自外皆休。缅怀千载，托契孤游。

这篇画赞，参用史传人物赞的体制，叙述了八位隐逸人物的事迹，表达了渊明的人生理想。赞词的基本主旨，仍在缅怀上古社会的淳风。诗人说，自从三皇五帝的治道变得越来越邈远，三季之后社会淳朴风气日衰一日，终至消尽。春秋战国之际的儒、道、阴阳、法、名、墨、纵横、杂、农九流学术，虽为社会开了各种药方，其境界也自有高低。于中渊明本人当然是比较崇尚儒道两家，但觉得其间的学术各有参差，人物互有短长，毕竟不能达道，徒然地互相攻伐推排。人士的形迹随物推迁，难有定准。在此情势下，淳朴的社会理想已经难以实现，所以高尚达道之人，只能走独善其身的隐逸道路。他们安贫乐道，当物质生活困穷时，走自食其力的躬耕之路。其中长沮、桀溺"日夕在耘""耦耕自欣"，于陵仲子轻视富贵，灌园自足，尤其为渊明所激赏。

概括上面所述，渊明的社会理想与人生理想是很清晰的。渊明最高的人格理想，是淳朴任真。这应该说是渊明所向往的幸福的人生。但是这种幸福的人生，只有在无怀氏、葛天氏、羲皇及黄唐之世、三皇五帝之世，才能实现。以我们今天的历史观来看，这样的黄金时代，只是人类的一种梦想，但是渊明却深信不疑。所以这与其说是渊明的历史观，还不如说是渊明的一种信仰。渊明并不信仰佛教，对儒教也有相当冷静的判断。所以表面看来，渊明是一个十足理性的人物，但是在这里，我们意外地看到渊明身上的非理性的信仰行为。这种信仰行为即对上古淳风社会与淳朴人物曾经存在这一点的深信不疑。

桃花源是渊明"黄唐之世"情结的幻想产物，桃花源社会的基本特点就是淳风美俗。渊明虚构桃源社会的心理动能来自他对上古淳风社会曾经存在的信仰。上面我们说过，在淳朴社会失落后，渊明相信有淳朴人物的继续留存，这就是上面说的高士隐逸的谱系。这种人物，在狂秦的时代里，有商山四皓。在《桃花源记》的附诗中，他正是拿四皓避秦的事情来解释桃源人物的行为的：

　　赢氏乱天纪，贤者避其世。黄绮之商山，伊人亦云逝。
往迹浸复湮，来径遂芜废。相命肆农耕，日入从所憩。桑竹垂余荫，菽稷随时艺。春蚕收长丝，秋熟靡王税。荒路暖交通，鸡犬互鸣吠。俎豆犹古法，衣裳无新制。童孺纵行歌，斑白欢游诣。草荣识节和，木衰知风厉。虽无纪历志，四时自成岁。怡然有余乐，于何劳智慧。奇踪隐五百，一朝敞神界。淳薄既异源，旋复还幽蔽。借问游方士，焉测尘嚣外。愿言蹑轻风，高举寻吾契。

在渊明看来，上古的淳朴社会是符合人性的。人性本来是傲然自足的，只是由于智巧的萌生，使人们离开了淳朴真率的幸福人生，沦于尔虞我诈的机巧陷阱中。而三代以后的政治，是在智巧机诈的基础上发展起来的，虽然有六籍及孔丘等圣贤"弥缝使其淳"，但于大局是无补的。社会只能不可逆转地落入浇漓之中，而政治则越来越远离正道，即所谓"三五道邈，淳风日尽"。这种发展趋势，至狂秦而达到极点。所以商山四皓与桃花源的先人，只能走逃离的路。他们的逃离，是为保持淳朴的人格，而桃源先人由于"率妻子邑人来此绝境"，同时保持住了淳朴的社会。由于远离政治，使得这个"绝境"中的社会不像外界社会一样朝着机诈的方向发展，并且很自然地返回到上古淳朴社会的状态中，这体现了渊明对人性的信心。桃源社会是人类适应自然，顺着其淳朴的天性建立起来的一个社会，完全应顺自然界的节气起居耕织。其文明化的程度，也完全保持在上古社会的水平，只留存古老的俎豆之法和朴素的服制。传说黄帝轩辕制律历，桃源社会里连历法都没有。这样看来，渊明虚构的这个社会比黄唐之世还要古老，是一个彻底的淳朴社会，相当于传说中无怀氏、葛天氏的时代。由此可见，桃花源实是渊明一生中淳朴社会与淳朴人生之理想的产物。

渊明叙述桃园故事，有记有诗。以记为主，以诗为辅，但记与诗实为两个各自独立的文本。记是采用小说家笔法，全用虚构之笔，对文旨与作意毫无逗露，是一个完整自足的文本。就像一个画框，将一幅画完全地框在里面，不让人注意画框外的背景。我认为这已是一种成熟的小说艺术，渊明也许无意于创作小说，但为了维持虚构的纯粹性，自然符合了小说艺术的法则。与之比较，《桃源诗》则是对这个虚构的故事文本的一种注释，交代作者虚构这个理想国的思想动机。

《桃花源记》的魅力，正在于渊明完全遵循虚构的原则，造成一个独立自足的小说中的世界：

> 晋太元中，武陵人以捕鱼为业。缘溪行，忘路之远近。忽逢桃花林，夹岸数百步，中无杂树，芳草鲜美，落英缤纷。渔人甚异之。复前行，欲穷其林。林尽水源，便得一山。山有小口，仿佛若有光。便舍船，从口入，初极狭，才通人。复行数十步，豁然开朗，土地平旷，屋舍俨然，有良田、美池、桑竹之属。阡陌交通，鸡犬相闻。其中往来种作，男女衣着，悉如外人。黄发垂髫，并怡然自乐。见渔人，乃大惊，问所从来，具答之。便要还家，设酒杀鸡作食。村中闻有此人，咸来问讯。自云先世避秦时乱，率妻子邑人，来此绝境，不复出焉，遂与外人间隔。问今是何世，乃不知有汉，无论魏晋。此人一一为具言所闻，皆叹惋。余人各复延至其家，皆出酒食。停数日，辞去。此中人语云："不足为外人道也。"既出，得其船，便扶向路，处处志之。及郡下，诣太守说如此。太守即遣人随其往，寻向所志，遂迷，不复得路。南阳刘子骥，高尚士也，闻之，欣然规往，未果，寻病终。后遂无问津者。

桃源社会与外界社会的区别，只在一为淳朴返古的社会，一为机诈浇漓的社会。这样的社会，仿佛存在于善良人心中，似乎离现实社会只有咫尺之遥，但这咫尺之间，却是无法跨越的鸿沟。个人的心地，是可以有刹那的返璞归真的，由众多人群组成的社会，却不可能返璞归真。渊明深知"黄唐莫逮，慨独在余"，所以对于在现实中实现桃源社会的理想，是不抱任何希望的。他一生对淳朴社会、淳朴人生的向往，只能停留在幻想的境界中。因此，在他清醒的理智中，将桃源社会设置为一个"绝境"。渔人的一度到达，或许正象征着人心中那一缕仿佛的灵明之光，一度照耀出一个理想的国度。但这一缕灵光转瞬即逝，人心又归晦暗，理想的国度也得而复失。"本心如日月，利欲食之既"（黄庭坚《山谷内集》第四卷《奉和文潜赠无咎篇末多见及以既见君子云胡不喜为韵》），造成这晦暗的就是个人内心的利欲之念。渔人为了请功，"诣太守说如此"，太守统治全境，一旦知道自己的治境中竟有如此未知的世界，就遣人随往。这是政治强权规划向淳朴社会的入侵。渔人与太守的行为看似平常，实为智巧与利欲所驱使。智巧与利欲，正是淳朴社会失去的原因。渊明的笔墨是如此的轻松巧妙，将桃源世界无法向世人打开的根本原因揭示出来了。

如果说羲皇上人，黄唐之世，是伸向上古历史的想象，其性质属于借助时间上的隔绝来达到的一种幻想形式。《桃花源记》则是渊明试图在当下构筑一个理想的世界。渊明与黄唐之世的人们有着无法跨越的时间的隔绝，与桃花源中的人们处在同一个时间中，却在无形中造成一个空间的隔绝。由于找不到更合适的方式来表现这种根源于人心的空间隔绝，渊明在记文中采用了变幻的方法。这个变幻通过几个层次完成。一是渔人"忘路之远近，忽逢桃花林，夹岸数百步"。表面上看，这几句是平常的叙述，但一"忽"一"忘"，是即将与奇境相遭的征兆，有惊悚的感觉。二是他将外界进入桃源的通道设置得迷离恍惚："山有小口，仿佛若有光。便舍船，从口入，初极狭，才通人。复行数十步，豁然开朗，土地平旷，屋舍俨然，有良田、美池、桑竹之属。阡陌交通，鸡犬相闻。其中往来种作，男女衣着，悉如外人。黄发垂髫，并怡然自乐。"渊明的描写是如此清晰，却不等于完全明朗。这个豁然开朗的桃源世界，被设置为神仙传说中的洞天福地，就像壶中的天地一样。渊明在这里向我们委婉地暗示了他的虚构性。在桃花源诗中，渊明竟直接采用了神仙世界的形式来表现这种空间的隔绝。"奇踪隐五百，一朝敞神界。淳薄既异源，旋复还幽蔽。借问游方士，焉测尘嚣外。愿言蹑轻风，高举寻吾契。"从这里我们发现，桃源社会相对外界社会来说，有一种主动性。表面上看，是渔人偶遇桃源社会，记文中也是这样写的。但事实上，是桃源社会向外界的主动敞开，当它发现它与外界社会终究是淳薄异源时，又自动地封闭起来了。一个现实的村落，是没有这种主动开放与封闭的功能的。一个极偏远的地区，人们寻找到它是有一定的困难的，那里的人也可以有不愿外界来打扰其宁静淳朴生活的主动行为，但客观上它没有拒绝外界找到它的能力。而桃花源却有这种特殊的功能，可见桃花源世界，是一个匪夷所思的幻想世界。渊明找不到更合适的表现方式，只能用神仙世界来形容。后来续写桃源故事的诗歌，像王维的《桃源行》，也将桃源写成神仙世界。其实两者之间有本质差异，桃源世界归根到底，是渊明终生想望淳朴社会的一种理想，只是采用了神仙世界的形式。

由于渊明的作品无一不是写其内心世界中真实的思想、感情与愿望，是一种性情的文学。用一句比较理学化的话来说，就是写他性天中之事。因此，渊明一生的创作具有高度的统一性。他的所有作品，几乎都是可以互相诠释的。《桃花源记》表面上看来很新奇，其实因为包含渊明一生的理想，所以与他的其他作品，几乎都是相通的。本来渊明田园诗表现的基本主题，就是淳朴的人格和淳朴的田园生活。《归园田居五首》中，就有桃花源的影子："方宅十余亩，草屋八九间。榆柳荫后檐，桃李罗堂前。暧暧远人村，依依墟里烟。狗吠深巷中，鸡鸣桑树颠。"（其一）"时复墟曲中，披草共来往。相见无杂言，但道桑麻长。"（其二）"漉我新熟酒，只鸡招近局。"（其五）又《癸卯岁始春怀古田舍》其一："平畴交远风，良苗亦怀新。虽未量岁功，即事多所欣。耕种有时息，行者无问津。日入相与归，壶浆劳近邻。"这种田园境

137

界，与《桃花源记》中所叙何等相近！笔墨何其相似！这样说来，桃花源社会，正是渊明田园境界的延伸。

　　总之，上古的淳朴社会、渊明自己的淳朴人生、现实中的田园生活与虚构的桃花源世界，它们在渊明的人生境界中是连在一起的，在他的艺术世界里同样是浑然一体的。

十八 《饮酒》

　　《饮酒二十首》的写作时间，古直、逯钦立等人定在晋元兴二年（403）。他们的主要依据，是组诗第十六首中"行行向不惑"一句，以"向不惑"为靠近四十岁的意思，所以逯氏定其为渊明三十九岁时的作品。但这并不是一个确凿的证据。我们不妨先看一下《饮酒》其十六的全文：

　　　　少年罕人事，游好在六经。行行向不惑，淹留遂无成。
　　　竟抱固穷节，饥寒饱所更。弊庐交悲风，荒草没前庭。披褐
　　　守长夜，晨鸡不肯鸣。孟公不在兹，终以翳吾情。

　　诗人说自己少年时即不喜交游，唯耽于经书。"游好在六经"的潜台词中有进德修业欲及时的意思。所以接下来说"行行向不惑，淹留遂无成"，是说迁延岁月，到了近四十的时候，发现在仕途上仍是一事无成。最终决定抱固穷之节，选择归隐田园，迄至今日，饱经饥寒。这几句的意思，其实与《祭从弟敬德文》中"余尝学仕，缠绵人事，流浪无成，惧负素志。敛策归来，尔知我意"那几句，意思是差不多的。很明显，"行行向不惑，淹留遂无成"这两句是回忆之词，是诗人对早年学仕岁月的一个概括。所以，古、逯等家据"向不惑"三字来定渊明此组诗的写作时间，是靠不住的。

　　在本书十四"归园田居"篇中，我们考定渊明从义熙七年自上京移居南村后，一直住到老死。我们发现，渊明对于他的几个住处，是有各自的称呼方式的。"园田居"他用"深巷""穷巷"

来称呼，是指其处于极偏远之野外。南村这个地方，从地处来说，似乎是更近通衢一点的，并且有士人居住。但房舍似乎比园田居更简陋，并且很可能渊明依靠有限的经济条件草草结庐，不像"园田居"是陶家祖遗的一所大田庄。《饮酒》第五首："结庐在人境，而无车马喧"，正是一种实录的写法。所谓"人境"，是说这里还是有不少社交活动的，只是自己谢绝人事，所以无车马之喧。要是园田居这样偏远的地方，根本不需要刻意避俗，连故交想要来看他，也因"穷巷隔深辙"而"颇回故人车"。所以渊明凡写园田居，只说地处之僻，少说居屋之陋。说到南村，则每言居屋之弊陋。《移居》其一即说："弊庐何必广，取足蔽床席。"我们看《饮酒》这一组诗中，有几个地方说到居屋简陋的情形：

> 褴褛茅檐下，未足为高栖。（其九）
> 弊庐交悲风，荒草没前庭。（其十六）

又《咏贫士》其六："仲蔚爱穷居，绕宅生蒿蓬"，也是说晚年居住弊陋的情形。这可以作为《饮酒》组诗是渊明义熙七年移居南村后所写的一个证明。

我们前面说过，渊明的归隐，不仅对于他自己来说，是一个重要的人生抉择，表现了很大的勇气，而且还要面对内外的各种舆论，即"众议"。抉择虽是一次达成，但要想不动摇，就得在思想与行动上作出坚持。在归隐之前，选择归隐是一个追求；归隐之后，坚持就是一个重要的问题了。所以，渊明的绝大多数诗文，可以说都是对他这个重要的人生抉择的一个阐释。《饮酒》二十首的一个重要内容，仍是阐写他整个人生道路，并且表达他对此坚定不移的信念。上引其十六"少年罕人事"与其十九"畴昔苦长饥"两诗，即是正面回顾他由仕到隐的平生经历。其十回忆早年行役，也是属于这方面内容：

在昔曾远游，直至东海隅；道路迥且长，风波阻中途。此行谁使然，似为饥所驱。倾身营一饱，少许便有余。恐此非名计，息驾归闲居。

此首回忆早年行役之道阻风波，正与他从前写的那些行役诗呼应。他仍然说自己从前为求一饱而失身仕途，庆幸最后能够迷途知返。"息驾归闲居"，说的还是辞官彭泽的事。其九则因父老劝其"纡辔"回到名利场，再次阐述了其不变初衷的坚定立场：

清晨闻叩门，倒裳往自开。问子为谁欤？田父有好怀。壶浆远见候，疑我与时乖。褴缕茅檐下，未足为高栖。一世皆尚同，愿君汩其泥。深感父老言，禀气寡所谐。纡辔诚可学，违己讵非迷！且共欢此饮，吾驾不可回。

田父虽非仕途之人，但也深知名利场之实际利益。并且也知道，世人所推崇的那些隐士，往往有丰裕的物质生活。我们知道，当时一班门阀之所谓归隐，往往是回到其贵族庄园而已。物质生活的享受，非但不因隐逸而减少，反而有更多时光陶醉在山水、丝竹甚至美色佳肴之中，如谢安之隐东山，即是如此，这样的隐居才叫"高栖"。哪有像你渊明先生这样贫穷得只能住这几间弊庐，褴缕于茅檐之下的呢？接着，这位老人居然用和光同尘、同流合污这样的话来说服渊明了。要知道渊明的归隐，最大的原因是维持其人格的纯真。话既然说到这个分上，渊明不能不又一次亮出他人生的基本宗旨："纡辔诚可学，违己讵非迷！"还是那句话："饥冻虽切，违己交病。"可见渊明这种人生信念是一直坚持着的！这就是渊明非常人所及的地方。他从来没有动摇过！

这种坚持是需要有思想资源的。资源之一，是古代固穷守节的高士。《饮酒》其十一"颜生称为仁"、其十二"长公曾一仕"都是属于这一类。

颜生称为仁，荣公言有道，屡空不获年，长饥至于老。虽留身后名，一生亦枯槁；死去何所知，称心固为好。客养千金躯，临化消其宝。裸葬何必恶，人当解意表。

颜生为仁，荣公有道，然而颜渊箪瓢屡空，荣启期长处饥饿。选择这样的人生道路，如果只是为了留名后世，那是没有意义的，因为人在死后是一无所知的。所以关键还是生前称心为好。他的意思是说，自己的固穷守节，只是为了不违背任真率性的本我，并非为了求名。这让我们想起江州刺史檀道济去看他时的一番对话。檀道济说："贤者处世，天下无道则隐，有道则至。今子生文明之世，奈何自苦如此？"渊明回答说："潜也何敢望贤，志不及也。"这实际上是否定了世人认为他隐逸求名、欲为贤者的看法，坦率地说，自己率性而行，原无意于用世求名。渊明在他的当代与后世都被视为隐士，但我们要知道，这只是人们用隐士这样的社会角色来认识他甚至塑造他，其实从他自身来讲，归隐只是服从自己心灵愿望的一种选择而已，没有说一定要当什么隐士。杜甫《遣兴五首》："陶潜避俗翁，未必能达道。观其著诗集，颇亦恨枯槁。"用的即是此诗中"虽留身后名，一生亦枯槁"的意思。一般的理解，是说老杜认为渊明诗风近于枯槁，这是不对的。这里的意思，是说渊明在写诗时，颇恨人生之枯槁。所以老杜说渊明未必达道。

其十二专咏汉代张挚、杨伦弃官之事以自寓：

长公曾一仕，壮节忽失时。杜门不复出，终身与世辞。仲理归大泽，高风始在兹。一往便当已，何为复狐疑。去去当奚道，世俗久相欺。摆落悠悠谈，请从余所之。

张挚是张释之的儿子，《史记·张释之传》载："其子张挚，

142

字长公。官至大夫，免。以不能取容当世，故终世不仕。”渊明此诗前四句，即咏此事。又《后汉书·儒林传》：“杨伦，字仲理，为郡文学，志乖于时，遂去职，不复应州郡命。讲授于大泽中，弟子至千余人。”这两人的事迹与渊明十分相似，所以渊明用以自励。他说，一经选择此道，就不应疑惑；流俗之种种议论，岂足顾及？这里又一次表现了他“寘彼众议”的勇气。

渊明要做独立于流俗之波的中流砥柱，对自己的人生选择表现出坚定不移的信念。不仅从古人那里获得道德的依据，而且用比兴事物的方法进一步阐写。这时候，他选择了《论语》曾经用来比喻君子之德的松树的形象。

栖栖失群鸟，日暮犹独飞。徘徊无定止，夜夜声转悲。厉响思清晨，远去何所依。因值孤生松，敛翮遥来归。劲风无荣木，此荫独不衰。托身已得所，千载不相违！（《饮酒》其四）

“失群鸟”即《归鸟》诗中的孤鸟，也就是《咏贫士》中的“迟迟出林翮”的孤鸟，都是渊明用来比喻自身形单影只、独抱孤贞之节的形象。渊明在这里以尽情渲染的笔墨，写足了他自己在寻觅人生道路上的艰难，同时又用孤生松来比喻自己对归隐田园、固穷守节、立善而不求名的人生选择的坚贞信念。所谓“托身已得所，千载不相违”，实是渊明最强的宣誓！

我们都知道，菊花是渊明的重要寄托物，“陶令菊花”为世人熟知。其实，松树也是渊明的生命表象，陶氏诗文中多处写到松树。对于这一点，元人吴师道的《吴礼部诗话》曾经指出过：

陶公《归去来辞》：“三径就荒，松菊犹存。”下复云：“景翳翳以将入，抚孤松而盘桓。”系松于径荒景翳之下，其意可知矣。又好言孤松，如“冬岭秀孤松”，如“青松在东园，众草没其姿"；一云："连林人不觉，独树众乃奇"，皆以自况也。人但知陶爱菊而已，不知此也。

吴氏所提到的，其中一首即《饮酒》其八：

青松在东园，众草没其姿。凝霜殄异类，卓然见高枝。连林人不觉，独树众乃奇。提壶抚寒柯，远望时复为。吾生梦幻间，何事绁尘羁？

从此诗"抚寒柯"之寄意遥深，可证吴师道说《归去来兮辞》中"抚孤松以盘桓"为有寄托之意的正确。渊明的作品，主题其实十分集中，具有很强的互文性。

除孤鸟、松、菊外，高洁的兰花也是渊明爱用的比兴之物。《饮酒》其十七写道：

幽兰生前庭，含薰待清风。清风脱然至，见别萧艾中。行行失故路，任道或能通。觉悟当念还，鸟尽废良弓。

此诗忽然起兴，前四句的比兴与后四句的赋写，似乎两不相蒙，其实最得汉代古诗的神理。"行行失故路"这几句，与"实迷途其未远，觉今是而昨非"意思相近，说自己终于从缠绵人事、流浪无成的仕宦生涯中脱身，归隐田园。可见渊明对于这个主题，真是念兹在兹，终身未忘！但此诗中的"鸟尽废良弓"，用《史记·淮阴侯传》"高鸟尽，良弓藏"之语，似乎有所指。渊明曾为刘裕镇军参军，其任刘敬宣建威参军，也与刘裕有关。甚至是任彭泽令，也可能有刘裕的恩典在内。所以，当他眼看着刘裕霸业既成，深感处身这种易代之际的政局，非但违背素志，而且不无危机。这种忧虑，轻易不能说出，所以平常诗文中说到归隐，都不提到这一层。但这首以幽兰比兴的诗中，作者透露了其归隐的另一深衷。这样说来，《宋书》本传所说的"自以曾祖晋世宰辅，耻复屈身后代，自高祖王业渐隆，不复肯仕"，并非捕风系影之词。

渊明的隐居生涯，自义熙四年园田居被焚之后，即进入日益艰难的境地，其心情也不复归隐初期之恬悦。《饮酒二十首序》所呈现的即是晚年的这种情形：

> 余闲居寡欢，兼比夜已长，偶有名酒，无夕不饮。顾影独尽，忽焉复醉。既醉之后，辄题数句自娱，纸墨遂多。辞无诠次，聊命故人书之，以为欢笑尔。

诗人对隐居的选择，从来没有后悔过，这是他的过人之处。但从人性来说，这种贫困而又寂寞的人生，毕竟不能不让人有时陷入序中所说的这种落寞无绪、郁郁寡欢的境地。这时候他能用来医治自己心灵的，从物质来讲就是酒；从精神来讲，则是固穷、守节、委运随化的人生哲学。两者概括起来，就是酒与道：

> 衰荣无定在，彼此更共之。邵生瓜田中，宁似东陵时。寒暑有代谢，人道每如兹。达人解其会，逝将不复疑。忽与一觞酒，日夕欢相持。（《饮酒》其一）

对于渊明来说，酒与道是相通的。《连雨独饮》："故老赠余酒，乃言饮得仙；试酌百情远，重觞忽忘天。天岂去此哉！任真无所先。"人在社会的波流中，熏习世故，变得满心都是机械之思。酒有时能让这些机械自动脱落，让人暂时得以返璞归真，并实现人与人之间的沟通，有了片刻的和谐。当然，饮酒并不能真正改变品格，酒也根本不是医治世故与虚伪的良方，但在落寞的人生中无以自遣的渊明，不自觉地产生了对酒的这种信仰，用酒来阐述他那任真自然的人生观：

有客常同止，趣舍邈异境。一士长独醉，一夫终年醒。醒醉还相笑，发言各不领。规规一何愚，兀傲差若颖。寄言酣中客，日没烛当炳。（《饮酒》其十三）

故人赏我趣，挈壶相与至。班荆坐松下，数斟已复醉。父老杂乱言，觞酌失行次。不觉知有我，安知物为贵。悠悠迷所留，酒中有深味！（《饮酒》其十四）

渊明觉得有两个自我，一为醒客，一为醉客。各自说着各自的话，但是谁也说服不了谁。很明显，渊明其实更欣赏那个作为醉客的自我。社会的世故将人隔绝，酒又让这些彼此隔绝的人得以重新沟通，没有你我与物我的分别，这就是酒中深味、酒中蕴藏的道了。在魏晋时代，饮酒是有某种思想倾向的，有时体现了崇尚自然的道家思想。《汉书·游侠传·陈遵》谓汉代扬雄曾"为《酒箴》以讽谏成帝，其文为酒客难法度士"。所谓"法度士"，就是名教之士。由此可以看出，渊明崇尚饮酒，也体现了他崇尚自然的思想。用扬雄的话来讲，渊明也可称之为酒客。

《饮酒二十首》虽然不是篇篇写饮酒之事，但渊明在说到人生的矛盾，讲起他的那些思想垒块时，常会自然而然地转到酒的主题上来。常有人载酒来访渊明，向他问学、问道理，他想起汉代扬雄也有同样的事情：

子云性嗜酒，家贫无由得。时赖好事人，载醪祛所惑。觞来为之尽，是谘无不塞。有时不肯言，岂不在伐国？仁者用其心，何尝失显默。（《饮酒》其十八）

对于渊明来说，问他什么都愿意说，但唯有伐国的不仁之事，是不愿意被问到的。《汉书·董仲舒传》："闻昔者鲁公问柳下惠：吾欲伐齐，如何？柳下惠曰：不可。归而有忧色，曰：吾闻伐国不问仁人，此言何为至于我哉?"联系上引其十七中"觉悟当念还，鸟尽废良弓"两句，这两句其实是隐指刘裕欲谋篡位之事的。我们又一次看到，渊明是有他的政治立场的。在"羲农去我久"这一首，渊明再次因忧念世道日趋浇漓、淳风不复而饮酒。当他注意到儒道不存，人们终日奔走，只为利禄之事时，心情越来越激动了：

> 如何绝世下，六籍无一亲! 终日驰车走，不见所问津。若复不快饮，空负头上巾。但恨多谬误，君当恕醉人。

头上这块儒巾，原是儒生的标志，也是儒道的标志。但现在竟然只有做漉酒巾的作用了。这说明渊明对以儒业济世，已经完全绝望了。这等话说出来，恐怕比嵇康的非薄汤武周孔也不差多少了，所以说完之后，连他自己都吃惊! 赶快补上一句："君当恕醉人。"联系上文对他以隐约之辞讥讽刘裕谋篡之事的分析，这一句的意思就更丰富了。

《饮酒》组诗中，渊明还多次说到生死之事。这也是他这组诗写于晚年的证据。

十九　贫士们的故事——《咏贫士》

渊明归隐十余年后，生计变得越来越艰难。这种情况，在写《饮酒二十首》时已经出现了，他连饮酒也不能常得。后来甚至有绝粒的时候，还为此不得已向亲故乞米。为此渊明还写了《乞食》一诗：

> 饥来驱我去，不知竟何之！行行至斯里，叩门拙言辞。主人解余意，遗赠岂虚来？谈谐终日夕，觞至辄倾杯。情欣新知劝，言咏遂赋诗。感子漂母惠，愧我非韩才。衔戢知何谢，冥报以相贻。

当年渊明的叔祖陶范曾要以一船米接济饥困的名士王修龄，以门第太低被王拒绝。现在渊明也有高士的身份，却被饥所驱，不得不亲自出去乞米，并且还想不出该找谁。我们想，渊明的乞食对象，肯定不会是达官贵人，也不会是士族名流，无非乡里略有身份、稍有情调的地主。渊明虽然感激而赋诗，但对方不见得真懂诗歌，最多不过能附庸一点风雅而已。这首诗像是赠给对方的，但赠人诗却以《乞食》为题，未免十分不礼貌。或许赠诗时另有题目，后来结集时改为此题。或许为对象所限，渊明这首诗仅是平实叙述而已，不像他其他的诗作那样有思想与兴寄。因为对方只是一般的亲故，并非志同道合者或文雅中人，自己无端受人如此厚赠与礼待，厚道如渊明者，除了表示感激之外，是说不出别的话来的。虽然因为主人的体贴与理解，让渊明很快解除了窘意，并且"谈谐终日夕""情欣新知劝"。但渊明最后还是说出

148

冥报一类的话，说明对方毕竟不是吾道中人，所以渊明不能真正心安理得地接受他的馈赠。例如颜延之临别赠钱二万，渊明就接受得很坦然，我想他也不会跟颜延之说"冥报"之类的话的。

渊明的一生，在他自己与他人看来，基本上不脱离贫困的生活。我们不得不说，诉说贫困也是渊明写作的一个主题。所以简单地根据一些诉贫之辞来确定渊明作品的创作时间，也不太能靠得住。但晚年的贫困，殆至于潦倒的程度，非早年一般的贫寒。他早年对躬耕自给有一种自信，《劝农》诗表达的就是这种思想。《癸卯岁始春怀古田舍》中说："先师有遗训，忧道不忧贫。瞻望邈难逮，转欲志长勤。"也表达了这种信念。归隐初期，渊明的生活尚称殷实，对于躬耕自给的信心还是很足的。《归园田居》其一说到"开荒南野际"，其二又说"相见无杂言，但道桑麻长。桑麻日已长，吾土日已广"，说明在园田居时期，渊明开垦了不少田地，收成应该还不错。当然一个很重要的原因在于，这时尚有居官时所得的所谓"三径之资"，足以作为生活及生产的成本。他的开荒，当然也不是真的只有他自己一个人或者家人一起拿着锄头去干，恐怕还是地主式的经营。一直到移居南村初期，渊明对躬耕能够自给也还是有信心的："衣食当须纪，力耕不吾欺！"但是，晚年的诗中，经常说到因收成不好而至饥寒的情况：

> 炎火屡焚如，螟蜮恣中田。风雨纵横至，收敛不盈廛。夏日抱长饥，寒夜无被眠。造夕思鸡鸣，及晨愿乌迁。（《怨诗楚调示庞主簿邓治中》）

《有会而作》诗序曰：

> 旧谷既没，新谷未登，颇为老农，而值年灾，日月尚悠，为患未已。登岁之功，既不可希，朝夕所资，烟火裁通。旬日已来，始念饥乏，岁云夕矣，慨然永怀，今我不述，后生

何闻哉！

导致陶家饥寒的主要是年灾，从"螟蜮恣中田"来看，可能是那几年柴桑一带闹蝗灾。但陶家毕竟是世宦之家，现在连蝗灾都经受不起，说明其家境真的已经到了"馨如"的地步。假如归隐生活最初还给渊明带来很多乐趣，此时支撑这种生活的就只是信念了。渊明就是在这样的境地中，开始完善他的固穷守节的人生观。《有会而作》这个题目中所说的"会"，就是指他又一次在贫困的生涯中透悟了这种人生观，并且为群体的人伦起见，将它叙述下来，希望能给同样遭受贫困之苦的士君子提供某种启示：

> 弱年逢家乏，老至更长饥。菽麦实所羡，孰敢慕甘肥！怒如亚九饭，当暑厌寒衣。岁月将欲暮，如何辛苦悲。常善粥者心，深念蒙袂非。嗟来何足吝，徒没空自遗。斯滥岂攸志，固穷夙所归。馁也已矣夫，在昔余多师。

渊明这里说"老至"，至少是五十以后的口吻。《杂诗十二首》之六"昔闻长老言，掩耳每不喜。奈何五十年，忽已亲此事"。所谓"亲此事"，即指亲临老死之事。渊明的一生都在相对贫寒中度过，但早年与晚年还是有不同的。早年只是"家乏"，晚年则是"长饥"。长饥而当岁暮，情何以堪！但正是在这样的时候，渊明才真正领悟到《论语》里说的"君子固穷，小人穷斯滥矣"的道理，明白了什么叫"固"，什么叫"守"。

当渊明再一次领悟上述人生道理时，他的贫士人物谱也已经形成了。《有会而作》序中的"今我不述，后生何闻哉"，也可视为《咏贫士》七首的序言。渊明的《咏贫士》七首，部分地采取了左思《咏史》的体制。左思《咏史》第一首"弱冠弄柔翰"自咏其生平，陶《咏贫士》其一、其二也是自述其贫士生涯。第一首以孤云、孤鸟比兴：

万族各有托，孤云独无依。暧暧空中灭，何时见余晖。
朝霞开宿雾，众鸟相与飞；迟迟出林翮，未夕复来归。量力
守故辙，岂不寒与饥。知音苟不存，已矣何所悲。

渊明以飘荡无依的孤云与迟迟出林的孤鸟自喻，充满了身世
孤零之感，这可能与其寒庶的身份有关。陶家虽是功勋世宦，但
按当时门阀制度，只能算是庶人身份的军功家族，尚未进入当时
的门阀士族阶层。渊明在仕途上的迟出与早归，与他的寒素身份
不无关系①。所谓"量力守故辙"，就是安于自身原本的寒素贫士
的身份。有学者谓："在渊明六十三年的一生中，宦游时期很短：
初仕时已二十九岁，远较弱冠而仕的士族子弟为迟；归隐时才四
十一岁，此后长达二十二年之久不曾再踏入仕途一步，又远较一
般人致仕为早。"② "迟迟出林翮，未夕复来归"正是对这种情形
的一个很形象的比喻性描写。

第二首渊明自述其日常贫寒生活的情境：

凄厉岁云暮，拥褐曝前轩。南圃无遗秀，枯条盈北园。
倾壶绝余沥，窥灶不见烟。诗书塞座外，日昃不遑研。闲居
非陈厄，窃有愠见言。何以慰吾怀？赖古多此贤。

寒冬岁暮，渊明披着旧褐在堂前晒太阳，房屋前后的园圃，
除了一些在寒风中战栗的枯枝外，一无所有。壶中连余沥都无，
窥灶不见烟火，家人难免啧有烦言。渊明此时的心情，凄凉到了
极点。这一种怀抱，只有古贫士才可慰藉。

---

① 参见拙文《论陶渊明的寒素身份及其在文学上的表现》，《齐鲁学
刊》2009 年第 1 期。

② 齐益寿《陶渊明的宦游诗》，1987 年台湾出版《毛子水先生九五寿
庆论文集》，第 205 页。

荣启期是与孔子同时的人物，西晋皇甫谧的《高士传》记载：

> 荣启期者，不知何许人也。鹿裘带索，鼓琴而歌，孔子游于泰山，见而问之曰："先生何乐也？"对曰："吾乐甚多：天生万物，唯人为贵，吾得为人矣，是一乐也；男女之别，男尊女卑。故以男为贵，吾既得为男矣，是二乐也。人生有不见日月、不免襁褓者，吾既已行年九十矣，是三乐也。贫者士之常也，死者民之终也，居常以待终，何不乐也。"

现在看来，荣启期所说"三乐"，除了以"得为男"为乐在今天看来有一种男权思想倾向外，其余二乐，即为人之乐、长寿之乐，都是合理的。而以贫为常，以死为终，更是极为通达的思想。荣启期的思想对渊明影响很大，他在《神释》诗中所说的"纵浪大化中，不喜亦不惧。应尽便须尽，无复独多虑"，也应该是受到荣启期的影响。在众多的高士、贫士中，荣启期应该是他最心仪的人物，他尊敬地呼他为"荣公"。《饮酒》已经说过"荣公言有道"，在《咏贫士》中，又称他"荣叟"：

> 荣叟老带索，欣然方弹琴；原生纳决履，清歌畅商音。重华去我久，贫士世相寻。弊襟不掩肘，藜羹常乏斟。岂忘袭轻裘？苟得非所钦。赐也徒能辩，乃不见吾心。（其三）

与荣叟合咏的原生，即孔子的弟子原宪，他也是一位贫士。当他的同学子贡车马盛从地去看他时，他自个儿去开门，"振襟则肘见，纳履则踵决"，子贡问他："先生遭遇了什么麻烦？"意思是说为什么弄成这个样子？他回答说：我有什么麻烦呢？我只是贫困而已。那种将仁义隐藏起来，坐着名马华车的生活，我原宪是不忍心过的。说得子贡含羞而去，他自己却"徐步曳杖，歌商颂而返。声沦于天地，如出金石"（《韩诗外传》）。这样以贫穷自

152

适、不苟求富贵并且豪迈爽朗的人物，当然也是渊明所激赏的。

黔娄先生也是《高士传》中记载的人物：

> 黔娄先生者，齐人也。修身清节，不求于诸侯。鲁恭公闻其贤，遣使致礼，赐粟三千钟，欲以为相，辞不受。齐王又礼之，以黄金百斤聘为卿，又不就。

渊明自己三辞州府辟命，后来又辞官彭泽，义熙末，朝廷征其为著作郎，又不就。特别是最后一次辞朝廷征召，与黔娄辞鲁恭公聘其为相、齐王聘其为卿的行为很接近。所以渊明在咏了荣公、原生之后，第三个要咏的贫士便是黔娄先生：

> 安贫守贱者，自古有黔娄。好爵吾不萦，厚馈吾不酬。一旦寿命尽，蔽覆仍不周。岂不知其极，非道故无忧。从来将千载，未复见斯俦。朝与仁义生，夕死复何求？（其四）

黔娄一贫如洗，《列女传》记载，他去世时，曾子和门人去吊丧，上堂时看见盖在尸体上的布被都不能够覆盖整个身体。这样的生活，岂非贫窘至极，但终生与仁义相伴，夫复何憾！只感叹千年之中，难见如此高节之人！

《咏贫士》中的另外几个人物，都是汉朝的，可见渊明对汉朝的史书传记是很熟悉的。其中"袁安困积雪，邈然不可干；阮公见钱入，即日弃其官"（其五），所咏为袁安与阮公。《汝南先贤传》记载袁安的事迹："时大雪，洛阳令自出案行。至袁安门，无有行路，谓安已死。令人除雪入户，见安僵卧，问：何以不出？答曰：大雪，人皆饿，不宜干人。令以为贤，举为孝廉。"阮公则事迹未详，他有一定的收入，就辞官不做，与渊明的辞彭泽令也很相似。汉朝还有一位贫士张仲蔚，不仅贫穷，且善文，"常居穷素，所处蓬蒿没人"。但少人赏识，并世之中，只有一个刘龚赏识他。于是渊明咏道：

> 仲蔚爱穷居，绕宅生蒿蓬。翳然绝交游，赋诗颇能工。举世无知者，止有一刘龚。此士胡独然，实有罕所同。介焉安其业，所乐非穷通。人事固已拙，聊得长相从。

仲蔚虽然举世少知音，但终究还有一个刘龚赏识他的行为；渊明的行为，则没有人真正赏识，所谓"知音苟不存，已矣何所悲"！

他最后咏的贫士是黄子廉：

> 昔在黄子廉，弹冠佐名州。一朝辞吏归，清贫略难俦。年饥感仁妻，泣涕向我流。丈夫虽有志，固为儿女忧。惠孙一晤叹，腆赠竟莫酬。谁云固穷难？邈哉此前修。（其七）

这位早年弹冠出仕、后又辞吏归隐的黄子廉，也是与渊明神似的人物。归隐守贫，原是男儿的一种志气，但是当贤妻毫无怨言、只是对其流泪时，诗人也不能不为儿女们担忧。这里隐然有一种歉疚感在其中。

渊明的《咏贫士》与左思的《咏史》同一体制，虽咏古人，其实无异于自述。所以，贫士们的故事，也就是渊明自己的故事。

二十 栗里南村文士群

渊明在归隐的最初几年，差不多是完全谢绝人事，过着与世隔绝的生活，交往的多是村农野老。这种情形，在《归园田居》其二中有生动的描写。但到了义熙七年移居南村之后，虽然过的仍然是躬耕的生活，但交往却逐渐多起来了。南村即栗里，在庐山的南面，面山带江，风景秀丽。渊明的旧宅，唐时犹存。白居易有《访陶公旧宅》诗，诗序中说自己因仰慕陶公的为人，"游庐山，经柴桑，过栗里，思其人，访其宅"。诗中说："柴桑古村落，栗里旧山川。不见篱下菊，但余墟里烟。子孙虽无闻，族氏犹未迁。每逢姓陶人，使我心依然。"可见渊明移居南村后，就一直住在这里，他的子孙，到唐代还聚居在这一带。清人恽敬游览庐山时，也曾经考察过南村的地理："敬尝游庐山，求所谓栗里者，得之。其地西南距柴桑，东北望上京，庐山之阳谷也。先生始居上京，后迁柴桑，暂居栗里，复还柴桑。"（《靖节集书后》）据恽敬的说法，似乎南村只是暂住，他晚年还是回到柴桑城的陶家旧宅去住了。

南村一带，颇有一些跟渊明一样隐迹田园的士人，渊明与他们多有交往：

> 昔欲居南村，非为卜其宅。闻多素心人，乐与数晨夕。怀此颇有年，今日从兹役。弊庐何必广，取足蔽床席。邻曲时往来，抗言谈在昔。奇文共欣赏，疑义相与析。

> 春秋多佳日，登高赋新诗。过门更相呼，有酒斟酌之。农务各自归，闲暇辄相思；相思则披衣，言笑无厌时。此理

将不胜，无为忽去兹。衣食当须纪，力耕不吾欺。（《移居二首》）

被渊明称为"素心人"，并且能够与他一起欣赏奇文，剖析疑义，每到春秋佳日还可以邀携登高、赋咏新诗的，当然是一些文人学士。其中也不乏闲居待官的人，如殷晋安就是其中的一位。殷先是作晋安南府长史，因居浔阳。后改官作刘裕的太尉参军，就移家东下。他在浔阳时，也曾居住在南村，与渊明游从甚欢：

> 游好非少长，一遇尽殷勤。信宿酬清话，益复知为亲。去岁家南里，薄作少时邻。负杖肆游从，淹留忘宵晨。语默自殊势，亦知当乖分。未谓事已及，兴言在兹春。飘飘西来风，悠悠东去云。山川千里外，言笑难为因。良才不隐世，江湖多贱贫。脱有经过便，念来存故人。（《与殷晋安别》）

殷晋安携家客寓浔阳，应该是早于渊明居住南村。渊明说"去岁家南里"，不是说去年住南村的意思，而是说从去年开始移家南里。据逯氏系年，此诗写于义熙八年，正是移居南村的第二年。两人做邻居的时间，只有一年左右，所以说"薄作少时邻"。还有，从"游好非少长"这句来看，殷晋安应该是渊明的晚辈。渊明这首诗，向我们描述了他在南村与一些同辈或晚辈的友人为清话文酒之会的情形，与《移居》诗所写正好合拍。这种与友人"负杖肆游从，淹留忘宵晨"的生活，给渊明晚年的隐居生活带来了乐趣。所以当像殷晋安这样的朋友离去后，渊明一方面为他们觅到好的官职高兴，另一方面也兴起深深的惜别情绪。好朋友就像一片东去的云朵，被一阵从西面来的风突然吹去。从此山川千里，谈笑无因。原知道像你这样的良才，是不会长久地沉沦下僚的，江湖上本多像我这样的贱贫之人。虽然从此云泥相隔，但还望能记住一点老朽，如有再经此地之便，别忘了来看我呀！渊明

156

是一个深情之人，即使朋友的离别，也写得如此情意绵长。他的这种抒情风格，是继承古诗十九首、建安诗人之作的，唐代的诗人又受到他的影响。当时的叙别诗都充满玄言的气味，文字上则描头绣角，纵写到别情，也多装腔作势。像渊明这样自然地抒情，可以说是全新的风格！

渊明的另一位朋友庞参军，似乎也在南村居住过。陶集中有题为《答庞参军》四、五言诗各一首。五言《答庞参军》：

> 三复来贶，欲罢不能。自尔邻曲，冬春再交，欵然良对，忽成旧游。俗谚云：数面成亲旧，况情过此者乎？人事好乖，便当语离。杨公所叹，岂惟常悲。吾抱疾多年，不复为文。本既不丰，复老病继之。辄依《周礼》往复之义，且为别后相思之资。

> 相知何必旧，倾盖定前言。有客赏我趣，每每顾林园。谈谐无俗调，所说圣人篇。或有数斗酒，闲饮自欢然。我实幽居士，无复东西缘。物新人惟旧，弱毫多所宣。情通万里外，形迹滞江山。君其爱体素，来会在何年。

四言《答庞参军》：

> 庞为卫军参军，从江陵使上都，过浔阳见赠。

> 衡门之下，有琴有书。载弹载咏，爰得我娱。岂无他好，乐是幽居。朝为灌园，夕偃蓬庐。

> 人之所宝，尚或未珍。不有同爱，云胡以亲？我求良友，实觏怀人。欢心孔洽，栋宇惟邻。

> 伊余怀人，欣德孜孜。我有旨酒，与汝乐之。乃陈好言，乃著新诗。一日不见，如何不思。

> 嘉游未斁，誓将离分。送尔于路，衔觞无欣。依依旧楚，邈邈西云。之子之远，良话曷闻。

昔我云别，仓庚载鸣；今也遇之，霰雪飘零。大藩有命，作使上京。岂忘宴安，王事靡宁。

惨惨寒日，肃肃其风。翩彼方舟，容裔江中。勖哉征人，在始思终。敬兹良辰，以保尔躬。

这两首诗中，描写居住环境的。有"有客赏我趣，每每顾林园"，"岂无他好，乐是幽居。朝为灌园，夕偃蓬庐"。"蓬庐"与《移居》诗所说的"弊庐"接近，"灌园"是指躬耕。如果渊明居住在上京旧官宅，只是闲居岁月，并非躬耕生涯。所以这里写的蓬庐，还应该是指栗里南村。又四言中有"欢心孔洽，栋宇惟邻"之语，五言中有"自尔邻曲，冬春再交，欸然良对，忽成旧游"，可知渊明与庞参军做了两年的邻居。关于两首诗的写作时间，根据四言中庞氏作卫军参军，从江陵使上都，及"大藩有命，作使上京"，诸家各有考证。陶澍认为是景平元年渊明五十九时作，并且四、五言是同时之作。逯钦立认为五言为元嘉元年春作，四言为元嘉元年冬作①。逯说比较合理。五言这一首，是在做了两年邻居，庞因做参军要离开浔阳、到江陵做官时写的。先是庞给他写了诗，渊明说自己久不作诗，并且老病缠身。但"三复来贶，欲罢不能"，最后还是和答了一首。大概庞的诗也是写得很不错的。四言一首，则是庞离开浔阳之后，因从江陵负大藩之命出使上都，重又经过其旧居地来看望渊明时的再次赠答之作。在诗中，渊明回忆他们做邻居时的情况，即"我求良友"四句。写到离别，他先是叙述这次短暂相聚后的再次离别，即"嘉游未歝，誓将离分。送尔于路，衔觞无欣"数句所说的。然后还写到上次的离别，"昔我云别，仓庚载鸣"即五言那首所叙之离别情形。"今我遇之，霰雪飘零"是说这一次。所以，逯氏说一为春、一为冬是对的。但从"昔我""今我"来看，不像是说一年中的两度离别。

---

① 《陶渊明集》，第288页。

四言《答庞参军》的最后两段值得注意。渊明诗鲜少言及时事，即便写诗送别仕途中人，对他们的出仕也表现得比较冷淡。他自己在仕途奔走，也多田园宴安之想，少涉时事。但此诗送庞参军出使上都，却有"大藩有命，作使上京。岂忘宴安，王事靡宁"之语，显示出对国事的关怀。最后一章对庞参军在寒冬奔波于江上，也极尽关切慰问之意，同时又勉励他勤劳国事，有始有终。"敬兹良辰，以保尔躬"这两句也深有意味，这里的"良辰"究竟是指什么呢？渊明《和刘柴桑》诗说"良辰入奇怀"，"良辰"是指心情好的日子。这里的良辰，如指分别之日，则离愁别绪，有何良辰可言，更何言"敬兹"？所以，这里的"良辰"，还是指庞参军在王事靡宁的岁月，能够上为国家效命，下为大藩解忧，中为己身成就功名。有此数义，所以说"敬兹良辰"。但在国家多事、政治与军事的形势都很复杂的情况下，渊明又告诫这位比他年轻的朋友，同时要学会保护自己。

这两首诗对渊明晚年的生活也有所呈现。大概在六十岁前后，渊明的身体状况更不如前，所谓"本既不丰，复老病继之"，这个时期他写作也减少了，"久不属文"。但从这两首答庞的诗中，我们看到，诗人的抒情笔墨仍是如此浓郁，而风格则更近自然。五言一首，颇有警句，如"情通万里外，形迹滞江山"，可谓深窥情理，了然于心手。

南村一带聚集了相当数量的文人学士，渊明应该是其中最为德高望重的一位。斜川之游就是由渊明发起的一次新正群游活动。这次活动，学者们多认为是仿效王羲之等人永和九年的兰亭修禊，这是有可能的。而且与王羲之的《兰亭集序》一样，渊明的《游斜川》诗及序文，也流露出浓厚的生命意识。序中说：

> 若夫曾城者，独秀中皋。遥想灵山，有爱嘉名。欣对不足，率共赋诗。悲日月之遂往，悼吾年之不留。

诗中亦云：

开岁倏五十，吾生行归休。念之动中怀，及辰为兹游。

又云：

未知从今去，当复如此不？中觞纵遥情，忘彼千载忧。且极今朝乐，明日非所求。

我们前面说过，五十岁前后是渊明开始较多地思考生死问题的时候。这次斜川之游，也渗透着这种忧生情绪，并有在大自然中陶写的意思。这些都与兰亭修禊有接近的地方。另一方面，南方的乡社，新正本来就多娱游活动，包括游山玩水在内。东晋士人社会是有群游习惯的。渊明的个性，早年常是"偶影独游"（《时运》），所以常以"孤云""孤鸟"自喻。到了晚年，他与南村和柴桑城里的一些文士颇有交往，多携侣之游。斜川之游应是其中规模最大的一次。

关于这次群游参与者的身份，渊明在序中有两处提到，一是"与二三邻曲，同游斜川"；二是"各疏年纪乡里，以记其时日"。从前一句可知人数不多，并且都是南村居住着的。但既然在南村居住，如果是土著的话，就没有"各疏年纪乡里"的必要。原因是南村一带居住者中，多有像殷晋安这样的外来者。比如浔阳三隐中，只有渊明是本地人，其他两位刘遗民是彭城人，周续之是雁门人。从这里可见南村社会的性质，并非土著的村落，而是多各地士人聚集的里社。这也是南村为什么有那么多的可与渊明共赏奇文、共析疑义、登高赋诗的人的原因。我们甚至可以大胆地设想，南村事实上形成了一个以渊明为领袖的下层文士群体。

渊明的隐居，他自己是没有任何功利目的的，与那种用隐逸来提高名声的名士们不一样。但是，就世俗来说，他的隐居还是造成了一定的社会影响。也就是说，作为隐士，他的名声越来越大了。当时隐居浔阳的，还有从北方来的彭城人刘程之、雁门人周续之两人，与渊明并称浔阳三隐。萧统《陶渊明传》记载：

> 时周续之入庐山，事释慧远，彭城刘遗民亦遁迹匡山，渊明又不应征命，谓之浔阳三隐。

渊明与刘、周两位的交往，具体时间难以考得。渊明和刘程之的交往，似在彭泽归隐之初，此时程之也辞柴桑令，隐于庐山。陶集《和刘柴桑》诗云：

> 山泽久见招，胡事乃踌躇。直为亲旧故，未忍言索居。良辰入奇怀，挈杖还西庐。荒途无归人，时时见废墟。茅茨已就治，新畴复应畬。谷风转凄薄，春醪解饥劬。弱女虽非男，慰情良胜无。栖栖世中事，岁月共相疏。耕织称其用，过此奚所须。去去百年外，身名同翳如。

开头四句，正是辞官彭泽前的心态。他说自己久欲归隐，何事迁延至今。那是因为亲旧多愿其继续留在仕途，一为谋食，二为功名，所以自己怕辜负此情意，未忍遂为索居幽隐之事。这里说的正是《归去来兮辞》中的"亲故劝余为长吏"那种情形。"良辰入奇怀，挈杖还西庐"，与《归去来兮辞》"怀良辰以孤往，或植杖而耘籽。登东皋以舒啸，临清流而赋诗"的情形也相类。良辰是指归隐成功之日，奇怀是指畅好之怀抱。又我们看《归园田居》第四首："久去山泽游，浪莽林野娱。试携子侄辈，披榛步荒墟。徘徊丘垅间，依依昔人居。井灶有遗处，桑竹残朽株。"本诗中"荒途无归人，时时见废墟"也是写这种情形。"茅茨已就治"之"茅茨"，即《归园田居》中"草屋八九间"之草屋。"新畴复应畬"，即"开荒南野际"所开的新田，亦即"吾土日已广"

中所广之土。此诗中比较费解的是"弱女虽非男，慰情良胜无"两句。李辰冬《陶渊明作品系年》接受梁启超的五十六岁之说，并认为渊明生子在写作《归园田居》之后，之前只有女儿，以"弱女"两句为自述。其说颇穿凿。我想还是传统的吴仁杰注所说为优，这两句是安慰刘程之，程之有女无子①。大概刘遗民的原诗中，有慨叹无儿之语，故渊明有此慰解之语。此诗的层次，从开头到"新畴复应畲"，都是自述辞官归隐，躬耕之事得以实行。"谷风"两句，共惜时序晚暮，浊醪可挥。"弱女"两句慰程之。"栖栖"以下，则是相互慰解之词。结构甚清晰，可以论定为彭泽辞归、初隐园田居时的作品。则渊明与刘程之的交往，也应该是在这前后开始的。

《酬刘柴桑》一首应为更后一些时候所写：

> 穷居寡人用，时忘四运周。榈庭多落叶，慨然知已秋。新葵郁北墉，嘉穟养南畴。今我不为乐，知有来岁不？命室携童弱，良日登远游。

"穷居寡人用"与《归园田居》其二之"穷巷寡轮鞅"意思相近。"嘉穟养南畴"之"南畴"，即《癸卯岁始春怀古田舍》"畴昔闻南亩"之"南亩"，亦即"开荒南野际"的"南野"。"古田舍"即"园田居""南亩"，当为陶家最大的一处田地。据此，则此诗仍应是归园田居时期所作。

渊明集中与周续之有关的作品，唯有《示周续之、祖企、谢景夷三郎时三人共在城北讲礼校书》一首：

> 负疴颓檐下，终日无一欣。药石有时闲，念我意中人。相去不寻常，道路邈何因？周生述孔业，祖谢响然臻。道丧

① 《陶渊明集》，第58页。

向千载，今朝复斯闻。马队非讲肆，校书亦已勤。老夫有所爱，思与尔为邻。愿言谢诸子，从我颍水滨。

开头两句，与《咏贫士》"凄厉岁云暮，拥褐曝前轩"相近。"药石"两句，与五言《答庞参军》序中"本既不丰，复老病继之"，《与子俨等疏》中"亲旧不遗，每以药石见救"也相近。又据逯注：周续之因江州刺史檀韶之请讲礼江州城北，为义熙十二年事，故定渊明此诗写作时间为本年五十二岁时。此说可从。渊明对续之校礼，不以为然，是因为知道檀韶这样的当局者，并非真的对儒术感兴趣，只是装饰而已。渊明视周续之为同道，所以认为他们不必为此等无聊无益之事，故希望他们离开州府，来到南村与自己同隐于田园，以扩大南村隐逸文人群的规模。此所谓同声相应，同气相求也。

陶公诗集的最后，有联句一首，是渊明与愔之、循之两人的联句。这两人的姓氏、生平未详。从"念彼穷居士"可知，此诗是渊明晚年隐居南村之作，那么这两人很可能也是居住在南村的文士。这是一首咏鸣雁的联句诗：

　　鸣雁乘风飞，去去当何极。念彼穷居士，如何不叹息。（渊明）虽欲腾九万，扶摇竟何力！远招王子乔，云驾庶可饬。（愔之）顾侣正徘徊，离离翔天侧。霜露岂不切，徒爱双飞翼。（循之）高柯擢条干，远眺同天色。思绝庆未看，徒使生迷惑！（渊明）

渊明集中有《归鸟》一首，又《饮酒》其四"栖栖失群鸟"首，都可与这首联句参看。《饮酒》组诗本书中已论定为移居南村后所作。《归鸟》的写作时间虽不能定，但作于隐居之后则无疑。其中"翼翼归鸟，循林徘徊。岂思天路，欣返旧栖。虽无昔侣，众声每谐"。所谓"昔侣"，实指昔年"亲故""亲旧"，渊明未归

163

隐之前的朋友与亲戚，他们中有些人去世，大部分还留在仕途。"众声每谐"是指与一群新结交的隐逸求志的朋友相处得很好。这些人就是周续之、刘遗民与南村文士群中的人。又《归鸟》中"翼翼归鸟，戢羽寒条。游不旷林，宿则森标"，与《饮酒》其四之"因植孤生松，敛翮遥来归。劲风无荣木，此荫独不衰"意象也是接近的。又循之的"顾侣正徘徊"，正是用《归鸟》中"顾俦相鸣，景庇清阴"、"虽无昔侣，众声每偕"的语义。三人联句，渊明仍以归鸟托兴，以言坚持隐逸之志。憺之的"虽欲腾九万"，即渊明当年"骞翮思远翥"之志，但又感时运相违，无扶摇可托，所以转有求仙之念。循之则仍为坚持飞翔之念。渊明"高柯擢条干，远眺同天色"，即是"因值孤生松，敛翮遥来归"之意，主语仍是归雁。"思绝庆未看，徒使生迷惑"未知何意。渊明的最后四句，一方面接续他自己首倡四句的意思，另一方面是对憺之、循之的想法有所纠正。这样的理解如果不错，则"徒使生迷惑"或是针对憺之"远招王子乔，云驾庶可饬"之句意，是对句中功名不成、转欲求仙的想法的批评。这也是《形影神》中指出求仙之迷误的意思的再次表达。

《晋书·隐逸传》也记载了渊明晚年交游的一些情况：

> 顷之，征著作郎，不就。既绝州郡觐谒，其乡亲张野及周旋人羊松龄、庞遵等，或有酒邀之，或要之共至酒座，虽不识主人，亦欣然无忤。酣醉便反，未尝有所造诣，所之唯至田舍及庐山游观而已。

这里所说的渊明乡亲，张野见《莲社高贤传》："张野，字莱民，居浔阳柴桑，与渊明有婚姻契。野学兼华梵，尤善属文。性孝友，田宅悉推与弟，一味之甘与九族共。州举秀才、南中郎府功曹、州治中，征拜散骑常侍，俱不就。入庐山依远公，与刘、雷同尚净土。及远公卒，谢灵运为铭，野为序，首称门人，世服

164

其义。义熙十四年与家人别，入室端坐而逝。春秋六十九。"陶集中有《岁暮和张常侍》一首，陶澍《靖节先生集》谓即和张野，《靖节先生年谱考异》又认为也有可能是张野之侄张诠。羊松龄即陶集《赠羊长史》之羊长史。他在义熙十三年为江州刺史檀韶所遣，去关中贺刘裕伐秦胜利，渊明因作此诗送行。庞遵与《答庞参军》之庞参军为两人，注家认为即《楚诗怨调示庞主簿邓治中》之庞主簿。又萧统《陶渊明传》说江州刺史王弘想见渊明，"渊明尝往庐山，弘命渊明故人庞通之赍酒具，与半道栗里之间邀之"。诸家注认为庞通之即庞遵。除此之外，渊明集中尚有《酬丁柴桑》《五月旦作和戴主簿》《和郭主簿二首》《和胡西曹示顾贼曹》等诗，其人生平多不详。其中《和郭主簿二首》为早年短暂休官时的闲居之作，其他应该都是晚年的作品。这些人应该大多都是渊明归隐以后的交游对象，其中很可能有栗里南村的邻曲乡亲。

二十一　颜延之的来访

　　与渊明同时的著名文学家，年辈与他大致相近的，有谢混与殷仲文。沈约的《宋书·谢灵运传论》论及东晋后期革除玄言诗风的功绩时说："仲文始革孙许之风，叔源大变太元之气。"后来钟嵘写作《诗品序》，在叙述东晋后期涤除玄风的诗家时，仍然说："逮义熙中，谢益寿斐然继作。"谢混一生的踪迹，与渊明少有交涉之处，再说一是当时乌衣巷里的名士领袖，一是浔阳南里的隐迹诗人，两人地位悬绝，不太有交往的可能。殷仲文曾经是桓玄幕中的要人，桓玄篡位后更是元勋，渊明在桓幕的时候，两人肯定是相识的。渊明是一个含蓄低调的人，不好张扬，他的文学才华，桓玄、殷仲文等人也未必会认识到的。桓幕中聚集了一些文人名士，渊明与其中某些人应该有些交往，客观上对渊明在当时影响的造成，会起到一些作用的。

　　事实上，被沈约、钟嵘奉为东晋后期革除玄风的主要作家谢混、殷仲文，他们留下的作品寥寥无几，并且仍然带有玄虚的趣味，只是多了一些西晋式的感物兴思的内容。只有渊明与比他更后些的鲍照，才真正继承了汉魏文学的精神，创造出一种与当时的玄虚之美不同的充实之美。但因为他们都是寒素族的作家，在当时重视门阀的文坛上，很难被人们注意到。纵使他们的作品给文坛带来过一定的冲击，但像钟嵘评论鲍照时说的那样："才秀人微，取淹当代。"渊明比鲍照可能要好一点，他在当时是获得过名隐士的身份的，但他相与的都是浔阳一带地方上或流寓中的一些下层文士，与当时以王谢为中心的门阀文士集团，基本上没有关系。当时以僧慧远为中心的庐山，也吸引了僧俗两界的一些文学名士，他们的出身情况比较复杂，其中也有像谢灵运这样的门阀名家。这个文学团体，与渊明可能有一定的关系，对扩大渊明的文学影响起到过一些作用。但它主要是一个宗教团体，由于渊明与他们在思想上有隔阂，所以也不可能有很深的交往。

在后世文学史家建构的谱系中，渊明常与谢灵运并提。因为在唐代，渊明诗歌中最受注意的部分就是他那些以隐居田园生活为描写对象的作品，这部分正好与谢灵运的山水诗在内容与审美趣味上有连接的地方，于是一个以陶谢为渊源的山水田园诗的经典系统被建构出来了。事实上两人对山水田园的审美在趣味上有很大的差异，语言风格差别更大。陶所神醉的是与心灵高度和谐的畅神、适意的田园山水，与淳朴的人类生活联系在一起，具有一种人文的气息。谢则重视自然山水中新异的因素，有一种索取的愿望，同时又有一种借自然山水来宣泄强烈的政治失意情绪的特点。在修辞艺术方面，陶是自然高妙的，谢虽然在思想上也崇尚自然，文学上则趋向于人工组织。谢也是庐山社团里的人物，曾被慧远批评为"心杂"。他参与过佛经的翻译工作，又写过佛学论文《辨宗论》，还为慧远写过《佛影铭》，是一个虔诚的佛教徒与有造诣的佛学家。陶谢两人，在思想上会有一些共同的倾向，但在大的方面是不同的。谢灵运晚于陶渊明，通过莲社诸贤及与谢灵运在政治、文学上交往较多的颜延之，谢灵运对陶渊明可能会有一定的了解。一些学者也探索过谢诗可能受陶诗影响的问题。但是从文献上看，却没有找到任何有关两人交往的信息。还有一点，成于元嘉初的刘义庆主编的《世说新语》，载有元嘉十年去世的谢灵运的事迹，却没有记载元嘉四年去世的陶渊明的事迹。其根本的原因可能仍在于，渊明在当时的声望还是无法与谢灵运相比。这一切，都与门阀和寒素的隔绝这一现实相关。

从上述情况来看，渊明在当时以门阀为主流的文坛上，可以说是知音寥落。在这种情况下，颜延之与他的友情，就显得特别的可贵！就后世来看，延之与渊明的交往，当然是延之的极大荣幸。但在刘宋文坛的人们看来，延之的造访无疑是渊明生涯中的重要事件。《宋书·隐逸传》中的陶渊明本传对此作了特别的记载：

> 先是，颜延之为刘柳后军功曹，在浔阳与潜情款。后为始安郡，经过，日日造潜。每往，必酣饮致醉。临去，留二万钱与潜；潜悉送酒家，稍就取酒。

颜延之（384—456），字延年。他的家族也是东晋初从北方南渡过来的，曾祖颜含随晋室南迁，官至光禄大夫；祖约，零陵太守；父显，护军司马。他的家族，论先祖勋爵，不如陶家，但属于正宗的士族，只是算不上高门巨阀。并且，延之早年的家境也很清贫。《宋书·颜延之传》中说他"少孤贫，居负郭，室巷甚陋"，这里的"郭"，是指建康的城郭。我们知道东晋南朝的士族与庶民是分开来居住的。延之早年的居住条件，接近庶人。这种情况，加上延之本人好饮酒，不护细行，不像当时王谢家族的人们那样造声价，修清望，使得他早年的婚姻与仕宦，都比较不得意。他后来的起家官，是做吴国内史刘柳的行参军。刘柳在当时，也是次等士族的功勋人物，延之以做他的幕僚起家，也不算是很清望的出身。所以他后来见刘柳的儿子刘湛在朝廷中颇为专权时，就以自嘲的口气挖苦他说："吾名器不升，当由作卿家吏。"可见他的起家，是近于浊官之流的。从各方面来看，颜延之的门第阶层，与渊明比较接近，这也是两人能够交好的原因之一。延之在文学上，走的是当时主流一派的道路，"文章之美，冠绝当时"。义熙十二年，刘裕北伐成功，有宋公之授，时任豫章公世子中军行参军的颜延之，奉使至洛阳，道中作诗二首，文辞藻丽，为谢晦、傅亮所赏。延之的文名，大概在这时就开始传扬出来了，并由此进入文坛的中心。

延之初次结交陶公，是在晋安帝义熙十一年（415）任刘柳后军参军时。这时延之的府主刘柳出任江州刺史，延之任后军功曹，随之江州，江州治所正在浔阳。延之《陶征士诔》中说：

> 自尔介居，及我多暇。伊好之洽，接阃邻舍。宵盘昼憩，
> 非舟非驾。

我们知道，渊明此时居住在栗里南村，可见延之所居也在浔阳南里，我们说过，这里是地方及外来文士的聚居地。此时的延之，虽为在官之身，却职事清闲，有好多时间与渊明盘桓，其情形正与我们前面说过的殷晋安、庞参军等人同渊明的交际相似。这时的延之，文名还不像后来那样大，而渊明则是创作上早已成熟的诗人，与渊明较长时间的接触，对于催发他诗歌艺术的成熟，当起到一定作用。从诔文中可以看到，延之对渊明的人品、生活情形与学问、文章，都有比较多的了解。所以双方的接触，文学上的交流应该是重要的主题之一，所谓"奇文共欣赏，疑义相与析"，也是陶、颜两人交往中常有的事。东晋诗歌，长期沉陷在玄远晦涩的风气里，诗人穷形写物的能力衰退了，殷仲文、谢混等人稍返清新之气，在当时就被视为一种新风格。渊明的作品，展现出极为丰富的艺术形象，重新恢复了古诗十九首、建安诗人的艺术表现力。延之的诗歌，基本上属于西晋以来重修辞的一派，但他跟谢灵运一样重视穷形写物，在这方面，渊明的文学应该是对他起到了启发作用的。他在次年创作的成名作《北使洛诗》《还至梁城作诗》，多写行役羁旅之情，并且写景清新，多有警句，如"阴风振凉野，飞云瞀穷天"（《北使洛诗》），"故国多乔木，空城凝寒云"（《还至梁城作诗》），应该是受到渊明行役诸作的影响。

对于渊明来讲，与颜延之这样一位性情通脱、性格真率豪放的文坛后进的交往，也是不能常得的乐趣。延之带来外面文坛的一种时风，虽然对艺术上早就成熟的渊明未必有多少影响，但他

带来文坛、政界的一些消息，对隐居已久的诗人来讲，也还是乐闻的。饮酒论诗之外，两人也会就人生处世的态度与方式交流看法，相互箴规。延之与渊明性格有接近的地方，都有刚直真率的一面，只是颜常流于轻肆、恃才傲物；陶则见道已深，显得更加温恺。他们两人都很了解对方，所以常常就此相互规诫：

> 念昔宴私，举觞相诲。独正者危，至方则阂。哲人卷舒，布在前载。取鉴不远，吾规子佩。尔实愀然，中言而发。违众速尤，迕风先蹶。身才非实，荣声有歇。叡音永矣，谁箴余阙！

这是一番推心置腹的对话，延之看到渊明如此的孤介不入世，就说独自保持刚正作风者，难免危险；过于方直，容易与世隔绝。自古的哲人，都能够卷舒自如，既保持自身的高洁，又能自由地应世。延之这样劝说渊明，多少也有些希望他再度出仕的意思。渊明听了这话，不禁愀然。他没有正面回答，只是针对延之的恃才傲物提出类似的规谏：不随世俗之情，容易遭致祸尤；爱触犯别人风头，容易败蹶。况且身与才都非己有，荣名更是靠不住。这正是渊明一贯的思想，他的作品中反复表现过的。从延之的转述，我们知道他日常与友朋接谈，也常常表述这样的思想。渊明对于热衷仕途的友人，总忍不住要说这些话。从提醒他"违众速尤，迕风先蹶"，说明渊明对延之为人的缺点，有相当的了解。《宋书·颜延之传》多记载延之这种恃才傲物的故事，上面我们说到他讽刺刘湛的话，就是一件。还有触犯傅亮的事，也很能反映他的性格。他后来的被贬也可以说跟他的这种性格有一定的关系：

> 时尚书令傅亮自以文义之美，一时莫及，延之负其才辞，不为之下，亮甚疾焉。庐陵王义真颇好辞义，待接甚厚，徐羡之等与延之为同异，意甚不悦。少帝即位，以为正员郎，

兼中书，寻徙员外常侍，出为始安太守。领军将军谢晦谓延之曰："昔荀勖忌阮咸，斥为始平郡。今卿又为始安，可谓二始。"黄门郎殷景仁亦谓之曰："所谓俗恶俊异，世疵文雅。"（《宋书·颜延之传》）

正是因为遭遇后来的种种曲折，所以延之想起渊明早年对他的箴诲，尤觉珍贵。当渊明去世后，不禁发出"叡音永矣，谁箴余阙"的慨叹！

延之与渊明的再次见面，已是刘宋的景平二年（424），距离上次将近十个年头。他既以自负文才得罪傅亮，又因与谢灵运、僧慧琳一起依附庐陵王刘义真，为徐羡之等人所忌。少帝即位，义真失势，谢灵运被外放为永嘉太守，延之也被外放到始安为太守，始安即今之广西桂林。延之赴官途中，由建康溯江西上，道经浔阳，再次造访渊明。由于道途匆匆，停留时间不会长，所以延之几乎是天天都要与渊明见面，很可能延之住的仍是他当年与渊明"接阎庐舍"的旧宅。当时两人的交游，极其欢洽。何法盛《晋中兴书》中记载："延之为始安郡，道经浔阳，常饮渊明舍，自晨达昏。"（李善注《文选》卷五十七）延之临走时，还给渊明留下二万钱，渊明将它通通放在酒店，预备着以后慢慢去喝。陶颜两人的交往，在当时的文坛上就已是一种佳话。

延之是刘宋文坛最负盛誉的文学家，他与谢灵运以及比他们年辈晚得多的鲍照被后来的文学史家合称元嘉三大家，南朝史家又常以"颜谢"并称。延之与渊明的交往，在当时的文坛上是难能可贵的，对陶渊明在其当代的文学影响的扩大，是起到了积极作用的。元嘉四年，渊明去世，颜延之作《陶征士诔》，第一次对陶渊明的隐逸行为与高尚人格作出了阐述。

延之诔文主要赞扬渊明的隐节，肯定他坚持隐逸生活的价值，认为他是可以与古代高士媲美的真正的隐者，不同于当时那些"先贞后黩"（孔稚圭《北山移文》）的假隐逸，对末世的衰俗中人有一种昭示的作用：

> 夫璿玉致美，不为池隍之宝；桂椒信芳，而非园林之实。岂期深而好远哉，盖云殊性而已。故无足而至者，物之藉也；随踵而立者，人之薄也。若乃巢高之抗行，夷皓之峻节，故已父老尧禹，锱铢周汉。而绵世久远，光灵不属。至使菁华隐没，芳流歇绝，不其惜乎！虽今之作者，人自为量，而首路同尘，辍途殊轨者多矣！岂所以昭末景，泛余波？

这其实是针对渊明坚持隐逸、辞朝廷之征召的行为所作的一个解释。"璿玉"者，玉石之至美，"桂椒"者，卉木之至珍，延之以此赞扬渊明人品之高尚。其隐逸不出，也不是有意与世人立异，而是品性高洁，实在难以与世俗同流。而且人物愈是德馨质美，愈知自珍，需要君主特别用心搜罗才能为其所用。那些闻风而动，不旋踵而至者，往往不是真正的贤才。延之这里用的是《韩诗外传》的故事：晋平公游于河而乐，说：安得贤士与之乐也。船夫盖胥跪而进言说："夫珠出于江海，玉出于昆山，无足而至者，由主君之好也。士有足而不至者，盖君主无好士之意也，何患无士乎？"[1] 这样说来，在延之看来，渊明的隐逸不出，果然是由于其质性高洁，但最根本的原因，还是因为时世无真正的好贤者。这里面其实委婉地反映了延之对晋宋之际时世的不满。延之生平因为恃才与正直，加上在政治上选错路线，屡屡遭遇曲折。始以刘义真败，外放始安太守。元嘉三年，又以得罪刘湛，湛进谗言于彭城王刘义康，被外放永嘉太守，怨愤作《五君咏》以述竹林七贤之事。刘湛与刘义康认为颜延之辞旨不逊，因而大怒，准备进一步处罚他，"欲黜为远郡"。宋文帝刘义隆折中处理，"令思愆里闾"，延之因此而"屏居里巷，不豫人间事者七载"。可见，

---

[1] 李善注《文选》卷五十七，中华书局，1977年，第790页。

延之作《陶征士诔》时，正值其仕途失意，其中感慨，既是为渊明而发，也因为自己的怀才不遇。正是在这里，两人找到了契合点。况且延之平生，也不无隐退之念，其《始安郡还都与张湘州登巴陵城楼作诗》抒写登高怀古之意时说："凄矣自远风，伤哉千里目。万古陈往还，百代劳起伏。存没竟何人，炯介在明淑。请从上世人，归来艺桑竹。"而且他在屏居里巷期间，似乎也经营过农耕，其《重释何衡阳达性论》中对此有所反映："薄从岁事，躬敛山田。田家节隙，野老为俦。言止谷稼，务尽耕牧。谈年计耦，无闻达义。"这些话，让我们想起渊明的《归园田居》《移家》中的诗句，也是延之文学与思想上受渊明影响的证据。从这些地方我们可以知道，延之的《陶征士诔》不无怨愤讽世之意。另外，在刘宋新王朝建立之初，延之高谈"巢高之抗行，夷皓之峻节，故已父老尧禹，锱铢周汉"，应该还是比较大胆的。联系他称渊明为"有晋征士浔阳陶渊明"，可知他的观点，也是认为渊明的坚持不出，有不事新朝的意思。萧统的《陶渊明传》记载："元嘉四年，将复征命，会卒。"之前檀道济任江州刺史，也曾打算说服渊明再度出仕，说明渊明的确是刘宋一直希望罗致的高士。延之对此情况十分清楚，所以他说的这些话，都不是无的放矢。晋宋易代之际，自诩隐逸者甚多，以至《宋书》专列《隐逸传》，但颜延之却认为"今之作者，人自为量，而首路同尘，辍途殊轨者多矣"，不承认当代有很多真隐。所以感叹"巢高""夷皓"的抗行与峻节是"绵世久远，光灵不属"，这与渊明"真风告逝，大伪斯兴"的感慨正同！正是在这种世情下，真正怀抱高节的隐士，不易被人认识，"致使菁华隐没，芳流歇绝"！出于上述思想，延之尤其强调渊明的深隐不出："初辞州府三命，后为彭泽令。道不偶物，弃官从好。遂乃解体世纷，结志区外。定迹深栖，于是乎远。"肯定他是这个时代真正的隐士。我们可以说，颜延之的诔文，对渊明隐逸形象的确立，起到了奠定性的作用。从此后直至南北朝、唐代，渊明的主要形象就是高逸的隐士。

从上文的分析可知，延之的这篇诔文，内蕴是很丰富的，有讽世与自我寄托，也有很强的标榜幽隐的意识。这也说明他与渊明之间是有一定共鸣的。正是这种共鸣，促使此文的写作与成功。从诔文来看，延之对渊明具体的生活情形与人生观比较熟悉，这说明两人之间十分熟稔，同时延之对渊明的诗文也应该读得不少。诔文中的一些内容，其实是概括或演绎渊明的自述，如"弱不好弄，长实素心，学非称师，文取指达，在众不失其寡，处言愈见其默"这几句，与《五柳先生传》中的自述很接近。又如"赋诗归来，高蹈独善。亦既超旷，无适非心。汲流旧巘，葺宇家林。晨烟暮霭，春煦秋阴。陈书辍卷，置酒弦琴"这一段，也部分地演绎了《归去来兮辞》等诗文的含意。还有，延之强调渊明的隐逸生涯中体现了一种好古、不与世俗同尘的精神：

> 物尚孤生，人固介立，岂伊时遘，曷云世及！嗟乎若士，望古遥集。
> 畏荣好古，薄身厚志。

渊明具有浓厚的好古情调，对上古三代及古代圣贤高士，有很深的向往情愫。延之的这种形容，也多受渊明自己作品的影响。

"知音苟不存，已矣何所悲！"渊明在《咏贫士》诗中发出这样深沉的感叹。延之对渊明精神的阐释，可以说达到了一定的深度。对于深隐不出、在当世知音寥落的渊明来讲，延之的两度从游，可说是空谷足音了！并且延之也可以说是渊明的知音了。但是他与渊明之间，思想上还是有一定差距的；文学上延之走的是当时士族文学的主流风格，与渊明差别更大！所以他对渊明的文学成就缺少充分的评价。这样说来，渊明在其当代，终究是寂寞无知者！

二十二　王弘、檀道济的来访

　　渊明自移居南村之后，隐迹渐渐被人注意，隐逸的名声也渐渐传出去了。按照当时荐贤招隐的制度，对于这样的人物，州郡长官是负有荐举责任的。况且征聘如果成功，功劳也有他们的一份，纵使被荐者不应征聘，他们也已博得荐贤的美名。当时将这种曾应过州府荐举、朝廷下令征聘过的人物，称作征士。颜延之给渊明写的诔文，即题《陶征士诔》，文中亦云："有晋征士浔阳陶渊明"。又如《宋书·隐逸·王弘之传》："为外祖征士何准所抚育。"如果更尊重一点，则要称他们为征君，如江淹《杂题》拟陶之作即题为《拟陶征君田居》。对于这样的人物，州郡长官当然会特别注意。渊明这一辈子，尤其是辞官归田之后，是难以完全躲开这些州郡长官的干扰的。但他的基本态度，总是尽量避开，《晋书》陶氏本传说他："既绝州郡觐谒。"这句话中，当然包含了好多的事，可以想见渊明平素尽量避开州府长官的情形。浔阳三隐的另一位周续之的表现就与渊明不太一样，《宋书·隐逸传》周氏本传说："江州刺史每相招请，续之不尚峻节，颇从之游。"如他曾应刺史檀韶之请，在江州城北讲礼校书。这种态度，可以说是依违于出处之际，所以他后来还是应刘裕之征出山了。待到刘宋朝建立后，"复召之"，更是"尽室俱下"。上篇颜延之《陶征士诔》中说当时有些隐士"人自为量，而首路同尘，辍途殊轨"，大概也想到周续之这样的人。当然，人各有志，我们不必对周续之施以苛论，但从周续之的表现，更可知渊明的"绝州郡觐谒"，是其坚持隐逸的一个表现。

　　但是，渊明的高逸之名真是越来越大了，州郡长官是不可能真的放过他的。当然这其中也不排除有些人是真的敬重渊明的人品文章，想见见他，与他结交。只是渊明觉得自己既已隐迹田园，与州郡长官结交终究是不合适的，所以总是尽量避免跟他们见面。但也有避不开的时候，那就任其自然。毕竟，他的性格是宽厚随和的，尤其不想让人觉得他是在刻意回避州府以自作声价。渊明与江州刺史王弘的交往，就属于这种情况。

王弘与渊明交往之事，《宋书》《南史》及萧统《陶渊明传》所记，除个别文字不同外，情节都是一样的，比较简单：

> 江州刺史王弘欲识之，不能致也。潜尝往庐山，弘令潜故人庞通之赍酒具，于半道栗里要之。潜有脚疾，使一门生二儿舆篮舆；既至，欣然便共饮酌。俄顷弘至，亦无忤也。（《宋书·隐逸传》）

《晋书》渊明本传对王弘造访的情节，记载得比较详细：

> 刺史王弘以元熙中临州，甚钦迟之，后自造焉。潜称疾不见，既而语人云："我性不狎世，因疾守闲，幸非洁志慕声，岂敢以王公纡轸为荣邪！夫谬以不贤，此刘公干所以招谤君子，其罪不细也。"弘每令人候之，密知当往庐山，乃遣其故人庞通之等赍酒，先于半道要之。潜既遇酒，便引酌野亭，欣然忘进。弘乃出与相见，遂欢宴穷日。潜无履，弘顾左右为之造履。左右请履度，潜便于坐伸脚令度焉。弘要之还州，问其所乘，答云："素有脚疾，向乘篮舆，亦足自反。"乃令一门生二儿共舆之至州，而言笑赏适，不觉其有羡于华轩也。弘后欲见，辄于林泽间候之。

另外，檀道鸾《续晋阳秋》还记载王弘给渊明送酒之事：

陶潜九月九日无酒，于宅边菊丛中摘盈把，坐其侧，久，望见白衣人，乃王弘送酒。即便就酌而后归。(《初学记》卷四)

《宋书》与《晋书》的记载，不仅详略不同，而且其中体现出的两人的关系也有所不同。按照《宋书》的说法，是王弘想认识渊明，招请他来州府，但渊明不肯前去。他探知渊明常去庐山游览，趁其要去庐山时，让其友人庞通之等在栗里半道置酒等候渊明。饮酒时王弘出来，两人就这样认识了。从渊明集子里《于王抚军座送客》，我们知道渊明与王弘的交往，并不只有《宋书》所记载的这些事。《宋书》记载的只是两人认识的经过。但这个认识的经过，到了《晋书》中有所变化。首先从态度来说：《宋书》只说"王弘欲识之"，《晋书》则说"刺史王弘以元熙中临州，甚钦迟之"，明显是一种钦敬的态度。刘裕在义熙十四年杀晋安帝司马德宗，立司马德文为帝，改年号为元熙。《晋书·王弘传》也记载："(义熙)十四年，迁监江州、豫州之西阳、新蔡二郡诸军事、抚军将军、江州刺史。"据《晋书》所载，王弘下车伊始，即欲见识渊明，最初想招请其来州府，后来见渊明不来，就亲自造访。但渊明却称疾不见，事后又担心别人说他这样做是借王弘来自高声价，所以强调自己是"性不狎世，因疾守闲，并非洁志慕声"。王弘在渊明称疾不见之后，非但没有怪罪渊明，想见识他的念头反而更热切，常常让人探候渊明的行踪，暗中得知其当往庐山，就想出了让庞通之等人在半道拦截渊明的办法，最后终于得以相见，并且趁机提出同去州府聚谈的邀请。王弘问他要坐什么交通工具，言下之意，是希望他坐官府的车马去。但渊明知道，那样的话，性质就发生变化了。所以坚持坐来时所用之篮舆，让儿子与门生抬着去。一路上与王弘言笑赏景，不觉有华轩在旁的感觉。渊明虽然应王弘之邀去了一趟州府，但后来似乎仍然守着"绝州郡觐谒"的自我约束，所以王弘以后想再见他，也还只能用初次见面的办法，并且一直关心他的生活，"酒米乏绝，亦时相赡"。《续晋阳秋》所载的九月九日白衣人送酒，即是其中的一次。后面我们要说到，后来檀道鸾来看渊明时，送他米肉，渊明令人挥去，拒不接受檀的接济。但是这时他却接受王弘的接济；这又是为什么呢？只有这样一种解释，即王、陶两人之间，已经建立了较深的友情关系。渊明是以朋友的身份来接受王弘的接济的，正如他接受颜延之的赠钱一样。

王弘是在晋末的义熙十四年（元熙元年，即 418）赴任江州刺史的，直到刘宋永初三年（422）升任卫军将军奉召入朝，其在江州任刺史的时间，前后有五年之久。根据《晋书》描写的情形，王弘对渊明是十分推重的，他这么做是模仿古代诸侯礼贤下士的风俗的。尽管渊明守着"绝州郡觊谒"的自我约束，但对如此推重他的王弘，态度也应有所变化。有时也会应王弘的邀请，参加一些名流的诗酒之宴。现存于陶集中的《于王抚军座送客》，即是某次聚会时写的：

> 秋日凄且厉，百卉具已腓。爰以履霜节，登高饯将归。寒气冒山泽，游云倏无依。洲渚四缅邈，风水互乖违。瞻夕欣良燕，离言聿云悲。晨鸟暮来还，悬车敛余晖。逝止判殊路，旋驾怅迟迟。目送回舟远，情随万化遗。

此诗写九月某日的霜朝，诗人与一班朋友登高饯别宾客。秋色凄寒，百卉凋枯，山泽里处处升腾着寒气，天空中飘浮着一些薄云。此处正当湖口，洲渚稠叠，风波激荡。时间很快就要到夕暮了，诗酒之宴虽觉可欣，但新知旧友的离别，总让人不禁生出悲怀。去者多为仕途得意之士，自家则是田园隐迹之身，升沉不同，逝止殊路，原非一样的人生。但当此临别之际，仍不禁让人生出依依惜别之感。目送着渐远渐渺、很快就消失在水天之际的客舟，我的情思顿时无端地变得缥缈起来，好像觉得整个人都消融在天地万化之中。

这一首诗，宋人李公焕的注说："此诗永初二年辛酉秋作也。《宋书》：王弘为抚军、江州刺史，庾登之为西阳太守，被征还；谢瞻为豫章太守，将赴郡。王弘送至溢口，三人于此赋诗叙别。是必元休要靖节预席饯行。故《文选》载瞻即席集别诗，首章纪座间四人。"历来都沿用李公焕的说法，认为这首诗是永初二年渊明预溢口之会的作品。但李氏的说法，只是根据《文选》卷二十谢瞻的《王抚军庾西阳集别，时为豫章太守，庾被征还东》这首诗推测得出的结论，认为渊明《于王抚军座送客》诗所述之宴会就是王弘送谢瞻等人的溢口之会。但除此之外，他并没有更早的原始依据。李辰冬发现了这一点，据此否定李公焕的看法，认为此诗非溢口集之作，而是《宋书》所载之王弘命庞通之于栗里半道拦候渊明的宴上之作①。李辰东指出李公焕之说的来源，是很有道理的。但李辰东的新说也过于曲折，推测的因素比李公焕说更多，所以在没有发现新证据之前，不妨仍从李公焕之说。

现在看来，渊明的这首诗，风格与他别的赠别诗有所不同，修辞比较典雅，章法比较整饬，接近当时诗坛流行的宴集之作，有可能是有意识运用时风的作品。李公焕说跟谢瞻那首诗是同一次宴上所作，还是有这种可能性的。又谢瞻诗题称"庾西阳集"，这个"集"跟"兰亭集"是一个意思，都是指集会赋诗。《文选》李善注说："集序曰：谢还豫章，庾被征还都，王抚军送至溢口南楼作。"这个"集序"，就是这次"庾西阳集"的宴集序。那上面记载的情况，可能会比较具体，可惜已佚。这次很可能是王弘借送庾登之、谢瞻两位门阀名公的机会，会集江州一带的部分名士，赋诗集会。渊明也是参加者之一。所以他的赋诗，也采用当时流行的公宴体。

从檀道鸾的《续晋阳秋》所载"白衣人送酒"之事看，渊明

---

① 李辰冬《陶渊明评论》，第25页。

179

与王弘之间的故事，应该在当时的士林中有所流传。《宋书》所载比较简单，后出的《晋书》反而更加详细，当是采用史传之外的笔记小说中的传说。王弘是王导的曾孙，当时第一等的门阀名士，"少好学，以清恬知名，与尚书仆射谢混善"（《晋书·王弘传》）。刘裕作镇军将军时，召补咨议参军，从此就成了刘裕集团的一员，以其门第才具，深受重用，最后官拜太保，位极人臣。渊明也曾做过刘裕的镇军参军，两人有可能是旧识，至少是以前知闻的。他的造访渊明，以及渊明的愿与其结交，可能这也是原因之一。但在当时士林的势利眼中，渊明一介寒素，王弘门第、官声都很烜赫，他能放下架子结交只是普通州民的陶渊明，是很了不起的事情。这些传说应该是有些事实依据的，但显然过于强调了王弘的礼贤下士、与渊明高士般的兀傲。尤其是王弘要为渊明造履，左右之人要渊明之履的尺寸，渊明在座中伸脚让人量。这样简傲的举动，显然不符合渊明温和恺悌的性格。渊明是随意任真之人，绝非恃才傲物之辈。

王弘于永初三年离任江州刺史，次年即元嘉元年，颜延之外放始安太守途经浔阳，与渊明盘桓多日。本年冬，旧与渊明为邻的庞参军也因出使上都途经浔阳，造访渊明，临别酬唱作诗。这些情节，我们在前面的几篇中都已叙述过。又过了两年，到了元嘉三年，檀道济来任江州刺史。此时，渊明的痁疾加重，可以说是贫病交加了。有了前面王弘的一番礼贤，渊明在州郡长官的眼里，地位当然是更高了。所以檀道济一到任，得知渊明境况更差，就带着随从，车载了米肉来看望他。此事《宋书》本传没有记载，最早见于梁代萧统写的《陶渊明传》：

> 江州刺史檀道济往候之，偃卧瘠馁有日矣。道济谓曰："贤者处世，天下无道则隐，有道则至。今子生文明之世，奈何自苦如此？"对曰："潜也何敢望贤，志不及也。"道济馈以梁肉，麾而去之。

萧统的这一段叙述，可能是根据当时相关的传记，但他将檀道济来访叙述为渊明早年之事，放在渊明辞州祭酒之后，出任镇军参军之前。据《宋书·檀道济传》，道济任江州刺史，是在元嘉三年讨平谢瞻之叛后。所以，诸家陶氏年谱，都将道济造访列在此年。

王弘与檀道济的造访，尤其是王弘的造访，不管真实的情形如何，渊明对待两人的态度怎样，但客观上都使得渊明在当时的名声大大地扩大了。就对渊明的实际影响来讲，也应该算是他寂寞暮年中的重要生活情节。王、檀两人都为刘宋的重臣，刘宋王朝在元嘉四年，又一次准备征召渊明，可能跟王、檀两人有直接的关系。两人的造访渊明，尤其是后来檀道济的说辞，明显能看出有为刘宋新朝游说渊明再度出仕的意思。从这里我们又一次看到渊明深栖幽居的坚定性。

二十三　晋宋易代之际的诗人

　　渊明身处乱世，晚年遭遇晋宋易代，所以他与东晋司马氏及与刘宋的关系，不仅他自身无法完全回避，也是后人了解渊明时无法回避的问题。所谓知人论世，对于陶渊明研究来说，这个问题显得尤其重要。像渊明这样爱好写作的人，照理说，他的政治态度与对现实事件的种种看法，应该会在作品中有较明显的流露。虽然身处现实的文学家，都可能遭遇政治及现实的纠结，对现实和重大的政治问题都会有自己的看法。但由于作家的个性、文学观念及创作习惯的不同，也由于现实中的利害关系，其在作品中的表现会有隐显、多少、有无的不同。从渊明的创作来看，他对自己生活中的矛盾、生活态度及生命观念，反映得十分清晰，渊明文学的价值，也正是由此造成的。与此相对，渊明对于政治与现实的反映，却呈现出另外一种样子。他处在一个极为离乱的现实中，又亲身经历过桓玄、刘裕两次篡晋的事件，所居住的浔阳一带，更是一个兵连祸结、很不太平的地方，但渊明作品中却很少反映这些事件。也可以说，他将隐逸生活本身表现得十分清晰，但是对它的背景却基本上没直正面的呈现。同样，早期的行役诗，也只是写行役中的具体情景，几乎没有涉及行役的内容。有学者指出过陶渊明创作中的这种现象：例如元兴二年（403）癸卯十二月，桓玄篡位，晋帝被迫出居浔阳。渊明在本年春初写作《癸卯岁始春怀古田舍》二首，十二月份还作《癸卯岁十二月中作与从弟敬远》，有句云："寝迹衡门下，邈与世相绝。"义熙六年（410），起义的卢循军队与何无忌、王镇之的官军在江州、浔阳一带发生很激烈的争战，从二月直到十二月，战事不断。渊明此时正隐居田园，写作《庚戌岁九月于西田获早稻》，诗云："盥濯息檐下，斗酒散襟颜。遥遥沮溺心，千载乃相关。但愿长如此，躬耕非所叹。"渊明是一个宅心极其仁厚的人，但对这些世事却很少正面反映①。似乎有时候有一些间接、比兴式的反映，如《停云》中描写的"八表同昏，平陆成江"，学者们认为可能有隐喻极乱之世象的意思。但就这一点也还难说，因为他诗中还说到"时雨濛濛"，既是说时雨，就难说是隐喻乱世的。渊明文学中所表现的与现实及时事疏远的现象，应该从文学史的演变来认识。汉末文人关注现实问题，所以建安诗人多反映离乱之作，正始阮籍对魏晋易代虽然没有直接的反映，但对当时的乱政衰俗，还是有很多的讽喻的，这是继承了汉魏文学批评现实的遗风。到了两晋时期，这种反映现实、关注时事与世象的文学精神就衰落了。其原因实在是很复杂的，与玄学的兴起、贵族制度的建立有关。两者都追求远离现实，超脱于具体的时事与时务之上。六朝文学一直延续这种贵族式的趣味，一直到盛唐李白、杜甫出来之后，现实精神才得到重新弘扬，并且发展得更全面。渊明的文学，与同时的玄虚风气不同，有质朴任真的特点，但在不以文学反映时事这一点上，还是深受两晋文学风气的影响。渊明虽然继承了汉魏以来的抒情传统，但对汉魏诗歌中蕴含的很强烈的现实批判精神，相对来说是继承得比较少的。我们讨论渊明在晋宋之际的政治态度，不能不先注意他的这种文学性格。至少在用文学表现现实这方面，渊明的确前不同于建安、正始诗人，后不同于唐代的李杜、白居易等人。我们无法否认，在文学上他的确是一个高蹈派。甚至可以说，隐居后的渊明，他对于现实的政治采取了一种比较疏远的态度。他知道自己在这个现实乱局中已经无所作为，所以除了有时还回忆早年的侠气与雄心外，其心理活动更多地凝聚于坚持固

---

① 参看夏承焘《陶潜与孙恩》一文，《夏承焘集》第八册，第299—301页。

穷守节的生活观念和获得个人内心的宁静。可以说，他后来走的是典型的独善的道路，所谓"南窗白日羲皇上，未害渊明是晋人"（元好问《论诗绝句》）。他超脱于他的时代风气之上，同时也相当程度地远离了现实纷争。萧统说渊明的作品"语时事则指而可想"（萧统《陶渊明集序》），好像是说反映时事是渊明文学的一种性格，但恐怕还是指渊明文学叙事清晰，不是说他反映现实与政治方面的时事。

当然，这不等于说渊明对于像晋宋易代这样的现实事件没有自己的基本态度，这种态度甚至可能是很明确的，直接影响到他对生活的选择。关于渊明隐居的原因，前面已经反复讨论过，主要是来自他的生活态度与生命观念，是很内在的生命愿望的驱使。但是，渊明之所以摧抑早岁的雄心与侠气，在仕途中产生强烈的"养真衡茅下，庶以善自名"的愿望，并且最终选择"寝迹衡门下，邈然与世绝"的生活，与他遭遇的具体的现实处境当然也是有很大关系的。人们作出一种现实抉择，往往不是出于单一的动机，而是多种现实因素综合影响的结果。渊明先是出仕桓玄幕府，几乎亲历桓玄篡晋而又最后倾覆的历史事件，对其心灵的震动是很大的。就在他还仕于桓幕时的一次行役途中，就已表达了"商歌非吾事，依依在耦耕。投冠旋旧墟，不为好爵萦。养真衡茅下，庶以善自名"这样的引退心理，其中隐含着在复杂的现实环境中对仕途险恶的考虑。有学者根据渊明出仕桓幕，认为他在当时的各方面势力中，是"寄希望于桓玄"的。理由是，"他崇拜的外祖孟嘉既给桓温作过长史，当时一般名流如顾恺之等又都是为桓温、桓玄所接待的，他选择于荒淫微弱的晋室、跋扈粗鲁的刘牢之、刘裕和有着新气象并善待文士的桓玄之间，而终于倾向桓玄，这是十分合情合理的。"① 这种分析，其实是只注意到一些表面现象，忽略了本质。不错，桓玄在文化上是比刘裕与刘牢之为高，接近

---

① 李长之《陶渊明传论》，天津人民出版社，2007年，第47页。

士族之流，在篡逆之迹暴露之前，大概具有很高的政治声望。但渊明对门阀士族，并非十分倾慕，他崇拜的外祖孟嘉虽为名士，但同样崇拜的曾祖陶侃却是出身与功业都与刘裕接近的。如果说一开始，渊明还没有充分认识到桓玄的篡晋野心，还将他当作扶持晋室的能臣，那么他在桓玄与刘牢之等人之间倾向于桓玄也还有一定的理由；但认为他在晋室与桓玄之间，仍倾向于桓玄，就是对这位贤者心迹的极大误解。渊明并非有意攀龙附凤、际会风云之人，他只希望在正统的王朝中作一番事业。他一生希望实现的是"善"的事业。如果帮助桓玄倾覆晋室，在当时的观念中，无论如何都谈不上是"善"的。渊明是绝对不会选择这样一条道路来实现其个人的政治理想的。我们不能只看到次要的因素，而忘记决定一个人的现实抉择的，是其根本的心灵愿望和基本的伦理观念。

最早对渊明在晋宋易代之际的政治态度作出评说的，是《宋书》本传：

> 潜弱年薄宦，不洁去就之迹。自以曾祖晋世宰辅，耻复屈身后代，自高祖王业渐隆，不复肯仕。

晋宋易代并非骤发的政治事变，而是一个渐次发生的王朝更替事件。其关键点，应该是《宋书》所说的"高祖王业渐隆"。所以要了解渊明的政治态度，就得对刘裕"王业渐隆"的史实作一番探讨。刘裕原为北府兵下层将吏，为刘牢之旧部，隆安、元兴之际，先从刘牢之讨孙恩，初建功业。后入桓玄兄桓修幕，即归桓玄集团。桓玄为楚王，将谋篡夺时，玄的从兄桓谦曾经屏人问刘裕桓玄可否代晋自立。刘裕当面赞同，对桓谦说："楚王，宣武之子，勋德盖世。晋室微弱，民望已久，乘运禅代，有何不可！"但随后联络刘牢之甥何无忌及刘毅等人，共讨桓玄，裕为盟主。就在讨桓的过程中，刘裕的势力得到很大的发展，元兴三年

（404）时桓玄虽然未破，但刘裕已是位极人臣，执掌朝政。《晋书·安帝纪》："（元兴三年，三月）庚申，刘裕置留台，具百官。壬戌，桓玄司徒王谧推刘裕行镇军将军、徐州刺史、都督扬、徐、兖、豫、青、冀、幽、并八州诸军事，假节。"《宋书·武帝纪》描写此时情形：

> 先是朝廷承晋氏乱政，百司纵弛，桓玄虽欲厘整，而众莫从之。高祖以身范物，先以威禁内外，百官皆肃然奉职，二三日间，风俗顿改。且桓玄虽以雄豪见推，而一朝便有极位，晋室四方牧守及在朝大臣，尽心伏事，臣主之分定矣。高祖位微于朝，众无一旅，奋臂草莱之中，倡大义以复皇祚。由是王谧等诸人时失民望，莫不愧而惮焉。

元兴三年秋桓玄倾覆，义熙元年天子反正。以刘裕为盟主的讨桓战争宣告成功，刘裕也因此成为晋室的第一功臣。渊明曾为刘裕镇军参军，后又转为刘敬宣建威参军，复任彭泽县令八十日，旋即辞官。但是在这个时候，还不能说刘裕一定会成为继桓玄之后篡晋的人物，所以说渊明的辞官，主要是因为刘裕王业渐隆而引退，似乎还不大能说得过去。尤其是在当时，曾与刘裕一起同盟破桓的刘毅、何无忌等人尚在，三人同是晋室复辟的功臣元勋。如"义熙二年，冬十月，论匡复之功，封车骑将军刘裕为豫章郡公，抚军将军刘毅为南平郡公，右军将军何无忌为安成郡公"（《晋书·安帝纪》）。可见其实力虽不足以完全与刘裕相抗，但还能起到比较大的牵制作用，显然不能说刘裕此时就已"王业渐隆"。应该说，渊明的归隐，还是他个人长期以来在仕隐问题上的矛盾的一个最终抉择，不能说此时就是因为目睹刘裕势力渐大，料定他将来要行篡窃之事而辞官的。但是，在刘裕已经确立晋室元勋地位的时候，做过刘氏镇军参军的渊明却要离开仕途，至少说明他对刘裕此人不抱好感。

那么，《宋书》本传所说的渊明"自以曾祖晋世宰辅，耻复屈身后代。自高祖王业渐隆，不复肯仕"，是不是无根据的猜测呢？我们知道，首先这个话，是以渊明为第一人称来说的，并非旁人或史书作者的一种解释。现存《宋书》为沈约在南齐初所著，但刘宋时徐爰、何承天等人已著《宋书》。所以这篇陶传，极可能是刘宋时的旧稿。出于刘宋史臣的这篇传记，如实记载渊明"耻复屈身后代"的态度，并且带有赞赏的口气。这说明像渊明在晋宋之际"耻复屈身后代"这样的事情，非但不是触犯时忌的，而且在当时的观念里还是一种忠义品格的反映。退一步说，当刘裕王业渐隆之时，渊明不愿再仕，也可理解为不向王门曳裾的高士之节。这非但不犯时忌，甚至连刘裕本人，也不能迫其就范。这方面，渊明的好友刘程之就是一个例子。他曾做柴桑令，后又辞官。《莲社高贤传》说："刘裕以其不屈，乃旌其门曰'遗民'。"程之卒于义熙六年，此时正是所谓"高祖王业渐隆"之时，但对于他的不屈身从仕，刘裕也没有办法，并且还要以"遗民"旌其门。这时尚属晋朝，但刘宋统治实已确立，世局已新，所以连刘裕也要将不从仕的刘程之称为"遗民"。可见渊明在这个时候，表现出"耻复屈身后代"的态度，坚持归隐，守节不仕，并非触犯时忌的言行。所以《宋书》的这个话，应该认作渊明的自我表述。虽然他在诗文中没有明确表示，但不排除其日常与友朋、家人闲谈之际，对此有所流露。我们知道，渊明晚节的隐居生活是极艰苦的。使他坚持躬耕、苦节自持的力量，主要来自"任心""固穷"的生活态度，但同时不"屈身后代"，也是一个重要的原因。这样，我们可以说，虽然彭泽辞官的第一原因，不能说与刘裕勋业鼎盛有关系，但后来目睹刘宋"王业渐隆"，耻复屈身后代，应该是其坚持隐逸的原因之一。

那么，这件事的起因是什么呢？我认为主要是指晋末义熙十四年的征著作郎不就这件事。渊明彭泽休官后十四年，至此时才有再仕机会。所谓"不复肯仕"，不是指辞官彭泽，而是指再次被征。因为是再次被征，所以才说"不复"。渊明"耻复屈身后代"的态度，可能也是在这次辞征的时候表示的。因为这时名义尚属晋朝，但实际谁都清楚，晋室禅让给刘宋已成定局。渊明此时如果出仕，等于就是仕宋，而非仕晋。所以，虽然他未必明确地以此为辞官理由，但他自己的个人意志及私下的表白中，不屈身后代是一个主要的理由。所以，《宋书》本传的这几句话，应该是实录。从这里我们就能判定，渊明对于晋宋易代的基本态度是明确的，他坚持隐逸，做旧朝的遗民，不做新朝的附庸。

我们前面已经说过，渊明在文学上有高蹈的作风，几乎没有正面触及现实的政治与时事。历来的学者，都认为渊明曾使用寓言、隐喻、借古讽今的手法来曲折地表达其对晋宋易代之际时事的看法。如认为《咏荆轲》《咏三良》甚至《桃花源记》，都是对晋宋易代时事的讽喻，但都没有确凿的证据。如果我们了解渊明文学本有不言时事的高蹈作风，再来读渊明的诗文，就会发现这些说法总不免存了先入之见，多少都有穿凿附会的地方。

但渊明对于易代这样的大事，并非不置一辞。不能够分明地指斥，就改为以廋词隐语的方式来表达。这就是陶诗中最难索解的《述酒》这一首。此诗写得极其隐晦曲折，但多用政治话语，而且说到汉魏易代的故事，无疑是寓意刘裕弑晋恭帝、进而篡位的事件：

仪狄造，杜康润色之。(原注)

重离照南陆，鸣鸟声相闻。秋草虽未黄，融风久已分。素砾皛修渚，南岳无余云。豫章抗高门，重华固灵坟。流泪抱中叹，倾耳听司晨。神州献嘉粟，西灵为我驯。诸梁董师旅，芊胜丧其身。山阳归下国，成名犹不勤。卜生善斯牧，

188

安乐不为君。平王去旧京，峡中纳遗薰。双陵①甫云育，三趾显奇文。王子爱清吹，日中翔河汾。朱公练九齿，闲居离世纷。峨峨西岭内，偃息常所亲。天容自永固，彭殇非等伦。

题目叫"述酒"，顾名思义，应该是述写酒的事情，但诗中却没有一句是与酒相关的。这的确让人纳闷。古人的一种看法，是认为《述酒》原有其篇，题与注存而亡其辞。清人重刻汤汉注《陶靖节诗》题下注云："宋本云：此篇与题非本意，诸本如此误。黄庭坚曰：'《述酒》一篇，盖阙此篇，似是读异书所作，其中多不可解。'"但宋人韩驹认为"山阳归下国"是用汉献帝废为山阳公事，"疑是义熙以后有所感而作也"（胡仔《苕溪渔隐丛话》前集卷三）。李公焕注引赵泉山之言，进一步论定此诗是有感于元熙二年刘裕废恭帝为零陵王之事（李公焕《笺注陶渊明集》卷三）。汤汉注进一步指出，诗用《述酒》这个题目，是隐寓晋元熙二年刘裕在废恭帝为零陵王后，紧接着又以毒酒一罂让张祎去向零陵王进毒。张不忍背主，自饮而死，但恭帝最终还是被弑。渊明这首诗以"述酒"为题，正隐寓此事。所谓述酒，即述刘裕以毒酒弑君之事，可能还隐指发生在更前面的桓玄以毒酒杀司马道子之事。诗中当然不会直接写毒酒弑君的事情，但用题目来正面扣定篡夺这件大时事，不露痕迹，可以说一个题目就已经隐含全部的问题，实在是巧妙之极。具体到诗篇的内容，又隐隐约约，时露鳞爪，以瞒人眼目，等待着高明者去体会其意。渊明的这种文学技巧，也不是一般的作家所能及的。

但是最妙的还是题下自注："仪狄造，杜康润色之。"好像纯粹说的是酒事，其实这里用了歇后的方法，藏有深意。《战国策·魏策二》："梁王魏婴觞诸侯于范台，酒酣，请鲁君举觞。鲁君兴，

---

① 逯本作"阳"，并有注云："各本作'陵'。曾本、苏写本云：一作'阳'。今从一作。"

避席择言曰：'昔者帝女令仪狄作酒而美，进之禹，禹饮而甘之，遂疏仪狄，绝旨酒。曰：后世必有以酒亡其国者。'"渊明的自注正用此事，而其旨存王"后世必有以酒亡其国者"。这句话原本是说人君沉溺于酒而亡国，零陵的亡国，原非沉溺酒色的那一种，却与酒有关，正也可谓"以酒亡其国者"也。渊明很巧妙地运用这句话，指斥刘裕以毒酒弑君的事实，这个意思，台湾的陶学专家齐益寿先生已经指出过①，的确是解读《述酒》的要领。

古今学者，对《述酒》的研索甚为着力，挖掘出不少诗中隐含的意思。但由于作者本来用的就是隐晦其词的写法，所以无论如何，都难以说得透彻。这里参照诸家的说法，并加上笔者个人的看法，尽量地将诗意串解一番：

开头六句，是写时节物候。从字面上讲，重离指太阳，南陆即夏天。"重离照南陆"，是说时节正当夏季。第二句"鸣鸟声相闻"，陶澍注："鸣鸟盖用《楚辞》恐鹈鴂之先鸣兮，使夫百草为之不芳。《月令》：仲夏之月，鵙始鸣，鸣则众芳皆歇。"所以才有接下来的"秋草虽未黄"一句。这里还是用感叹时光流逝的写法，说虽然尚在夏季，秋草未黄，但鹈鴂已鸣，融风已改。作者这样写，表面上是说自己闲居玩物，感叹时序流逝，实际上是暗示时世的变迁。至于这背后隐寓的意思，则是很难猜测的。有学者认为，"重离"即"重黎"。汤汉注说："司马氏出重黎之后，此言晋室南渡。"那么，这几句是以夏天转入秋天的时序变更，来暗示东晋王朝气运之衰的。而作者用《离骚》之句，也表达了他与屈子相近的"哀众芳之芜秽"的心思。"素砾皛修渚，南岳无余云"，是写渊明隐居地方夏秋之交的景色，以添足上文言时序之意。"豫章抗高门"，古直的注认为是指刘裕，裕在义熙二年曾被封为豫章郡公，"发迹豫章，遂干大位"。当时怎么发迹，渊明最清楚。以

---

① 齐益寿《〈述酒诗〉旧说质疑兼论该诗主题》，载台湾大学《新潮》12 期，1965 年。

最初发迹的晋朝所封之豫章郡公称呼他，正是讽刺他原本是食晋禄、受晋爵的人臣，却背义篡晋。"重华固灵坟"，吴师道《吴礼部诗话》说："重华句，恭帝废为零陵王，舜冢在零陵九疑。故云尔。"黄文焕《陶诗析义》卷三："曰重华者，裕逼帝以禅让，放引舜之禅天下也。固零坟者，隐言恭帝之死。"这样解释，应该是得作者之旨的。所以这两句，实为全诗的关键。这差不多是明说了，可见渊明还是很大胆的。"流泪抱中叹，倾耳听司晨。"是说殷忧积怀，夜不能寐。诗人隐居穷苦，常有此事。如《饮酒》其十六"披褐守长夜，晨鸡不肯鸣"。这里表面是说，将要入秋，黑夜渐长，流泪而待晨鸡。作者流泪所叹何事？即底下十四句的时事。

"神州献嘉粟，西灵为我驯"，是写刘裕为篡位而制造符瑞。汤汉注："义熙十四年，巩县人献嘉禾，裕以献帝。帝以归裕。西灵当作四灵。裕受禅文有'四灵效瑞'之语。二句言裕假符瑞以奸大位。""诸梁董师旅，芊胜丧其身"两句，一般认为是指桓玄篡晋而被刘裕消灭之事。芊胜即楚白公胜，他自立为王，月余，诸梁来救楚，使楚惠王复位。诸梁即叶公，事见《史记·楚世家》。那么这里是以诸梁指刘裕，以芊胜指桓玄。桓玄因篡晋而亡身，非渊明所惜，但是他行篡窃在前，使东晋王朝的根本先被摧动，客观上为下一次刘裕的篡位创造了条件。这原是一个很显明的事实，连晋恭帝在禅让时也说，晋室其实在桓玄篡位时就已灭亡。所以，东晋的灭亡，实在是桓玄与刘裕这两位合作的"成果"，这正是"仪狄造，杜康润色之"的本义。有学者认为渊明是倾向于桓玄的，在这里可以看出，他是连桓、刘两人一起指斥的。隐射得尤其巧妙的是，不但刘裕鸩杀晋恭帝，而且桓玄在此前就曾鸩杀司马道子。可见，渊明的《述酒》一题中真是藏无数文章。

"山阳归下国"至"三趾显奇文"八句，说的是晋朝失祚的事情。"山阳归下国，成名犹不勤"两句，汤汉注："魏降汉献帝为山阳公，而卒弑之。《谥法》曰：不勤成名曰灵。古之人不善终者，有灵若厉之号。此正指零陵先废而后弑也。曰犹不勤，哀怨之词也。"大概刘裕弑君后，还加之以恶名，渊明此句正是为恭帝申诉这种冤屈的。本来恭帝是看清时势，情愿禅位的，刘裕对此不仅毫不领情，反而以枭雄狠暴之手腕，不放过一个已经毫无抵抗力的对手，行赶尽杀绝之事。本来不太言时事的渊明，之所以愤而为此诗，实在是因为看不过刘裕的这种行为。可见他的力辞著作郎之征，固然是坚持隐逸理念，但也与他对刘宋的不抱好感有关系。"卜生善斯牧，安乐不为君"两句，王瑶注："卜生，卜式。《汉书·卜式传》说：'式布衣草蹻而牧羊，上过其羊所，善之。式曰：非独羊也，治民亦犹是也。以时起居，恶者辄去，毋令败群。上奇其言，欲试以治民。刘裕剪除晋朝宗室，为行篡作准备，其法如卜式牧羊。'"但这句应该是接着"山阳"两句而来的，是以卜生善牧反衬晋恭帝因为不能御下，自认晋祚实已绝于桓玄篡逆之时，一味因循，全由刘裕作威作福，图一时苟安之乐，终于不得为君。安乐又为蜀汉后主刘禅降魏后的封号，所以历来注者又多认为这里是以刘禅失国比恭帝失国。"平王去旧京"四句，后人多有曲解，还是汤汉之注最为通达："裕废帝而迁之秣陵，所谓去旧京也。峡中未详，双陵当是言安恭二帝陵。三趾似谓鼎移于人，四句难尽通。"诗写晋宋易代本事，尽于此。

从"王子爱清吹"以下，主要是写帝王虽贵，但终至遭遇失国亡身之祸，不若王子晋、陶朱公之高蹈于世，远离世纷，得以永年。这是从国家之事，退一步讲到人生之事。盖渊明写《述酒》，不仅悼旧朝之亡，也哀旧君之丧。从哀旧君之丧来说，安帝、恭帝虽贵为君，但终究也是一个人而已。向使不为帝，则自无此惨祸。况且恭帝的为君，本来就出于刘裕的安排，就个人来讲，真是无辜的政治牺牲品。"王子爱清吹"，当是写东晋宗室之有才者，见晋运已去，效王子之高蹈。"朱公练九齿"则是以陶朱公自比，"练九齿"为道家修炼之事。渊明平生，不信神仙养生之事。所以，初一看，说这句是渊明自述，似乎不太像。但此诗既为隐晦之笔，则在写了"王子爱清吹"之后，连类而及，再用陶朱公的典实来自述。并且正因为陶朱公的高蹈与渊明的高蹈并不太像，反而可以迷人眼目，由此将一段自述隐去。渊明早年常怀侠义，欲济世难，其志不小。他的曾祖陶侃，在东晋初平苏峻之难，挽救晋室。渊明早年未必不存斯志，但自己既已选择归隐，并且世运已去，所以纵然目击晋室倾覆，也无可奈何了。"峨峨西岭内，偃息常所亲"，是写自己闲居之况，与开头写闲居玩物的那几句相照应。最后"天容自永固，彭殇非等伦"，从意脉来看，是说天道自在，王子、朱公之流，善循自然，能于乱世高蹈养生得长寿，为彭祖之年。而反观恭帝，则失国身死，为殇。这样说，并非不同情晋朝的亡国之君安帝、恭帝，而是用比一朝一姓之事更为根本的天道自然之旨来解脱。对于渊明自己来讲，是以出世之言，掩孤愤之情。旁人看后，也难以遽悉其本旨。我们想起吴梅村的两句诗，是写明社倾覆之际的情形："时危文士皆成将，事去孤臣且学仙。"（《杂感》其十）后一句，正可以用来总括《述酒》最后八句诗的主旨。

总结《述酒》一诗，"重离照南陆"六句写诗人闲居玩物，慨季候已变，暗寓世运之迁移。"豫章抗高门"两句为主题，以隐晦之词直述晋衰宋兴。"流泪抱中叹"两句写有感于世变，殷忧不寐。"神州献嘉粟"两句写刘宋为禅代制造符瑞。"诸梁董师旅"两句写刘裕因灭桓玄而兴。"山阳归下国"八句写晋室君亡祚移。"王子爱清吹"八句写因王朝更替，而发高蹈游仙之想，似言天道永固，不因一姓一朝之兴衰而变。并感慨帝王因有国而亡身，出世之士以怡养而得寿。

关于渊明在晋宋易代之际的政治态度，古今学人讨论得很多，分歧也不少。颜延之作《陶征士诔》，只述他的高蹈之志，固穷守节之行，未明言其政治态度。《宋书》本传与萧统《陶渊明传》都认为他的不复出仕，与刘宋倾覆晋祚有关。《南史》本传承其说，《晋书》本传未承其说。唐人讴咏、评论陶渊明，都注重其隐逸而善诗。宋人苏轼爱渊明，重在欣赏他的生活态度与诗歌艺术。苏门的黄庭坚、秦观，重提渊明忠于晋朝的老话题，可以说是拾起了《宋书》、萧《传》的旧绪，这当然与宋代士人重视儒家伦理有关系。其中黄庭坚《宿旧彭泽怀陶令》《卧陶轩》《次韵谢子高读陶渊明传》等诗，对渊明的平生忠义之心作了很高的推许，这与他推许杜甫每饭不忘君有共同的思想原因。黄庭坚十分强调渊明的政治抱负，甚至许他为贤相之才："袖中正有南风手，谁为听之谁为传？"（《次韵谢子高读陶渊明传》）感叹他虽有忠晋之心，但不得逢其主，不能展其才。他因此将陶渊明与诸葛亮相提并论，其诗云："凄其望诸葛，抗脏犹汉相。时无益州牧，指挥用诸将。平生本朝心，岁月阅江浪。"他的这些话，恐怕主要是从《宋书》渊明本传"自以曾祖晋世宰辅"那几句话中演绎出来的。后来龚自珍《杂诗》说："渊明酷似卧龙豪，万古浔阳松菊高。莫信诗人竟平淡，二分《梁甫》一分骚。"正是接受了黄庭坚的论调，并进而将他与屈原相提并论。但奇怪的是，偏偏是黄山谷，漏过了渊明集中感慨晋宋易代之事的《述酒》一诗。揭出《述酒》本旨，则主要是汤汉等宋代注家的功劳。当然，这个发现也与上述以黄庭坚、秦观为代表的宋代学人强调渊明忠义之心有关系。

涉及渊明政治态度的，还有《宋书》本传中"所著文章，皆题其年月，义熙以前，则书晋氏年号，自永初以来，唯云甲子而已"这一说法，唐玄宗时《文选》五臣注中刘良注《辛丑岁七月赴假江陵夜行涂口一首》时，引《宋书》此说。宋人思悦考察渊明题甲子之诗九首，皆作于晋安帝时，以此否定《宋书》及五臣之说，使得这一个问题也成为讨论渊明政治态度的关键。当然否定《宋书》"永初以来，唯云甲子"之说，与渊明是否对晋朝存忠义之心，是两个问题。总的来说，古人有不言及渊明政治态度的；但凡言及者，都肯定其忠晋，并且都认为其隐居与晋宋易代的世变有关系。

近代以来，由于伦理观念的转变，也因为史学的发展，对两晋南朝士大夫家族重于王朝的常态表现有所认识。所以对《宋书》、萧《传》之说，渐有持质疑态度的。其中以梁启超之论影响为大："萧统作渊明传，谓'自以曾祖晋世宰辅，耻复屈身后代，自宋高祖王业渐隆，不复肯仕'。其实渊明只是看不过当日仕途的混浊，不屑与那些热官为伍，倒不在乎刘裕的王业隆与不隆。若说专对刘裕吗？渊明辞官的那一年，正是刘裕拨乱反正的第二年，何以见得他不能学陶侃的功遂辞归，便料定他二十年后会篡位？"①梁氏的这个观点，初看在理，因为渊明的归隐，的确不完全是因为晋宋易代。但是我们前面说过了，他归隐后的坚持不出，尤其是不应义熙十四年之征著作佐郎，则是与刘裕篡晋有直接的关系。我们读过《述酒》诗，才知道渊明的真实态度，尤其是诗中对刘裕制造符瑞的讽刺。其实，刘裕在篡位之际以晋朝之命征渊明为著作佐郎，与制造嘉禾符瑞是一样的，无非是借重渊明当时的隐逸高名，来修饰刘宋的勋业。渊明如果此时应聘，就成了新朝佐命；而不应聘，则需要有一定的勇气与道义立场。从这里我们看出，渊明对刘宋王朝的态度，至少可以说是懒于应付。这除了高蹈的人生志趣外，对晋朝的忠义之心不能不说是一个重要的因素。这一点，可能当时的舆论是很清楚的，所以才有《宋书》与萧《传》的记载。

渊明之所以怀有忠晋之心，一方面是由于他在伦理思想方面，还是接受儒家的忠孝节义观念的；另一方面，与他寒素出身的社会地位有关。时人多论两晋南北朝士大夫家重于国，但这主要是门阀士族中的高门人物。寒素之士，由于没有形成足以抗衡王朝的家族政治势力，相对来说，对王朝的依附要更多一些。所以，我们看到，这个时代，王朝与寒素常会结成联盟，共同对付门阀。也正因为这个原因，寒素族的伦理观念中，传统的忠君、忠于本朝的思想要多一些。渊明曾祖陶侃就是一个例子。有人说陶侃也

---

① 梁启超《陶渊明》，商务印书馆，1923 年。

曾怀篡夺之意，但他最后还是选择功遂身退。这一方面是由于其势力不足，另一方面也与寒素多忠义之心有关。渊明的功业之心与忠于旧朝，与他的寒素身份是有关系的。

当然，渊明思想的最高造就，是在对生命本身的透悟。他所追求的是独立的人格，这种独立的人格是超越政治之上的。这是渊明与后世杜甫的不同之处。所以，对于晋宋易代，渊明只发表了一个正义之士的感愤，他的心是热的。但是，他的人生思想与人格追求，不仅超越于一般的时事之上，甚至可以说超越于王朝政治之上。所以，如果我们将他塑造成一个传统意义的忠义孤臣，那也是不合适的。因为忠臣以忠君爱国为最高使命，渊明则是以实现其高度自觉的人生为终生追求。这首《述酒》，也可以说是一个隐逸之士对世变的看法。总之，渊明诗歌虽有政治主题，但他不是一位政治抒情诗人，低而言之他是一位田园隐逸诗人，高而言之，他是以生命为抒写对象的诗人。

二十四　绝唱

　　诗人陶渊明最后的作品是《拟挽歌辞三首》与《自祭文》。这是一生中坚持不懈地思考生命问题的他，在距离死亡极为短暂的时间内，为我们留下的绝唱。这是他对于自己生命境界的最后自述，也可以说是人类文学中关于死亡主题的杰作。虽然死亡每时每刻都横亘在人类面前，但人类的个体能以完全真诚、客观、理性的态度正视死亡问题的时候却是很少的。这也许是因为，每次关于这个问题的思考，往往会为种种宗教或社会的观念所干预，为种种现实的问题所打断，纵有思考，也常常是浅尝辄止，没有得出什么真正有价值的结论。而借助魏晋以来思考生命问题的思潮的力量，以及他个人的努力，渊明的一生从不回避对于死亡的思考。尤其是从五十岁左右开始，他对生死问题进行了持续的思考，《形影神》组诗、《拟挽歌辞三首》与《自祭文》，正是这种思考的成果。

　　挽歌是一种古老的诗歌体裁，《左传》哀公十一年载鲁国与吴国共同伐齐，"将战，公孙夏命其徒歌《虞殡》"。杜预注："《虞殡》，送葬歌曲。"汉乐府相和歌辞中有《薤露》《蒿里》，晋人崔豹《古今注》："《薤露》《蒿里》，泣丧歌也。本出田横门人。横自杀，门人伤之，为作悲歌。言人命奄忽，如薤上之露，易晞灭也。亦谓人死，魂魄归于蒿里。至汉武帝时，李延年分为二曲，《薤露》送王公贵人，《蒿里》送士大夫庶人。使挽柩者歌之，谓之挽歌。"又谯周《法训》："挽歌者，汉高帝召田横，至尸乡自杀。从者不敢哭而不胜哀，故为挽歌以寄哀音。"但魏晋诗人拟《薤露》《蒿里》，多不用挽歌之名，其内容也多言时事，不作送殡哀挽之辞。现存直接以挽歌为题的作品，最早的是魏代诗人缪袭的《挽歌》，后来西晋诗人陆机也作《挽歌》三首。可见魏晋时代，除《薤露》《蒿里》这两首汉旧曲外，另有专门的《挽歌》。郭茂倩将之归入《蒿里》之下，未必合适①。渊明《拟挽歌辞三首》，从渊源来讲，不是拟《薤露》《蒿里》，而是拟缪袭、陆机之作。陆机和渊明的挽歌都是三首，但陆作专以叙哀为旨，并且为生者挽死者之语气。缪袭《挽歌》则作死者自挽之辞，哀伤之余，不忘生死必然之理："造化虽神明，安能复存我。形容稍歇灭，齿发行当堕。自古皆有然，谁能离此者。"这种叙旷达之怀的挽歌，反映出魏晋玄学的影响。渊明作挽歌自挽，并且多为旷达之语，正是渊源于缪袭。

《拟挽歌辞三首》：

有生必有死，早终非命促。昨暮同为人，今旦在鬼录。魂气散何之，枯形寄空木。娇儿索父啼，良友抚我哭。得失不复知，是非安能觉。千秋万岁后，谁知荣与辱。但恨在世时，饮酒不得足。

在昔无酒饮，今但湛空觞。春醪生浮蚁，何时更能尝？肴案盈我前，亲旧哭我傍。欲语口无音，欲视眼无光。昔在高堂寝，今宿荒草乡。荒草无人眠，极视正茫茫。一朝出门去，归来良未央。

荒草正茫茫，白杨亦萧萧。严霜九月中，送我出远郊。四面无人居，高坟正嶕峣。马为仰天鸣，风为自萧条。幽室一已闭，千年不复朝。千年不复朝，贤达无奈何。向来相送人，各自还其家。亲戚或余悲，他人亦已歌。死去何所道，托体同山阿。

---

① 郭茂倩《乐府诗集》卷二十七，中华书局，1979年，第396—399页。

渊明在这里表达的主要是对于死亡的旷达思想。渊明的生死观，完全是理性的，一直到死亡就要来临的时候，诗人对生命都不抱任何非理性的幻想，就个体的生命来讲，死亡是彻底的结束，渊明深知此理，所以他说"魂气散何之，枯形寄空木"。同时，他也以一种解脱的态度来理解死亡：死亡虽然意味着个体生命的结束，这是悲哀的；但同时也意味着一切人生矛盾的最后解决，生前的得失、是非，死后的荣辱，都与这个曾经存在的个体毫无关系了。"千秋万岁后，谁知荣与辱"，即《神释》诗所说的"立善常所欣，谁当为汝誉"。渊明对生命，有时抱着一种空无的观念，这可能受到佛教的影响。在临终的一刻如此看待死亡，将生命中曾有的矛盾与痛苦的最后解脱作为生命永远失去的补偿，使主观上得到一种主动放弃生命的理由。假如将死亡看作是生命的最后一个进程，则个体如果能在这个过程中得到解脱的利益，无疑是可以减轻其面对死亡的恐惧的。不错，这种情绪，带有某种程度的厌生乐死的倾向，也会导致对现实人生的否定倾向。但生命不能只做无限制地增加现实人生的福祉的加法，有时也要为终将来临的死亡做一些减法。

　　"酒"是渊明文学的另一重要主题，渊明饮酒的含义很丰富。在许多时候，渊明是借助酒来达到内心的和谐，甚至以酒来体味道，这与当时的玄学理念有所关涉，玄学作达之士，有以饮酒来体任自然的作风。但饮酒毕竟是一种物质的享受，《形赠影》诗中就说到，当"形"感到生命短暂时，就企图借酒杯来增加生命的物质享受的密度。渊明自己曾经否定这种做法，"日醉或能忘，将非促龄具？"但在《拟挽歌辞》中，他又说"但恨在世时，饮酒不得足"，而且深惜生前因贫困不能畅饮，并且对祭席上的春醪空设表示遗憾。这说明渊明并没有简单地否定"形"的生命愿望，只是他反对那种为了忧生惧死而终日沉酣的行为。当然，《拟挽歌辞》中如此突出"酒"的主题，其实也是诗人再次申述其旷达为怀的生命观念，不能简单地将他看作是一个临死都还不能忘怀于酒的酒徒。对于这一点，昭明太子萧统是渊明真正的知音："有疑渊明之诗，篇篇有酒，吾观其意不在酒，亦寄酒为迹也。"（萧统《陶渊明集序》）

死亡是个体生命的彻底结束，渊明也说"人生如幻化，终当归空无"，所以他对死后不作任何非理性的幻想。但是即使这样，人们仍然无法不用一种存在的形式来设想死后：死者宿在荒草之乡，极视茔外一片茫茫；死者又有何可遗憾呢？得托遗体于山阿。即使自我已经不复存在了，人们在想象这个不再存在的自我时，仍然无法离开这个自我。这也许是生命最大的悲哀。但渊明深知，这个对死亡后的"自我"的想象，其实是活着时的自我意识的一种延伸，只不过是一种想象而已。我们任何人，都无法让自己断绝这种对死后"自我"的延想。这才是生命体最奥妙的、无法解释的地方。另外，即使是持有最旷达的生命观的个体，也无法真正做到面向死亡而不悲哀。渊明所做的，是正视死亡这个冷酷的事实，深知大化之运，祛除无谓的恋生惧死之情。直面它，迎接它，对它不抱任何的幻想。这最后的灵台湛然清明，便是生命的最高修为，也应该是自我最大的成就！佛教说，佛以一大事因缘来此世间，这一大事因缘即生死之事。作为一种生命哲学，佛教所要做的就是深入到生命的内部结构即性识，与生命的外部条件即缘起，来对生命做一个否定式的解脱。佛教既否定了"形"这一生命中客观存在的物质形式，也否定了"影"这一生命的社会存在方式，同时也否定了人类整体的大生命体。并且佛教最终依托宗教的形式来阐述它的生命哲学，理丝愈梦，本要以最高的理性解决生命问题，却将愚夫愚妇引入了更大的痴妄，它的生命哲学也在这种痴妄中最终被否定。渊明则通过建立其形影神的整体生命观，通过他一生的行为实践，真正解决了佛教所说的这一大事因缘。可谓披开枝叶，直截本根，为后世的人们留下了无穷的启示！

公元 427 年即宋文帝元嘉四年，深秋九月，"天寒夜长，风气萧索，鸿雁于征，草本黄落"。渊明意识到自己很快就要离开人世的"逆旅"，归向死亡的"本宅"。只有真正洞彻生死之变、了然身心之理的人，才会有这样的预感。这使渊明的灵台再次进入澄明之境，他的整个人生以及即将发生的自身死亡的事实，都极为清晰地呈现在他的眼前，简直可以说是物无遁形。这篇《自祭文》主要有三个内容，一是对临死状态的描写，二是对全部生涯的追忆，三是对死亡的理性态度。首先看他对临死状态的描写：

> 岁惟丁卯，律中无射。天寒夜长，风气萧索，鸿雁于征，草本黄落。陶子将辞逆旅之馆，永归于本宅。故人凄其相悲，同祖行于今夕。羞以嘉蔬，荐以清酌，候颜已冥，聆音愈漠。

渊明仍然以死亡为必然的归宿，生为逆旅，死为本宅。虽然这里仍有一种延想，从对临死的描写中，我们看到，渊明对于死亡，已经没有恐惧情绪了。这是极大的成就。他成功地将自身的死亡作了理性的观照，将它看作是无数件发生过的和发生着的自然万物变化中的一件事。渊明的这种行为可以抽象为这样一个哲学的观点：将主体的死亡客体化。

渊明的自祭文，也是他为自己写的又一篇自传。本来渊明文学的基本性质就是自述，"颇著文章，以示己志"，是渊明文学创作的总纲。与别人的文学常常局限于表现生活的片段，甚至只写出琐细生活情态不同，渊明对于自我的表现是整体的，他总是将自己目前某个具体的生活片段、当刻的生命感受，放在整个生命历程中来加以表现。因此，他的文学的表达方式又常常是追忆式的。在迎接生命的终点时，他对自己的一生作了一次总的追忆，为其自述与追忆的文学画上了一个圆满的句点。

如果将整个人生看作是一个走向死亡的历程，那么出生就是它的第一步。在人生的尽头，诗人陶渊明正是以这样的方式来作生涯追忆的：

> 呜呼哀哉！茫茫大块，悠悠高旻，是生万物，余得为人。自余为人，逢运之贫，箪瓢屡罄，絺绤冬陈。含欢谷汲，行歌负薪，翳翳柴门，事我宵晨。春秋代谢，有务中园，载耘载籽，乃育乃繁。欣以素牍，和以七弦。冬曝其日，夏濯其泉。勤靡余劳，心有常闲。乐天委分，以至百年。惟此百年，夫人爱之，惧彼无成，愒日惜时。存为世珍，殁亦见思；嗟我独迈，曾是异兹。宠非己荣，涅岂吾缁？捽兀穷庐，酣饮赋诗。识运知命，畴能罔眷？

生非造化之恩，死非造化之酷，生死之间的全部所历，注解了"人"字的含义。渊明觉得自己的一生，用一个"贫"字就可以概括其始终。常人的"贫"总是与苦联系在一起的，渊明的"贫"却是与乐联在一起。因为，贫与富是一个人客观的经济情况，苦与乐是一种心理状况。贫不一定就苦，富也不一定就乐。能够乐道，"乐天委分"，就能安于贫贱；安于贫贱，就能乐于贫困。可见"安"字也是渊明人生思想的一个重要概念。

最后渊明陈说了对于死亡的坦然态度，以及一个达观之人的身后安排：

> 余今斯化，可以无恨。寿涉百龄，身慕肥遁，从老得终，奚所复恋。寒暑逾迈，亡既异存，外姻晨来，良友宵奔，葬之中野，以安其魂。窅窅我行，萧萧墓门，奢耻宋臣，俭笑王孙。廓兮已灭，慊焉已遐，不封不树，日月遂过。匪贵前誉，孰重后歌，人生实难，死如之何。呜呼哀哉！

既然死亡是运化的安排，就应该乘运委化，自然无有遗恨，况且从老得终。剩下来的丧葬之事，也不过是生者循礼从俗的安排。奢侈可耻，何况像渊明这样的贫士，也谈不上奢字；但像杨王孙那样裸葬，也未免过于惊世骇俗。这里可见渊明一生奉行的，是一种中和通达的人生观，一点也没有沾染虚矫习气。"不封不树"，封指起坟墓，树指栽墓树，封与树都是为了留下墓葬的标志，供后人长期瞻仰。渊明说：不起高坟，不栽墓树，不留下什么可供后人长期凭吊的标识，让人们在日月的运行中很快地忘掉我这个人吧！生前的名誉就已看轻，难道还在乎死后人们为我唱赞歌吗？我已知人生实实不易，死又有什么呢！"人生实难，死如之何"两句，钱锺书认为，其"语意本《全三国文》卷五二嵇康《圣贤高士传》尚长喟然叹曰：'吾知富贵不如贫贱，未知存何如亡尔！'"[1] 这种解释不符合渊明的原意。渊明的生死观我们前面已经讲得很清楚了，他是不会有"未知存何如亡"这样的疑问的。

渊明晚年的朋友颜延之，也记下了渊明临终的情形：

> 年在中身，疢维痁疾。视死如归，临凶若吉；药剂弗尝，祷祀非恤。傃幽告终，怀和长毕。呜呼哀哉！敬述靖节，式尊遗占。存不愿丰，没无求赡。省讣却赙，轻哀薄敛。遭壤以穿，旋葬而窆。

渊明终于疹病，中身即中寿之意。古人以一百岁或一百二十岁为上寿，所以六十三岁去世，只能算是中寿。从他的诔文中我们还知道，渊明最后自愿放弃治疗，这大概是久病的缘故。至于祷祀求神以延生，渊明当然更不会做了。另外，从颜延之的叙述，还可见陶公的丧事是十分简朴的，没有广发讣闻，也不收友朋的赙赠，只是简单地办个丧事。"遭壤以穿"是说不循世俗地择地相墓，即不搞郭璞《葬经》那一套；"旋葬而窆"，即渊明自己说的"不封不树"的意思。看来渊明的"神辨自然"生命观，一直实行

---

① 钱锺书《管锥编》，中华书局 1986 年，第四册，第 1229 页。

x

到身后的安排。

　　只要人类存在，死亡就永远是人们面临的最大困境，所以渊明的《拟挽歌辞》与《自祭文》所呈现的对死亡的理性认识，具有永恒的启示价值。

二十五　为己之学

颜延之的《陶征士诔》说渊明"学非称师"，意思是说他在当时并不以专门学者著称。当时的专门学问，无非传统的经学，或佛学、玄学。颜延之这里说的，恐怕主要还是指经学。渊明"游好在六经"，却无意于作个皓首穷经的经师。他自己早就说过："好读书，不求甚解。每有会意，便欣然忘食。"（《五柳先生传》）可见，"学非称师"并非是他学问不够，不能成为专门学者，而是他不想做那种"称师"之学。当然，渊明最重要的学问还是文学，从他的作品来看，他对文学传统有深厚的汲取，由此造就了他卓越的诗歌艺术。但是诗学在当时并不被看作学术的一种。此外，渊明对历代人物传记是有所研究的，他不仅写作大量的诗文，而且著述《五孝传》《集圣贤群辅录》① 等

---

① 现存渊明此类著述，真伪未定，前人如《四库全书总目》多有考辨。然渊明必有此类著述。现存的这些作品，虽然不见得全为真本，但肯定是有所依据的。陶集定于唐之前，渊明在唐之前名声并不特别大，当时的著述假托的渊明的可能性不是太大。潘重规、袁行霈等先生认为《四部全书总目》定《五孝传》《四八目（集圣贤群辅录）》为伪书，主要是秉承乾隆帝的旨意，袁先生认为："《五孝传》及《四八目》皆渊明平日之札记，原非具备完整构思之文章也。作者信手采录，本不求严谨，读者更不必以严谨之文章求之。"（袁行霈《陶渊明集笺注》，中华书局，2003 年，600 页）其说可取。志熙案：《集圣贤群辅录》末后云："凡书籍所载及故老所传，善恶闻于世者，盖尽于此矣。汉称田叔、孟舒等十人及田横两客、鲁八儒，史大失其名。夫操行之难而姓名翳然，所以抚卷长慨，不能已已者也。"此与其《感士不遇赋》《咏贫士》等作所抒发的情绪相近。又《和刘柴桑》诗有"去去百年外，身名同翳如"，与"姓名翳然"修辞正同。渊明喜用"翳然"之类的词，如《咏贫士》之六"翳然绝交游，赋诗颇能工"，《时运》"花药分列，林竹翳如"，乃至《归去来兮辞》"景翳翳以将入"。这一点似可为上述潘、袁之说之一补充。简述于此，其余俟后再作专门考证。

史部的著作。在其诗文中，渊明也谈及治学问题。比如《感士不遇赋·序》中说："余尝于三余之日，讲习之暇，读其文，慨然惆怅。"这里所说的"讲习"，应该是指讲习经典的学问。另外《咏贫士》其二中有"诗书塞座外，日昃不遑研"之句。可见渊明除创作诗文之外，也有一些治学活动。但是渊明治学的最终目的，并不是要成就某种具体的学问。终其一生，渊明都是用他的所学，再经过生命体验与生活实践，建立自己关于人生的大学问。这应该是所有学问中最大的、最根本的一种。古今中外学人无数，但能建立这种大学问的，实在没有几人。以诗人身份、以诗歌为媒介来建立这种大学问的，更在少数。中国古代诗人，渊明之外，苏轼差强可比，白居易则仅得皮毛。普通的学者，哪怕是我们今天常说的那些学术大师，因为不能够建立这种最大的、最根本的学问，才退而求专门之学。这也是学人希望有所造就而不得已的选择，但在学问中可称第一义；在人生的思想建树上，则只能算第二义了。

渊明的人生之学，像任何深刻的思想一样，极其渊深丰富。要真正地领会其一二，只能通过实践，文字上的阐述未必能得其万一。但还是可以尝试着求其纲领。我觉得他的人生之学，可以用"为己之学"来概括"为己"是什么意思呢？不是今人所说的自私自利，一切为自己着想的意思，而是高度地实现自我。《论语·宪问》中说："子曰：古之学者为己，今之学者为人。"孔安国解释说："为己，履道而行之；为人，徒能言之。"这个话的意思，是说从前的学者是为了立身行道而学，现在的学者只为立言著论而学。后来荀子也说："古之学者为己，今之学者为人。君子之学也，以美其身；小人之学也，以为禽犊。"（《劝学》）"禽犊"是猎物的意思，是说小人之学只为猎获某种东西，或名或利，或普通的好奇心、求知欲。渊明自己并没有立"为己之学"这样的名目，但是我们觉得他的学问与人生践履，用"为己之学"来赞述是合适的。也许战国两汉以至六朝的著名学人，都是做为人之学，真正做为己之学的，只有一个陶渊明。他是真正属于孔子所说的那种"古之学者"。可惜当时的人根本不了解这一点，连颜延之都说他"学非称师"，虽非贬辞，实亦非赞语。到了宋代，人生之学兴起，学者们才开始了解渊明人生之学的崇高造诣。但要把握住渊明的全部思想，毕竟是不易的。就是苏东坡、真西山那样推崇他，也不一定能得其全。我们今天阐述他的为己之学，恐怕也难免流于皮相。

所谓"为己之学"，当然是指为了自己的学问与修为。但什么叫自己？人有思想与感情之分，有肉体与心灵之别，虽然它们都联系在一起，不可分割，但如果不加体认的话，则难以认出到底哪一个才是真正的自己。渊明在哲学上对自我做过分析，就是前面举过的《形影神》诸作。"形"即肉体与生理层面的我，指一般的情感与欲望。魏晋玄学一派，以放诞纵情为自然，饮酒、纵欲所体认到的就是形的自我。"影"即个体正面的社会影响与行为形象，即传统的名教一派所理解的自我，其实也就是"名"。"神"则是渊明通过高度思辨发现的真正独立于天地万物之表、而又混同于天地万物之流的精神的自我。渊明称此为"神辨自然以释之"，它是居于形的自我及影的自我之上的最高自我。渊明对自我的发现，用《形影神》这三首哲学诗表现出来，其实差不多可以说是他平生不断寻求自我的一个总结。所以，形影神的思想，其实在渊明好多作品中散在着，只是我们现在还无法将它一一阐述出来。

渊明的为己，他的爱饮酒，从表面上看来，好多时候好像是在物质的自我这个层次：

> 道丧向千载，人人惜其情。有酒不肯饮，但顾世间名。所以贵我身，岂不在一生。一生复能几，倏如流电惊。鼎鼎百年内，持此欲何成。（《饮酒二十首》其三）

这里的"贵我身"，表面上看来，指的好像是物质的生命。在《饮酒》其十一中他又说："客养千金躯，临化消其宝。"似乎也很看重肉身。其实渊明所重并非肉身，而是生命本身不可取代的价值，是寄托在肉身中的这一颗心。求名求利者，才是为了肉身，为物欲的享受。渊明"为己之学"的"己"，是心灵的自我。我们前面分析过他辞官的原因，是顺从心灵的真正需求，而放弃了物质的享受：

> 饥冻虽切，违己交病。(《归去来兮辞·序》)
> 性刚才拙，与物多忤，自量为己，必贻俗患。俛俛辞世，使汝等幼而饥寒。(《与子俨等疏》)

这两条，可以说是渊明"为己之学"最直接的体现。为了不违己，竟至于放弃最基本的温饱，不但放弃了自己的温饱，连家人的也一并放弃了。在今天很多人看来，不免有些不近人情。但是渊明竟然不顾众议，毅然辞官归隐。为了什么？就是为了这个已经找到的心灵的自我。其实他一辈子都重视这个"己"：

> 抚己有深怀，履运增慨然。(《岁暮和张常侍》)

在平素，他总是这样抚慰自我，关照自我。"抚己"二字将渊明平生时刻为己的真实形态表露得很生动。把握住这个自我，任着生命在社会与自然的大化流行中自由地伸展。人们对外界是无法主宰的，真正能主宰的只能是自己的心灵：

> 形迹凭化往，灵府长独闲。(《戊申岁六月中遇火》)

渊明不是忽略人的基本物质需求。相反，我们可以说他十分重视它。他不顾士大夫的身份，躬耕田亩，就是为了这种物质需要：

衣食当须纪，力耕不吾欺。（《移居》二首）

但他觉得有适当的物质满足就行了，并不过于奢求：

营己良有极，过足非所钦。（《和郭主簿》）

对人们羡慕的富贵，也不是简单的否定：

岂望袭轻裘，苟得非所钦。（《咏贫士》其三）

只要苟且所得，就是"违己"。
为己之学，也可称为心之学：

美哉周子，称疾闲居。寄心清尚，悠然自娱。（《扇上画赞》）
称心而言，人亦易足。（《时运》）

可见他这一辈子注重的，就是这个"心"字。渊明写作，也是为己，而非为人：

常著文章自娱，颇示己志。（《五柳先生传》）

渊明领会自然之美，也是"为己之学"。

东园之树，枝条再荣。竞用新好，以怡余情。（《停云》）

总之，为己之学可算渊明平生学行的一个纲目。

二十六　生命意识与生命思想

　　魏晋是生命情绪热烈、生命意识自觉、生命思想丰富的时代。从根本来讲，魏晋士人的一切行为方式、文化创造与生活实践，无不以此为深层的动因。魏晋时代的哲学流派，也以生命哲学的不同而分野。陶渊明生命思想的形成，与这个大的思想背景是分不开的。

　　生命完全是以个体的形式存在的，但个体生命以繁殖的方式出现，这就使得每一个体生命，与若干别的个体生命形成了许多血缘性的系链。在这些系链中，中国人最重视男性直系的生命系链，每一个生命都由父亲向上追溯到他的祖先，形成长长的宗族生命链。至少在周代，我国宗族制度就已建立并完善，与此相应，形成了一种宗族的生命观，是中国传统价值观念的重要依据之一。魏晋士族社会以宗法制度为基本的根干，所以魏晋人对于这个宗族生命链也给予了特殊的重视。渊明也不例外，他极重宗族观念。这在《命子》《赠长沙公》等诗中表现得很清楚："浑浑长源，郁郁洪柯。群川载导，众条载罗。"像一条长长的河流，像一棵巨大的树木；河流分成许多的支流，大树分布繁茂的枝条——这就是渊明对宗族生命链的直观想象。所以，我们在讲他的生命思想时，不能忽略这一点。

　　虽然生命只以个体的形式存在，但没有一个生命可以脱离别的生命体而独立存在，一个具体生命总是依存于家庭、社会、国家乃至全人类这些大的生命群体之中的。每个人依存方式不同，体认到的生命共同体的范围也有大小。对于这个生命共同体的体认程度的多少与有无，也是个体生命自觉程度的一种标志。渊明是一个高度自觉的生命个体，他所执持的，不是杨朱为我的思想，而是传统儒家达则兼济、穷则独善的思想。"咨大块之受气，何斯人之独灵！禀神智以藏照，秉三五而垂名。或击壤以自欢，或大济于苍生。"（《感士不遇赋》）兼济与独善，都是在以人类生命、群体生命为共同体的伦理道德生命观的基础上形成的一种价值观。渊明初求兼济没有成功，就转为独善。"养真衡茅下，庶以善自名。"（《辛丑岁七月赴假江陵夜行涂口》）所以，他的隐居求志，与儒家的伦理道德生命观并不违碍。这也是为什么隐逸能得到社会与统治者承认的原因。

上述的宗族生命观与伦理道德生命观，虽非渊明生命思想的独特体悟与独到建树，但是当我们讲述其生命思想的独特体悟与独到建树时，必须先看到这两种对于他人生行为起到很大支配作用的生命观。

个体对于生命最自然的一种态度，就是对自己的生命的执着与珍爱。但这种发于本能的惜生情结，只有自觉的个体才能对之加以正确的体认。渊明对生命是充满热爱的：

> 所以贵我身，岂不在一生。一生复能几，倏如流电惊。
> （《饮酒二十首》其三）

自东汉中后期以来，流行贵生思想。贵生思想派生出厚生与养生两种观念。渊明虽然贵生，但并不赞同非理性的神仙家的养生思想，也不崇尚贵族式的厚生、裕生、奢生的生活方式。他所贵尚的是生命本身，因为个体生命的存在，是个体一切行为的前提。魏晋虚无放废一派，对生命实具有厌弃的观念，渊明与此种思想绝缘。他对生命是持积极态度的。正因为渊明的出发点是积极的，所以他经过一生思考所形成的生命思想，才是有价值的。

魏晋生命思潮的特点，在于因个体生命的短暂而引起的种种思想行为方式。所以表现生命短暂的焦虑感，是魏晋文学的基本主题。在这个方面，渊明也是有代表性的诗人：

> 采采荣木，结根于兹。晨耀其华，夕已丧之。人生若寄，憔悴有时。静言孔念，中心怅而。（《荣木》）

> 今日天气佳，清吹与鸣弹。感彼柏下人，安得不为欢。清歌发新声，绿酒开芳颜。未知明日事，余襟良已殚。（《诸人共游周家墓柏下》）

> 荣华难久居，盛衰不可量。昔为三春蕖，今作秋莲房。严霜结野草，枯悴未遽央。日月有环周，我去不再阳。眷眷往昔时，忆此断人肠。（《杂诗十二》其三）

> 日暮天无云，春风扇微和。佳人美清夜，达曙酣且歌。歌竟长叹息，持此感人多。皎皎云间月，灼灼叶中华。岂无一时好，不久当如何！（《拟古》其七）

《荣木》诗以朝开夕落的木槿花来比喻人生之短暂，同时抒发强烈的焦虑感。次首《诸人共游周家墓柏下》带有因生命短暂而及时行乐的思想。《杂诗》其三与《拟古》其七直抒生命短暂的情绪，充满了阮籍式的忧伤。

因生命的短暂而引发强烈的迁逝感，是魏晋生命意识的一个突出特点，也因此而形成魏晋诗歌的重要主题。迁逝感也是渊明日常的生命情绪，他的诗歌继承魏晋诗歌感物言志的传统，对迁逝意识的表达也很普遍。他对时光的流逝，怀有十分敏感的体验，将其与人世的变化相结合，概括为"时运""运""化"等概念：

> 迈迈时运，穆穆良朝。（《时运》）

> 运生会归尽。（《连雨独饮》）

> 形迹凭化往。（《戊申岁六月中遇火》）

> 聊乘化以归尽。（《归去来兮辞》）

可见渊明日常之间，对迁逝运化有强烈的感受。迁逝感是由对生命短暂的必然性认识而产生的。在《五月旦作和戴主簿》诗中，他比较集中地表现了这迁逝感，并以自然之理来消释：

> 虚舟纵逸棹，回复遂无穷。发岁始俯仰，星纪奄将中。南窗罕悴物，北林荣且丰。神萍写时雨，晨色奏景风。既来孰不去，人理固有终。居常待其尽，曲肱岂伤冲。迁化或夷险，肆志无窊隆。即事如已高，何必升华嵩。

渊明在《咏贫士》其二中有"南圃无遗秀，枯条盈北园"的描写，北园与本诗中的"北林"是一个地方，都指南村（栗里）的住宅。可见此诗是移居南村后的作品，逯钦立将其系在义熙九年渊明四十九岁时①。渊明这首诗，从庄子的虚舟之喻开始。《庄子·列御寇》用"泛若不系之舟，虚而遨游"来比喻人生。渊明喜欢用这个典故，有时是用来指人生迅疾，如《杂诗》"壑舟无须臾，引我不得住"；有时也用不系之舟来比喻一种自由不羁的人生态度，如《使都经钱溪》："终怀在壑舟，谅哉负霜柏。"本诗是作者在五月的第一个上午的感慨。五月是繁茂的季节，雨是时雨，风为景风。眼前的景象带给渊明的不仅是和适的感受，更有时光迅逝的感喟。想到自己已近五十之年，离人生的终点越来越近，诗人内心不禁起伏，但并不特别感伤，更不惧怕。这是因为他认识到，这个世界上没有什么是永恒的，凡是来的，总会去的，而有生有死，更是人生之常理，既然这是常理，就应当像荣公所说的那样"居常以待终"。今后的人生，或许还会有夷险之变，但只要肆志而行，心灵就不会再次塌陷。只要心灵不塌陷，就能平淡地对待包括死亡在内的各种变故。这就是一种超越，就是生命境界的提升，又何必要依赖那种登五岳求仙的幻想呢？

---

① 《陶渊明集》第53页。

渊明对生命问题尤其是生死问题比较集中的思考，应该是在五十岁前后。归隐之前，他的主要矛盾是在出处问题；归隐之后的一段时间，情绪比较和谐，思想矛盾比较少。接近五十岁时，一方面归隐生活遭遇困难，另一方面感觉前途渐窄，自然渐多忧生之思。《杂诗十二首》中有好几首是在这个时候写的，其六、其七两首流露得尤其明显：

> 昔闻长老言，掩耳每不喜。奈何五十年，忽已亲此事。求我盛年欢，一毫无复意。去去转欲远，此生岂再值。倾家持作乐，竟此岁月驶。有子不留金，何用身后置。
>
> 日月不肯迟，四时相催迫。寒风拂枯条，落叶掩长陌。弱质与运颓，玄鬓早已白。素标插人头，前途渐就窄。家为逆旅舍，我如当去客。去去欲何之，南山有旧宅。

渊明移居南村后，生活境况越来越差，身体状况也不如以前，并且经常患病，常觉不久于人世。上述两诗反映的就是这种情形。在这前后，他还写了带有遗书性质的《与子俨等疏》，自述年过五十，"疾患以来，渐就衰损，亲旧不遗，每以药石见救，自恐大分将有限也"。可见这个时期，渊明的忧生之思开始有较多的流露。

但是，渊明是不会让自己陷于单纯的忧生情绪里的。也正是这个时候，他开始有意识地建树其完整的生命哲学。他已经建立起固穷的思想了，现在再将"居常以待终"的思想最后确定下来，他的人生思想的两大支柱也就确立了。他的生命思想的资源，一部分来自儒家，也有一部分来自荣启期等高士，以及庄子和佛教。他在生死问题上受儒家影响，历来很少注意到。可他自己在《与子俨等疏》中说，他关于"生必有死"的观念，是接受圣人及其弟子的说法的：

> 天地赋命，生必有死。自古圣贤，谁独能免。子夏有言

曰："死生有命，富贵在天。"四友之人，亲受音旨，发斯谈者，将非穷达不可妄求，寿夭永无外请故耶？

至于荣启期"居常以待终"的乐观态度对他的深刻影响，我们在《贫士们的故事》一篇中说到过了。老庄与魏晋玄学自然观对他生命思想的影响，在于运化、大化的观念。这与儒家纯粹以理性来克服生死忧惧、用圣贤之无畏来平淡对待死亡不同。道家视生命为自然万物的一部分，认为生命在自然中产生，同时也在自然中消失，或称转化。庄子以回归自然为生命的真正归宿，以此来破除人们悦生恶死的情结："子恶乎知说生之非惑耶？子恶乎知恶死之非弱丧而不知归者耶？"（《齐物论》）后面一句的意思是，你能说你的惧怕死亡，不是像一个人从小离家太久，反而以客为家，而对回到真正的家里感到惧怕？这就是"弱丧"的意思。庄子甚至进一步提出生为赘疣，死为决疣溃痈的看法。孟子反、子琴张为亡友子桑户所作的挽歌中，甚至这样唱道："嗟来桑户乎！嗟来桑户乎！而已返其真，而我犹为人猗！"表达了一种恶生悦死的逆反心理。上引其《杂诗》中"家为逆旅舍，我如当去客。去去欲何之，南山有旧宅"，以及《拟挽歌辞》中"死去何所道，托体同山阿"，都受到庄子的影响。但是庄子宣传的那种恶生悦死的观点，实际上是违反人性的，对生命来讲是一种消极的思想。汉魏时期这种思想很流行，这从张衡《髑髅赋》、曹植《髑髅说》等作品可以看出。渊明虽然在整体上接受道家生命观，但合理地扬弃了《庄子》内外篇充斥的恶生、蔑视生命的思想。我们前面说过，对于生命本身，渊明是热爱的。渊明在一定程度上也受到佛教空无思想的影响，渊明有一种人生如幻、人生如寄的思想，如说"人生似幻化，终当归空无"（《归园田居》其四），"吾生梦幻间，何事绁尘羁"（《饮酒》其八），不能否定是受到佛教的影响。这一点历来学者多曾指出。但是渊明没有接受非理性的三世轮回思想，就如他不接受神仙家的长生久视、轻举游仙的思想一样。

正在渊明比较深入地思考生死问题的时候，以慧远为代表的庐山僧俗佛教团，也在很热烈地讨论佛教的生死问题。他们甚至结莲社，共誓往生弥勒净土。与渊明并称浔阳三隐的另两位刘程之（遗民）、周续之都是慧远的在俗信徒。渊明与慧远也有过结交，并且深得慧远器重，但他终究与这些讲往生净土、三世轮回的佛徒没有真正的共同语言。因为彼此关心的问题，在出发点上或许有些接近，但解决的方法却完全不同，最重要的是这里反映出世界观的根本不同。佚名《莲社高贤传》记载了渊明与慧远交往的一段轶事：

> （渊明）常往来庐山，使一门生二儿舁篮舆以行。远法师与诸贤结莲社，以书招渊明，渊明曰："若许饮，则往。"许之，遂造焉，忽攒眉而去。（佚名《莲社高贤传》，明程荣《汉魏丛书》本）

这一段话应该是实录，尤其是"攒眉而去"，正见渊明的个性。渊明说自己"性刚"，看来真是这样，即使在这种非官方的交际场合，他也难掩饰自己内心的真实好恶。渊明虽然不接受慧远的思想，但还是受到他们那帮人热衷于共誓往生的行为的影响，开始尝试系统地阐述自己的生命哲学。并且我们应该承认，渊明还是采用了慧远佛学中形、影、神的概念，只是渊明舍弃其内涵，对它们作出了全新的阐释①，由此建立了一种理性的、现世的生命观，与慧远的非理性、寄托虚无往生的生命观完全不同。

《形影神》组诗三首，旧传各本陶集都列在五言诗之首，大概

---

① 逯钦立校注《陶渊明集》第214页："用《形影神》作题目，不是偶然的。它是针对庐山和尚慧远的《形尽神不灭论》和《万佛影铭》等宣传佛教迷信的东西，借用其专门术语，而反对其'神不灭'的谬论。"

216

是因为其内容重要的关系。陶诗以抒情叙事为主，但《形影神》则为立言之作。古人的意识中，带有立言性质的作品，是高于一般的抒情之作的。将它放在五言诗之首，很可能是渊明自己的安排。其写作的时间，虽然文献中没有记载，但应该是五十岁前后所作，理由即上文陈说的，渊明比较集中地思考生死问题，在五十岁前后。逯钦立系此诗于义熙九年渊明四十九岁时，也可备一说。

《形影神》总题下有一个小序。大体有序的作品，都是作者认为比较重要的。《形影神》既然是严肃的立言之作，就不能不对其宗旨有所交代：

> 贵贱贤愚，莫不营营以惜生，斯甚惑焉。故极陈形影之苦，言神辨自然以释之。好事君子，共取心焉。

渊明说自己作这三首诗，是为了破除人们因为认识不到生命的真相，只一味沉陷在惜生的情绪里，并且为了惜生而进行种种的经营，或求仙、或求往生净土、或立善求名以图不朽。渊明指出形与影，都是受着个体生命欲望的支配，是人类诸种痛苦的根源。只有超越于个体生命欲望之上的理性精神，才能认识到生命真相，并建立起顺应自然、居常待终的正确态度。其目的就是为了超越人们因执着于个体生命，将其作为自身所有物而带来的种种痛苦。

组诗的第一首为《形赠影》：

> 天地长不没，山川无改时。草木得常理，霜露荣悴之。谓人最灵智，独复不如兹！适见在世中，奄去靡归期。奚觉无一人，亲识岂相思？但余平生物，举目情悽洏。我无腾化术，必尔不复疑。愿君取吾言，得酒莫苟辞！

形是生命体本身，即我们所说的七尺之躯。生命本是万物变化中产生的，草木虽也是一种生命，但无意识，所以不会有忧生的自觉。人类之外的动物，虽有感觉与行动，但并无自觉的生命意识，所以也不会有很自觉的惧死心理。只有人类，因为"禀神智以藏照"，对自身的生命有了完全的自觉，并且长期习惯于视"我"为生命的拥有者与主宰者。但死亡的事实摧毁了这种信念，人们发现自我的生命，原来并非自我所能完全支配，甚至从根本上讲，并非自我所有。面对死亡的必然来临，沉迷于肉体欲望中的"形"，唯有用更多的物质享受来填补这种空虚。渊明生平对物质享受的要求不高，唯好饮酒，所以就用"得酒莫苟辞"来作为"形"的解决办法。

针对"形"的迷惘与空虚，"影"试图用我们常说的积极建功立业、立善求名的思想来拯救肉身的惜生之痛：

存生不可言，卫生每苦拙。诚愿游昆华，邈然兹道绝。与子相遇来，未尝异悲悦。憩荫若暂乖，止日终不别。此同既难常，黯尔俱时灭。身没名亦尽，念之五情热。立善有遗爱，胡可不自竭。酒云能消忧，方此讵不劣！（《影答形》）

"影"是比"形"更高一级的自我意识，与"形"纯从物质欲望去感受生命不同，"影"从理性的角度认识生命的价值，认为形体虽会消失，但行为所造成的影响，却会经久地在人群中发生影响，有些个体的生命影响甚至能达到垂之不朽的境界。"影"认为虽然形体非自我所能主宰，但能做到生前立名，死后垂声，也不失为超越生命之限的一种方法。渊明本人，曾有很强的建功立业的愿望，《荣木》感叹"总角闻道，白首无成"，《和刘柴桑诗》中也感叹"去去百年外，身名同翳如"。甚至于他的固穷守节，隐居求志，也不无立善求名的意识："投冠旋旧墟，不为好爵萦。养真衡茅下，庶以善自名。"（《辛丑岁七月赴假还江陵夜行涂口》）

可见，"影"的思想也是长期支配着渊明行为方式的重要思想。但是，"影"将"名"视为自我的延伸，实际上是建立在纯粹的想象之上。人们行为所产生的影响，在他活着的时候，还能部分地反馈到主观意识中，成为其感受的一部分。但即使是活着的时候，个体行为与他所造成的社会影响之间也不是完全对应的。所以，即使在活着的时候，人们也不能完全通过感知自身的社会影响来感受自我的存在价值。至于个体生命消亡后遗留的社会影响，更不能视为个体生命本身的延伸。因为生命本身已不存在，何来感受的主体！能够感受你的社会行为遗留的影响的，只能是另外的生命。所以，立善求名以传不朽，从根本上说，仍是一种非理性的幻想。渊明这个曾经热衷于立善求名的人最终意识到，从理智上看，应该放弃这种幻想："百年归丘垄，用此空名道！"（《杂诗》其四）"虽留身后名，一生亦枯槁。死去何所有，称心固为好。"（《饮酒》其十一）如果说这些诗句都还是带有一定的情绪色彩的话，到了《神释》中，则对立善求名的虚幻性做了彻底的剖析：

> 大钧无私力，万物自森著。人为三才中，岂不以我故。与君虽异物，生而相依附。结托善恶同，安得不相语！三皇大圣人，今复在何处？彭祖爱永年，欲留不得住。老少同一死，贤愚无复数。日醉或能忘，将非促龄具？立善常所欣，谁当为汝誉？甚念伤吾生，正宜委运去。纵浪大化中，不喜亦不惧。应尽便须尽，无复独多虑。

所谓"神"，就是自我最高的理性。这种理性能透彻生命作为自然物的真相，从而消除各种非理性的惜生、忧生、营生的情绪与行为。渊明在这里阐述的，是他一直主张的委运、任运的思想。在《归去来兮辞》中，他就已经说："寓形宇内复几时，何不委心任去留。""聊乘化以归尽，乐夫天命复奚疑？"可见这种他自称为

"神辨自然"的生命哲学，也是其长期思考、体验的结果。陈寅恪将这种以委运任化为要旨的思想，称为渊明的"新自然观"①。其实这种思想的资源，还是老庄所曾有的，魏晋玄学家也并非绝无。

渊明生命哲学的超人之处，首先在于追求彻底的理性，完全不依赖外在的力量与信仰，凭自力悟彻生命的真相，并且解决长期困扰自身的忧生、惜生、营生的情绪。其次在于其实践性。他关于生命的一番立言，虽然也希望对他人有所补益，但更重要的是让自己进一步地领悟，并且在实际生涯中实践之。颜延之《陶征士诔》形容渊明临终时的情形说："视死如归，临凶若吉，药剂弗尝，祷祀勿恤。傃幽告终，怀和长毕。"渊明的《自祭文》中更表现出临终时非凡的平静。这一切都说明，他所建立的是一种实践的生命哲学。他在这种生命哲学实践上的成功，影响远超过思想本身。

渊明的《形影神》诗，虽然以神辨自然的委运任化为宗旨，但并不简单地否定"形"与"影"的生命境界，对于"形"的物质需求与"影"的精神需求，渊明更没有简单地否定，只是指出"形"与"影"要由"神"来驾驭，生命要服从最高的理性。渊明正是怕读者误解他的这种深意，尤其担心读者会以为他是简单地否定"形"的惜生情节和"影"的立善求名思想，所以在序中才特意地说："好事君子，共取心焉。"总而言之，渊明所追求的生命的最高境界，为生命内部的自觉。

---

① 陈寅恪《陶渊明的思想与清谈之关系》，燕京大学哈佛燕京社刊印，1945 年。

二十七　永恒的诗歌艺术

　　陶渊明的诗歌具有永恒的美学价值。这是因为他的诗歌具有一种与人性同构的形式，是诗人对人性、人生本质进行自觉反思的艺术表现。这也是渊明诗不但为诗人所景慕，而且引起后世哲学家浓厚兴趣的原因。宋代是中国古代士人群体的理性精神最为发达的时代，因此渊明诗歌的价值也只有到了宋代才获得比较充分的认识。宋代的一些思想家，也曾尝试对渊明诗歌反映人性与人生本质的问题进行分析。如南宋魏了翁论陶诗云：

　　　　风雅以降，诗人之词，乐而不淫，哀而不伤，以物观物而不牵于物，吟咏情性而不累于情，孰有能如公者乎？有谢康（乐）之忠，而勇退过之；有阮嗣宗之达，而不致于放；有元次山之漫，而不著其迹，此岂小小进退所能窥其际邪？先儒所谓经道之余，因闲观诗，因静照物，因时起志，因物寓言，因志发咏，因言成诗，因咏成声，因诗成音者，陶公有焉。①

　　宋人喜论道，他们也都以闻道、悟道推许渊明。如宋人周密就以《荣木》诗为例，认为渊明是见道之人，甚至程门论道体也受到渊明的启发：

---

　　① 魏了翁《鹤山先生大全文集》卷五十二，《费元甫注陶靖节诗序》，四部丛刊影印宋刊本。

《论语》载"子在川上"一章，秦汉以来学者所未喻，独程门以为论道体，其说盖本于元亮。元亮谓"逝彼不舍，安此日富"。惜其寄情于酒，而为学有作辍也。不然，"总角闻道，白首无成"，所欲成者何事？"脂我名车，策我良骥，千里虽遥，孰敢不至"，所欲至者何所？惟其用功深，见道明，知世道难，而时事盖不可为，故欲翻然而归，其发于督邮之来，特不欲为苟去云耳。世遂以为诚然，真痴人之前难说梦也。①

也就是说，周密他们认为陶渊明"总角闻道，白首无成"句中的"道"跟理学家所说之道是一回事，并且认为渊明一生的志业，也是要悟彻儒道的。这种说法虽然不完全符合渊明的思想，但正如我们在前面"为己之学"一篇中已经指出过的，渊明治学最根本的目的在于通过生命体验与生活实践来建立自己关于人生的大学问，这和理学家所谓的悟道，其性质是一样的。陆九渊也说：

　　李白、杜甫、陶渊明，皆有志于吾道也。（《象山全集》卷三十四《语录》，四部丛刊影印明刻本）

我们知道，陆象山是理学中心学一派的开创者，心学的宗旨即吾心即宇宙，宇宙即吾心。渊明的为己之学，重己而轻外物，其实已经包含着这种思想因素在里面。当然，理学家对人性的阐述是哲学式的，因而也不一定充分。他们以儒家之道来阐析渊明，就反映了这一缺陷。这是因为渊明的思想，虽然与儒道两家有渊源关系，但它是鲜活的，好多时候是不能将它抽象化的，它用诗

　　① 周密《癸辛杂识别集上》，《癸辛杂识》吴企明点校本，中华书局1988年，第243页。

歌来自然地表现和反思人性的生命历程与生活经验，相较思想家的理论表述，反而可能更加圆满、密切地触及人性。

诗歌与一切艺术一样，都是以感性的形象包含着思想与感情为其创造的规律，亦即以美为实现的目标。一般来说，只有实现了诗歌的这一美学规律，才能产生上乘的、具有永恒价值的诗篇。但是，不是所有的诗人都能自觉地实现这一规律的，因为诗歌表现感性形象与思想感情，是通过语言这一媒介的，它是一种人为的行为。当人们用语言去捕捉存在于自然与社会生活中的各种美感形象时，就会有成败利钝之别。因为诗人创造的美感形象，与大自然所具有的美感形象是不同的，它是人工的创作。大自然的形象无论其美丑，都自然地体现着事物的本质，只要人们与其发生审美关系，都能发生充分自足的美感效果。诗人与艺术家创造的美感形象，却不一定都能充分地体现事物的本质，由此达到一种与自然之美同构的形式。或者说，诗人或艺术家在用感性形象来表现事物的本质时，是有浅陋与丰满、充分与不充分之别的。因此，虽然从某种意义上说，只要是用创造感性形象的方法来创作艺术，其作品或多或少都会具有一些美感，但其间自有真假、高低、雅俗之不同。所以，美是有层次的。美的最高层次是真，真是美的充分实现。美不一定都体现真的价值，甚至有非真之美，即虚饰之美；但真却一定是美的。体现了真的美，达到了与自然之美同构的形式；但它又不是自然界的美，还是人们创造的一种美。同样，最高的诗歌与人性和人生本质具有同构的形式，但它也不是人性与人生本质本身，而是对人性与人生本质的艺术表现。

诗之美是一种创造的美，所以就有是否符合美的创造规律的问题。这个创造规律，中国古代的诗学家称之为"诗道""风雅之道"，实现这个规律的人为的方法，则称为"诗法"。诗法是诗歌语言艺术的一切法则，但这种法则从根本上讲也是包含在具体的诗歌艺术里面的。所以，一切对诗道与诗法的阐述，也与诗歌创作本身一样，有高低、真假、利钝之别。因此，研究诗道与诗法，不能仅依据诗论家的阐述，更重要的是要从具体的诗艺中去把握。渊明艺术上的高度自觉，其对诗歌美创造规律的自然体现，是基于其人生的高度自觉。杰出的艺术哲学家通过对艺术的思辨来展示艺术的规律，并阐明之。渊明不是艺术哲学家，但其诗歌中包含着诗的艺术哲学，被视为诗歌艺术的最高实现。古人多视渊明为诗人的最高典范，唐代郑谷已有"爱日满阶看古集，只应陶集是吾师"之感叹（《读前集二首》），宋代诗人黄庭坚更是强调渊明无意于诗而自然地合诗道，其《题意可诗后》云："宁律不谐而不使句弱，用字不工不使语俗，此庾开府之所长也，然有意于为诗也。至于渊明，则所谓不烦绳削而自合者。"苏轼更是以魏晋以来第一诗人来定位陶渊明，其《与苏辙书》云："吾于诗人，无所甚好，独好渊明之诗。渊明作诗不多，然其诗质而实绮，癯而实腴，自曹、刘、鲍、谢、李、杜诸人，皆莫及也。"（苏辙《追和陶诗引》引苏轼与苏辙书信中语）可见自唐宋以来，陶诗就已经逐渐确立了《诗》《骚》之后的文人诗经典的地位，具有作为诗歌艺术之最高典范的价值。南宋理学家真德秀即云："渊明之作，宜自为一编，以附于《三百篇》《楚辞》之后，为诗之根本准则。"（李公焕《笺注陶渊明集》卷首《总论》引）所以，我们研究陶诗的一种方法，就是努力发现陶诗所体现的诗歌创造的艺术规律。

中国古代思想家早就发现，诗的本质在于表现主体的情志，尤其是《尚书·尧典》的"诗言志"与《毛诗大序》的"吟咏情性"，对古代诗学的影响尤其深远。然而能够真正圆满地实现这一艺术原则的诗人，却并不多。陶渊明对这种艺术思想是熟悉的，他在《五柳先生传》中说自己"常著文章自娱，颇示己志"，在《感士不遇赋》中也说："夫导达意气，其为文乎？"这两个表述说明他日常的写作，是很自觉地实践着言志与吟咏情性的艺术思想的。既是言志，吟咏情性，那么至少在写作的当下一刻，诗人对其自身的"志"与"情性"是能够透彻地观照着的。不仅如此，他所观照的还不是抽象的情志，而是情志的活生生的生发状态。

渊明的抒情诗，正是对这种活生生的情志生发状态的兔起鹘落似的捕捉。

所谓"情深而文明"（《礼记·乐记》），透彻的观照和生动的情感体验，本来就是艺术成功的基本前提。六朝的许多诗人，虽然也熟悉情志的理论，但他们对情志的本体却是模糊的。而当玄学兴起后，玄学名士中产生了以情为累、主张以玄思祛除情累的思想，如许询《农里诗》即云："亹亹玄思得，濯濯情累除。"玄言诗就是因此而完全偏离了汉魏以来的诗歌抒情传统。晋宋之际，文学抒情风气有所兴复，但以玄思祛情累的思想并未完全消退。谢灵运因政治失意而寄情山水，但他的山水诗却喜欢镌炼以祛除情累为旨的哲理语言，被后世称为"玄言尾巴"。陶渊明是一位思想上十分独立的诗人，一生走的也是寻求最高理性的精神之路，但他却正视现实生活的情感。在他的思想中，情感是生命的本有状态，现实生活的一些矛盾的情感固然要用理性来消释，但情感本身是不能回避的，因为它是生命鲜活存在的表征。陶诗中出现"情"字大约二十余处，如写子女之情："弱女虽非男，慰情良胜无"（《和刘柴桑》）；叙朋友离别之情："情通万里外，形迹滞江山"（《答庞参军》）；写远世忘忧之情："泛此忘忧物，远我遗世情"（《饮酒二十首》其七）；热烈焦灼的忧生之情："身没名亦尽，念之五情热"（《影答形》）等等。从这些包含"情"的诗句中，可以看出渊明对人生情感的基本态度是正视并乐于讴吟的①。还有一点，陶诗的情与志是合一的，情与理是和谐的。所以，就其基本性质来说，陶诗是具有深刻思想、深挚感情的诗人的抒情诗，从艺术传统来说，它与汉魏的抒情传统是一脉相承的，而对并时的虚饰的玄雅诗风，则是一种超越。所以，我们认识陶诗艺术的高度，仍然应该从抒情的艺术规律着眼。

---

① 参见钱志熙《矛盾与和谐——论陶渊明诗歌中的一重关系》，《求索》1990 年第 1 期。

陶诗的成功，还在于渊明自觉地接受了汉魏诗歌艺术传统的同时，还对晋宋以来片面追求修辞艺术的诗歌风气有所扬弃。文人文学意识的最初自觉，是从修辞之美开始的。尽管汉魏的一些文学家已经认识到，情志的表现是文学美产生的根本；但在文学尚未完全成熟的情况下，修辞之美仍是文学家追逐的主要目标。两晋时代渐渐流行一种贵族的修辞习尚，形成了以虚饰为美的贵族化文学风格。它的主要表现是崇尚玄雅，以俳偶雕藻为工。这种当时流行的艺术手法，渊明并不是不熟悉，尤其是他的一些应酬性作品，也曾部分地采用当时流行的风格。比如四言《赠长沙公》的次章：

> 於穆令族，允构斯堂。谐气冬暄，映怀圭璋。爰采春华，载警秋霜。我曰钦哉，实宗之光！

又如五言诗《于王抚军座送客》一首，与同时王谢诸人的风格也比较接近。他的《和郭主簿二首》，风格就有所不同。第一首"蔼蔼堂前林，中夏贮清阴"，是他自己的日常风格，第二首却接近晋宋流行的五言风格：

> 和泽同三春，华华凉秋节。露凝无游氛，天高风景澈。陵岑耸逸峰，遥瞻皆奇绝。芳菊开林耀，青松冠岩列。怀此贞秀姿，卓为霜下杰。衔觞念幽人，千载抚尔诀。检素不获展，厌厌竟良月！

袁行霈先生分析《和郭主簿二首》云："两诗写法不同：其一，'堂前林''凯风''回飙'等客观之物皆与渊明建立亲切体贴的关系，或为之贮阴，或为之开襟，宛若朋友一般。其二，多

226

有象征意象，如秋菊、青松，皆象征高洁、坚贞之人格。"① 从诗学取向来看，后者的写法，显然更接近晋宋流行的风格。渊明的文章中也有这种情况，像《晋故征西大将军长史孟府君传》，就吸收了当时东晋流行的名士传记的语言风格，多品藻之语。传文中如"冲默有远量""温雅平旷""至于任怀得意，融然远寄，傍若无人"，都与《世说新语》的语言风格接近。赞词中如"君清蹈衡门，则令闻孔昭；振缨公朝，则德音允集。道悠运促，不终远业"云云，更是当时流行的赞颂语体。再如《读史述》中"俱映日月，共飡至言"（七十二弟子），"奇情双亮，令名俱完"（管鲍），也是这种风格。可见当时流行的门阀士族崇尚修辞玄雅、雕藻的文风，渊明有时候也会采用。但即使是这类因循时尚的诗文，渊明一落笔，也是迥异常人的。比如上引《于王抚军座送客》，虽受时风影响，但抒情自然，仍是陶氏的风格，尤其结句"目送回舟远，情随万化遗"，抒情写事，见于言外，非当时名士文人所能措手。又如渊明诗也多对仗，如《归园田居》其一，近于全篇作对，但拿它跟谢灵运的《登池上楼》等诗相比，我们就能发现，渊明的对仗，给人的感觉是远远超越在技巧之上的。总之，渊明对于晋宋流行的诗文修辞风格，不是不能，而是不为。正如当时一般的名士醉心于名利，一意地修饰虚伪的行止以博取社交圈的声价，当时的文士也多醉心于玄雅藻彩，尽力雕琢以获得文坛的名誉，渊明对这两者都是自觉地放弃的。当时那种名士文化、名士文风，他是熟悉的，甚至很可能早年也学习过，但追求真率自然的人格与文品，使他很清醒地认识到，它们缺少真正的价值。

渊明《时运》诗有云："称心而言，人亦易足。""称心而言"也可以视作是渊明关于修辞与表达的基本理论，这与他任真、任心而不违己的人生观是一致的。后世论陶多有窥及于此，如宋人叶梦得论陶诗云：

---

① 袁行霈《陶渊明集笺注》，第 144 页。

诗本触物寓兴，吟咏情性，但能输写胸中所欲言，无有不佳。而世但役于组织雕镂，故语言虽工，而淡然无味。陶渊明直是倾倒所有，借书于手，初不自知为语言文字也，此其所以不可及。（叶梦得《玉涧杂书》，陶宗仪《说郛》本卷八）

明人许学夷征引叶氏之论，也说："靖节平生为诗，皆是倾倒所有。学者于此有得，斯知所以学靖节矣。"许氏又说："晋宋间诗以俳偶雕刻为工，靖节则真率自然，倾倒所有，当时人初不知尚也。颜延之作《靖节诔》云：学非称师，文取指（笔者案：许氏原注，旨通）达。延之意或少之，不知正是靖节妙境。"（许学夷《诗源辩体》）文学是修辞的艺术，任何文学创作都追求准确真实地表达出内心的思想感情，这种表达中必然地包含着细致贴切的表现与直捷的捕捉，所以不存在完全无意于文的文学创作。我们说渊明"无意于文"，是指他的创作不将修辞放在第一位，而是将抒情达意放在第一位。他接受古人的启迪，甚至自然地采用前人作品中的文学语言，但不以模拟为尚。渊明的创作态度，大致是这样的。说渊明"真率自然，倾倒所有""无意于诗""不烦绳削而自合"，也都是这样的意思。要做到这样，其实人格是重要的，独立的人格、澄明的思想与真挚的感情是艺术成功的第一要素。其次，从美学上说，就是要有超越时流、不趋时媚俗的独立的审美趣味，这也是建立在人格独立的基础上的。

陶渊明的诗文，在当时应该已经有所流行，但并未引起特殊的重视。与他同时的颜延之仅以"文取指达"（《陶征士诔》）评之，梁代的钟嵘以"文体省净，殆无长语，笃意真古，辞兴婉惬"（《诗品》）评之，对其特点有所揭示，但都不算是充分的评价，并且《诗品》只把他列在中品。北齐阳休之《陶集序录》也认为渊明文"辞采""未优"，曰："余览陶潜之文，辞采虽未优，而往往有奇绝异语，放逸之致，栖托仍高。"看来南北朝的有识之士，能够对渊明有所欣赏的，主要是肯定其高逸的情调，没有给他的诗文艺术以充分的评价。我们现在看到的南北朝文人中，第一个从艺术上对陶渊明的诗文作出高度评价的是梁昭明太子萧统，他的《陶渊明集序》赞扬"渊明文章不群，词采精拔，跌宕昭彰，独超众类"，开始接近陶氏诗文真正的艺术造诣。用接受美学的词来说，可以说萧统是陶渊明的"第一读者"。我尤其欣赏"文章不群"这个评语，这也是渊明作品留给我们的最深刻的印象。宋代诗人黄庭坚《宿旧彭泽怀陶令诗》云："平生本朝心，岁月阅江浪。空余诗语工，落笔九天上。"感叹陶渊明忠义之志虽不就，诗歌艺术却达到了非凡的境界。渊明的作品有时直抒胸臆，有时描写景物、形容事物，风格与境界都明朗清新；有时采取比兴的方法，寓意比较曲折。但无论哪一种，都是富于感情并且包含丰富的意蕴的。尤其是在语言与其所表现的对象之间，达到了高度的统一。文学作品的修辞，有积极修辞，有消极修辞。积极修辞创造一种艺术效果丰富、具有生命感的文学形象，消极修辞则是言浮于事、词浮于象、文过于质。六朝是诗赋修辞艺术大发展的时代，但也是消极修辞的情况比较严重的阶段。渊明能够自然地超越消极修辞的诗文风气，在当时是卓尔不群的，在整个魏晋南北朝时期也很少有人能与他完全媲美。在文学史上，他与曹操、左思、李白属于一种类型，尽管他们的感情、个性各不相同。当然，曹操是质过于文，陶渊明则是文质彬彬的，这是五言诗艺术发展的结果。

　　一般人体会陶诗，都是只觉其平淡，有时甚至觉得过于朴素而近质。连陈师道都说："渊明之诗，切于事情，但不文耳。"（《后山诗话》）其见解未能超过颜延之、钟嵘之辈。进入唐代之后，渊明诗歌开始产生深长的影响，成为唐人学习诗歌艺术的主要典范。我们看到，王维、孟浩然、储光羲、韦应物、柳宗元等田园山水一派诗人的作品，以陶诗为主要的渊源之一。这些诗人的诗境、诗语、诗格，都深受陶诗影响。从他们的作品中，我们可以看到，他们对于陶诗是烂熟于胸的。就是李白、杜甫、高适、岑参、白居易等人，也未有不熟习陶诗并从中汲取艺术经验的。唐人不仅深受渊明自然真率的审美思想的启示，而且也深参陶诗语言艺术的高妙入神。杜甫是一个重视表现的诗人，他在面对壮观的自然景象时，觉得一时无法体写，就想到善写自然之景的陶渊明与谢灵运，琢句云："安得思如陶谢手，令渠述作与同游。"（《江上值水如海势聊短述》）可见唐代的大诗人们，都是受到陶诗艺术的影响的。但从批评理论方面给陶诗以崇高评价的，还是要等宋代苏、黄等人出来之后。尤其是宋人开始形容陶诗的风格与艺术，如前面引到的苏轼论陶诗："质而实绮，癯而实腴。"第一次比较透彻地揭示出渊明诗歌的艺术造诣。黄庭坚的"空余诗语工"是第一次明确地以"工"论陶。他们都以辩证的眼光看陶诗，分析陶诗是工与拙、散与奇的辩证结合，如苏轼谈他阅读陶诗的具体感受："渊明诗初看若散缓，熟看有奇句。"（惠洪《冷斋诗话》）这些话实际上是在告诉我们阅读陶诗的方法。我们试着用这样的方法来读陶诗，领会其艺术上的非凡之处，收获应该会很多的。

颜延之说陶渊明"文取指（旨）达"，虽未见是很高的评价，但也是作过一番深入的体会的。"达"的确是渊明自觉的追求，推广而言之，也可以说是陶诗艺术的最高造诣。关于"达"，苏轼有一个特别的理论，我们觉得适合于拿来分析陶诗。苏轼《与谢民师推官书》云：

孔子曰："言之不文，行而不远。"又曰："辞达而已矣。"夫言止于达意，即疑若不文，是大不然。求物之妙，如系风捕影，能使是物了然于心者，盖千万人而不一遇也，而况能使了然于口与手者乎？是之谓辞达。辞至于能达，则文不可胜用矣！

苏轼将"达"发挥为文学表现的最高境界，真正达到这一境界的作家，可以说寥寥无几。苏轼虽然没有提到做到"辞达"的具体的作家与作品，但这里面当然包括陶渊明。陶渊明可以说是"辞达"的典范。所谓"求物之妙"，就是写出事物生动的美感形象。这种美感形象，并非单一的、平面化的，甚至也不是一般所说的有立体感，而是在活生生的自然境界与生活境界及飘忽不定的心灵境界中存在着的种种美感印象，它是变化无穷的。陶诗写景、抒情、叙事，处处能达。其妙处是很多的。写景状物方面的，比如："有风自南，翼彼新苗"（《时运》），"草盛豆苗稀""带月荷锄归"（《归园田居》），可以说是形神兼得的，并且包含很丰富的主观感受。有时对一些复杂事物的印象，能够极其鲜明、新颖地表达出来，比如："鸟弄欢新节，泠风送余善"（《癸卯岁始春怀古田舍》其一）；"山气日夕佳，飞鸟相与还"（《饮酒》其五）；"青松在东园，众草没其姿。凝霜殄异类，卓然见高枝。连林人不觉，独树众乃奇"（《饮酒》其八）；"幽兰生前庭，含薰待清风。清风脱然至，见别萧艾中"（《饮酒》其十七）；"仲春遘时雨，始雷发东隅。众蛰各潜骇，草木从横舒"（《拟古》其三）；"白日沦西阿，素月出东岭。遥遥万里晖，荡荡空中景"（《杂诗》其二）；"万族各有托，孤云独无依。暧暧空中灭，何时见余晖。朝霞开宿雾，众鸟相与飞。迟迟出林翮，未夕复来归"（《咏贫士》其一）。从这些成功的例子可见，渊明的写景艺术，真正是了然于心，并了然于口与手，远远超过一般六朝诗人之上。尤其是这里面有一种非刻画的浑成感，这种浑成，只有在汉魏诗歌中才能遇到。佚名《雪浪斋日记》云："为诗欲词格清美，当看鲍照、谢灵运；欲浑成而有正始以来气象，当看渊明。"（《说郛》卷十七）这种浑成，其实来源于诗人所感受到的美感形象的丰富性，是心物交融时刻的完美呈现。

至于抒情、写意、议论，更是渊明之所长；尤其是因为他思

231

想纯真而又深刻，对人生有无比透彻的了解，使得写作能够心、口、手高度一致。"翩翩飞鸟，息我庭柯。敛翮闲止，好声相和。岂无他人，念子实多。愿言不获，抱恨如何。"（《停云》）"伊余怀人，欣德孜孜。我有旨酒，与汝乐之。乃陈好言，乃著新诗。一日不见，如何不思。"（《答庞参军》）"我行岂不遥，登降千里余。目倦川途异，心念山泽居。望云惭高鸟，临水愧游鱼？真想初在襟，谁谓形迹拘！"（《始作镇军参军经曲阿》）"情通万里外，形迹滞江山。"（《答庞参军》）"飘飘西来风，悠悠东去云。山川千里外，言笑难为因。"（《与殷晋安别》）这些都是写情妙语。另外如"拥怀累代下，言尽意不舒"（《赠羊长史》），"日月掷人去，有志不获骋"（《杂诗》其二），这是能妙达心中之意。"衰荣无定在，彼此更共之"，"达人解其会，逝将不复疑"（《饮酒》其一），"颜生称为仁，荣公言有道。屡空不获年，长饥至于老。虽留身后名，一生亦枯槁"（《饮酒》其十一），可谓精于议论。至于《形影神》三首，以诗歌来表达哲学思想，而能形象鲜明，效果丰富，更是陶诗精于议论的代表作："甚念伤吾生，正宜委运去。纵浪大化中，不喜亦不惧"，议论纵横如意，给读者一种理性的抚慰。我们将上述诗句分为写景、抒情、达意三类，只是为了说明的方便，其实所谓写景状物、抒情、叙事、议论等，在陶诗中常常是浑然一体的。

当然，我们读陶诗时还要注意这样一个问题。陶诗虽然以自然取胜，在语言表达上毫无晦涩之处，但不等于明白易解。我分析有以下几个原因：

第一，渊明在人生的思考与践履上是达到了相当高的境界的，他的诗歌整体上来说是表现这种人生境界的。如果不努力接近他的境界、尽力理解他的意旨，是难以正确理解他的诗歌的。我们都熟悉鲁迅说的那句话："现在有钱的人住在租界里，雇花匠种数十盆菊花，便做诗，叫作'秋日赏菊效陶彭泽体'，自以为合于渊明的高致，我觉不大像。"（《而已集·魏晋风度及文章与药及酒的关系》）我想说的就是这样的意思。

第二，陶诗继承传统的比兴艺术，他的诗歌不同程度地采用了比兴的手法。还有，他学习从古诗十九首到曹植、阮籍、左思、张协等人比较纯粹的言志、抒情的诗歌创作传统，并且由汉魏而上溯《风》《雅》，其渊源是很广大的。陶诗与谢诗，表面上看起来，似乎谢诗比陶诗要深，更难懂；其实陶诗比谢诗要深，更难解。因为谢的深是在表面的，他读书以资作诗，诗中词语、典故很多，不易解读。但那还是比较浅层次的。渊明的诗，记得某位古人说，像是不太读书的人写的，这其实是误解。陶诗在立意、词语、篇章结构等多方面都对古诗十九首以来的传统有汲取的地方，他对古人的汲取，比谢灵运要深，也要广。所以真正来讲，陶诗比谢诗要深得多。尤其是陶的《拟古》诗，多运用比兴手法，有所寄托，如其一"荣荣窗下兰"、其六"苍苍谷中树"、其九"种桑长江边"，都是寄托遥深，索解不易，但不影响我们对其艺术的赏会。

第三，陶诗的部分作品，如《拟古九首》《饮酒二十首》《杂诗十二首》，受阮籍诗歌的影响很深，言简意赅，章法有时很跳跃。读的时候要深入地玩味全篇的章法，有时还要联系他的其他作品，才能接近渊明的真意。比如《读山海经》其八：

> 精卫衔微木，将以填沧海。刑天舞干戚①，猛志固常在。
> 同物既无虑，化去不复悔。徒设在昔心，良晨讵可待！

逯钦立解"化去""同物"为死亡的意思，又解释"徒设在昔心，良晨讵可待"云："徒设在昔心二句，昔与夕通。《庄子·天运篇》：'则通昔不寐矣。'可证。上句昔与下句辰对文，古人每

---

① 逯钦立本作"刑天无干戚"。"刑天无"下注云：李本、焦本作刑天舞。"干戚"下注云：曾本、苏写本、和陶本作千岁。

以昔喻死，以辰喻生。晋陆机《挽歌》：'大暮安可晨。'这两句是说徒然设下这种死亡后的想法，复生哪能盼到。"① 逯先生是研究陶诗和魏晋南北朝诗的大家，但这个解释，我觉得有点过求深曲。联系全篇可知，"在昔心"即前面"精卫填沧海""刑天舞干戚"的愿望，即所谓"猛志"。作者是感叹他们猛志虽设，而良晨不可待，实是时不我与、运命乖违的意思。其实这是渊明的自我寄托。《杂诗》其五："忆我少壮时，无乐自欣豫。猛志逸四海，骞翮思远翥。荏苒岁月颓，此心稍已去。"就是表达岁月逝去、壮志难就的感慨，与"徒设在昔心，良晨讵可待"正可结合在一起理解。

第四，渊明诗流传之久、传刻之广，造成了十分复杂的版本情况。打开经过今人整理的陶集，我们都能发现，陶诗的异文现象十分突出。几乎没有一首诗是没有异文的。早在宋代，人们看到的陶集已经是"校之不胜其异，有一字而数十字不同者，不可概举"（《蔡宽夫诗话》）。比如《读山海经》"刑天舞干戚"句，清人莫友芝看到的一个宋本作"形天无千岁"，他从《山海经》中"刑天，兽名，口中好衔干戚而舞"一事，发现原文应该是"刑天舞干戚"，并说"五字皆误"。后来毕沅《山海经注》又认为"刑天"旧本皆作刑夭，还是四字之误。一句诗在流传中错了四个字，这种情况在古代诗人集中并不常见。又如《停云》诗"东园之树，枝条再荣。竞用新好，以怡余情"这四句，异文也很多，最关键的是"竞用新好"，宋本另作"竞朋亲好"，三字不同，意思完全不一样。一是说，东园之树用"新好"（初花新蕊）来怡我情，是接着前两句而来的，四句一意而下。一是说，当东园之树枝条再荣的时节，招来亲朋好友，相互怡乐。前两句与后句，是一个转折。我以前一直按照主观的审美趣味，很欣赏"竞用新好"四字。但后来看到了初唐李邕《古诗四言帖》，其中有《停云》诗，却是作"竞朋亲好"。根据版本越早越可靠的原则，又结合渊明的诗

① 《陶渊明集》，第138页。

意、写作情况进行思考，认为原诗应该是"竞朋亲好"①。但是渊明诗歌虽然异文如此之多，却不影响其艺术价值。这也是因为陶诗的本质极好，如微云之翳，不减明月清辉。

以上四点，第四点是传播中造成的。一、二、三点则与陶诗的自身特点有关。陶诗部分地渊源于阮诗，其索解之不易，亦与阮诗相近。这也说明我们欣赏陶诗艺术，不仅要注意其高度，还要注意其深度。

---

① 参见钱志熙《李邕〈古诗四言〉帖在古诗校对方面的价值》，《中国典籍与文化》2007 年第 1 期。

尾声：启示与感想

多年来，一直想用文字画一幅肖像，写出我心中的陶渊明。文学史与思想史上有那么多名家与大家，都在他们的时代独领风骚，并在历史上产生经久甚至永恒的影响。但在这其中，渊明对于我，也许还有其他人，仍然是一个特殊、重要的存在。这不仅是因为他的艺术是非凡的，更由于他的思想与感情呈现出高度成熟的理性，给每一个思索中的个体以无穷的启示。渊明的思想方向，并不是指向宇宙的本体，也不是指向社会的矛盾；从表面上看，他对现实的矛盾，甚至是有所回避的。屈原曾经问天，杜甫与白居易都曾执着于现实问题，承担现实的苦难、君国的命运。与他们相比，陶渊明似乎逃避了某种知识分子应当承担的责任，所以从前人们曾经用"消极"这样的词来说渊明。其实，我始终认为渊明是最为积极的，他是直面人生的矛盾与人心的真实的，他所努力追求解决的是心灵问题。而事实上，假如我们能够真正解决心灵问题，或至少让我们的心灵得到它真正的归宿，宇宙问题、社会问题以及当前的现实问题，我认为也就迎刃而解了。在渊明来讲，也正是这样的。他从解决身心问题即形影神的问题出发，把握住了大化，建立了以运化为核心概念的自然观，指向了宇宙的本体问题。同时又从任真的理念出发，追求淳朴的人性实现，认为只有淳朴人生才是幸福的人生，能让每一个体都过着淳朴人生的社会，才是理想的社会。于是有了他的向往黄唐之世、想象桃花源世界的社会思想。可见，只要我们真正从解决心灵问题出发，正视内心世界并追求理性和谐，我们同时也就已经面对宇宙问题与社会问题。这一点，合了心学家所说的"宇宙便是吾心，吾心即是宇宙"（陆九渊）。只要我们认真循着本心，正视心灵问题，不受外物的影响、利害的左右，观照心灵的本体，并采取相应的行动，那也就走向了最高的理性，具有了终极的关怀，并且完成了我们对社会的责任。我认为陶渊明走的就是这样一条精神之路，其精神可以说与后来的阳明哲学暗合。多年来，每当我遭遇人生的困境，出现某些心灵与情感危机时，我总是不自觉地翻开《陶渊明集》和《王阳明文集》，有一种面向导师的感觉，总相信它们能对我有所启迪，至少是有所抚慰。到目前为止，还没有第三位古人能使我产生这种导师式的信任感。我想，这没有别的原因，是因为他们都直面了我们急需解决的心与理、情与理的问题。渊明用诗歌来表现；阳明用哲学语言来表述，当然他也是一位造诣不低的诗人，也曾用诗来表现哲学。

我们再回到渊明的主题上来，再讨论渊明传记最核心的问题即归隐的问题。这次写作，对我自己来说有一个发现，就是原来渊明不仅他本人在仕隐的选择上经历了长期的矛盾，而且当他归隐之后，还承受了来自某种社会舆论的压力。这种舆论压力具体地说有多大，多长时间，我们现在不得而知，但它的确是存在的。当然，这种舆论不会涉及人格方面的质疑，因此我们不必过多强调它对渊明的影响。但是，它涉及对渊明作为一个男人的责任心的质疑。因为渊明的归隐，从现实的观点来看，是他为了追循个人的内心真实愿望，而部分地放弃了对社会尤其是家族与家庭的责任。对于后者，渊明在《与子俨等疏》中提到过。渊明是有望成为陶氏家族中提高门第的人物的，事实上他的文学成就也起到了这种作用，提高了陶氏家族的文化地位；但在当时的特权制度下，这种提高门第的事情是需要以仕进来实现的。从现实角度来说，曾任刘裕参军，后来又得到刘宋重臣王弘、檀道济器重的陶渊明，是有望在晋宋易代之际为他自己并为他的家族，寻找到新的位置的。但渊明一再地放弃仕进，"投冠旋旧墟，不为好爵萦。养真衡茅下，庶以善自名"，等于也就放弃了陶氏家族的新希望。

至于对家庭与子女，则是带来切肤的饥冻之患。从这个角度，我们应该怎么理解渊明的归隐选择呢？事实上，渊明在选择归隐时，不可能没有考虑这些利害关系。但他仍然认为，"饥冻虽切，违己交病"，他所追循的是自己的本心愿望，与独善其身的人格追求。这种行为给我们的启示是，对社会与家庭的责任，必须是在不违背自身心灵愿望的前提下实现。在渊明看来，对社会、家族和家庭的责任，也只有在他自身的心灵和谐、情理和谐的时候，才能真正做到。渊明是高度实现了自我的人，渊明的诗歌是人生与艺术的高度统一，仅此两点，就使渊明具有永恒的启迪意义。

笔者第一次对陶诗有所领悟，是在二十来年前还在读博士的时候，有一段时间集中地读陶集，当时思考着要写一点读书报告，但是觉得无从入手。一个暖春的下午，我携着陶诗来到未名湖边，坐在椅子上完全自由地读陶诗，突然觉得自己对陶渊明有了一种很新颖、很鲜明的印象。虽然没有很具体的内容，但是我一直觉得，我对陶渊明的领悟是从那个时候开始的。唐人郑谷有诗云："爱日满阶看古集，只应陶集是吾师。"（《读前集》）我当时也是这样的感觉。也就是一下子将陶渊明从中国众多的诗人中提升出来了。经过一段时间的思考之后，我形成这样一个看法：渊明本质上是深情的，也是矛盾的，但他向往的境界则是和谐的。他的和谐，是矛盾解决以后的和谐，因此而获得人们常说的渊明的人生与诗中的平淡、超脱的境界。但是这种从矛盾到和谐的过程，不是一次性完成的，而是存在于他的整个一生中。也就是说，他的整个一生，都处于这样一种从矛盾到和谐、从情感到理性的追求过程中。矛盾与激情是渊明与所有杰出的诗人共同的地方，追求理性与和谐则是渊明与许多诗人不同的地方。不是说其他诗人都不追求理性，而是说很少有人能在理性的道路上走得像渊明这样持久。在上述看法的基础上，我后来撰写了《从矛盾到和谐——论陶诗中的一重关系》这篇论文（《求索》1990 年第 1 期）。后来随着对整个魏晋文学与思想的学习的深入，开始更多地从魏晋文人的思想发展史与魏晋诗歌的发展史方面解读陶诗。在1993年出版的《魏晋诗歌艺术原论》中，我主要是从由玄学的名教与自然学说所派生的晋宋之际文人普遍遭遇的出与处的矛盾的角度来解读渊明，仍然联系其形影神的生命哲学来分析他的人生。当时最深刻的印象，还是这样一种感性认识，即觉得渊明一生的最大特点，就是认真，无论是出还是处，他都是认真地实行的。他是真正奉行、崇尚自然的人生，并且不折不扣地去践履。他所追求的是思想与行动的一致。他一生的困境在此，最后达到的境界也因为此。渊明人生哲学中的一个重要范畴就是"真"。这个"真"与道家哲学有一定的关系，但最主要的内涵，还是思想与行为的一致。在1997年出版的《唐前生命观和文学生命主题》一书中，继续前面的有关解说，进一步体会到渊明的诗歌，是属于生命境界的诗歌。我认为有生活境界的文学，自然境界的文学和生命境界的文学。渊明的诗歌是生命境界的文学，渊明表现的是一种普遍的人生主题，直接来自对生命存在的自觉的思考与体验。上述关于渊明的解读，其实都是连续着的，也可以说是我对渊明思考的一种持续。

这部渊明传记，没有采用通常的依次缕述介绍传主的时代、生平经历、思想、主题、艺术成就的写法，而是以渊明作品为主要的研究对象，通过作品展示其一生的思想、生活与艺术的历程。我始终觉得，作家作品本身就是其最完整的传记。任何学者为他们撰写的传记，都是有局限、并且无法避免误读的一种复述。所以，这部《陶渊明传》也只不过是阅读陶集的一种笔记而已。

这本小书的写作，也跨越了两个世纪。二十世纪末，一家出版社要出古代文学家列传，约笔者撰写陶渊明传。后来该出版社因组稿不齐而中止了出版计划，我的这本传记也只写了四五万字就停下来了。这次中华书局计划推出系列人物传记，刘淑丽博士仍以陶公传属予。因得修改旧稿，续写新篇，了却了多年未完的一项心愿。至其写作体例，则一准中华书局之要求，以文学性与学术性完美结合为期。笔者长期习惯于学术写作，这次尝试将考据、义理融入辞章之体内，实际的效果如何，仍需有读者与学界同仁的评判。刘青海博士为我细心校读全稿，在此特致谢忱！

钱志熙

参考文献

逯钦立《陶渊明集》，中华书局，1979 年。

陶澍《靖节先生集》，清道光二十年惜阴书舍刻本。

方宗诚《陶诗真诠》，《柏堂遗书》本。

龚斌《陶渊明集校笺》，上海古籍出版社，1996 年。

袁行霈《陶渊明集笺注》，中华书局，2003 年。

吴仁杰《陶靖节先生年谱》，许逸民校辑《陶渊明年谱》本，中华书局，1986 年。

梁启超《陶渊明年谱》，许逸民校辑《陶渊明年谱》本，中华书局，1986 年。

古直《陶靖节年谱》，许逸民校辑《陶渊明年谱》本，中华书局，1986 年。

游国恩《陶潜年纪辨疑》，许逸民校辑《陶渊明年谱》本，中华书局，1986 年。

张缵《吴谱辩证》附吴仁杰《陶靖节先生年谱》，许逸民校辑《陶渊明年谱》本，中华书局，1986 年。

龚斌《陶渊明集校笺》附《陶渊明年谱简编》，上海古籍出版社，1996 年。

逯钦立《陶渊明集》附《陶渊明事迹诗文系年》，中华书局，1979 年。

袁行霈《陶渊明享年考辨》《陶渊明研究》，北京大学出版社 1997 年。

梁启超《陶渊明》，商务印书馆，1923 年。

李辰冬《陶渊明评论》，台湾东大图书公司，1965 年。

李长之《陶渊明传论》，天津人民出版社，2007年。

袁行霈《陶渊明研究》，北京大学出版社，1997年。

齐益寿《陶渊明的宦游诗》《毛子水先生九五寿庆论文集》，台湾幼狮文化公司，1987年。

夏承焘《陶潜与孙恩》《夏承焘集》，浙江古籍出版社，1997年。

逯钦立辑校《先秦汉魏晋南北朝诗》，中华书局，1983年。

李善注《文选》，中华书局，1977年。

杜预《春秋左传集解》，上海人民出版社，1977年。

司马迁《史记》，中华书局，1982年。

房玄龄《晋书》，中华书局，1974年。

沈约《宋书》，中华书局，1974年。

刘义庆著、刘孝标注、余嘉锡笺疏《世说新语笺疏》，上海古籍出版社，1993年。

严可均辑《全上古三代秦汉三国六朝文》，中华书局，1958年。

徐坚等《初学记》，中华书局，1962年。

钟嵘《诗品》，人民文学出版社，2009年。

郭茂倩《乐府诗集》，中华书局，1979年。

仇兆鳌《杜诗详注》，中华书局，1979年。

孔凡礼点校《苏轼文集》，中华书局，1986年。

黄庭坚《山谷内集》，世界书局，1936年。

严羽撰、郭绍虞注《沧浪诗话校释》，人民文学出版社，1961年。

任渊注、冒广生补笺《后山诗注补笺》，中华书局，1995年。

许学夷撰、杜维沫校点《诗源辩体》，人民文学出版社，1982年。

《象山全集》，四部丛刊影印明刻本。

佚名《莲社高贤传》，明程荣《汉魏丛书》本。

方东树《昭昧詹言》，人民文学出版社，1961年。

龚自珍《龚定盦全集》，世界书局，1935年。

汤汉注《陶靖节诗》，福建人民出版社，2008年。

吴师道《吴礼部诗话》，《历代诗话续编》本。

恽敬《大云山房文稿二集》，上海商务印书馆，1935 年。

《说郛》，宛委山堂本。

《吴梅村全集》，上海古籍出版社，1990 年。

魏了翁《鹤山先生大全文集》，四部丛刊影印宋刊本。

《春秋左传集解》，上海人民出版社，1977 年。

图书在版编目（CIP）数据

陶渊明传 / 钱志熙著. -- 武汉：长江文艺出版社，
2022.10
　（名家名传书系）
　ISBN 978-7-5702-2841-6

　Ⅰ. ①陶… Ⅱ. ①钱… Ⅲ. ①陶渊明(365-427)—
传记 Ⅳ. ①K825.6

中国版本图书馆 CIP 数据核字(2022)第 137903 号

陶渊明传
Tao Yuanming Zhuan

责任编辑：张远林　　　　　　　责任校对：毛季慧
封面设计：周佳　　　　　　　　责任印制：邱　莉　杨　帆

出版：长江出版传媒　　长江文艺出版社
地址：武汉市雄楚大街 268 号　　　邮编：430070
发行：长江文艺出版社
http://www.cjlap.com
印刷：武汉市首壹印务有限公司

开本：640 毫米×970 毫米　　　1/16　　印张：15.75　　　插页：1 页
版次：2022 年 10 月第 1 版　　　　2022 年 10 月第 1 次印刷
字数：212 千字

定价：39.80 元